Texte détérioré — reliure défectueuse

NF Z 43-120-11

Contraste insuffisant

NF Z 43-120-14

L'ARCADIE
DE LA COMTESSE
DE PEMBROK:
Nouuellement traduitte
DE L'ANGLOIS
de Messire.
PHILIPPES
SIDNEY.

SECONDE PARTIE.

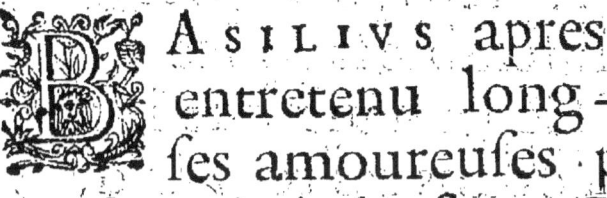Asilivs apres auoir entretenu long-temps ses amoureuses pensees s'endormit à la fin. Gynecie

A

l'aperceuant, & l'obscurité de la nuict luy donnant de la hardiesse, s'agenoüilla sur son lict, & d'vne voix fort triste, apres auoir quelque peu souspiré, commença de se plaindre! Ah chaste lict (ce dit-elle) qui iusques icy ne pouuois m'accuser seulement d'vne sale pensee. Comment peux-tu maintenant souffrir ceste malheureuse? O que ceux qui ne sont point sont heureux! le bon-heur que tu ressens aussi, chaste couche, c'est que tu n'as point de ressentiment du mal d'autruy. Prens, dit-elle en arrachant ses beaux cheueux: prens, ô vertu offencee! ce miserable sacrifice que ie te fais: Cependant que ie suis demeuree dans les termes de la modestie, ces belles tresses m'eſtoient vn ornement conuenable : mais auiourd'huy cõment la nature en oſeroit-elle parer ce mal'heureux chef, ſi changé de ce qu'il ſouloit eſtre, que ſa difformité le rend meſcognoiſſable.

Elle euſt continué ces plaintes : Mais Baſilius s'eſueillant en ſurſaut la priſt entre ſes bras, & la conſola du mieux qu'il pût croyant qu'elle euſt conçeu quelque ialouſie de Zelmane & de luy : & que cela cauſaſt toutes ces inquietudes. Et peut eſtre ſi elle euſt continué de luy donner ce martel, cela euſt-il ſeruy pour affoiblir la paſſion que ce Prince auoit pour l'amour de la belle Amazone : Mais trouuant que Gynecie s'eſgaroit en ſes diſcours, il reſolut de la laiſſer

A ij

en ceste douce mais vaine occupation.

Le lendemain vn peu deuant le iour, il trouua Genecie qui dormoit, & sembloit que la tristesse l'eust accablee, & que ses larmes n'eussent clos ses paupieres qu'afin de la mieux faire ressembler à Zelmane que l'Amour traittoit si cruellement, & qui (trauaillee par ces deux differentes humeurs, & ces deux bienueillances importunes) se gardoit opiniastrément de se faire cognoistre, & à l'vn & à l'autre, endurant vne violéce extréme en ses desirs: comme vne riuiere qui se desborde lors que l'on essaye en vain d'en empescher le cours.

Le plus agreable diuertissement qu'elle pouuoit trouuer

dans ses ennuis, estoit de visiter quelquefois le lieu où elle auoit heureusement trouué la cause de son mal-heur. Elle baisoit la terre, remercioit les arbres, benissoit l'air, & faisoit mille complimens à toutes les choses qui l'auoient accompagnee en ceste premiere rencontre : Puis r'entrant aussi-tost en soy-mesme le desespoir luy faisoit passer toutes les douces imaginatiõs de son amour. Et quelquefois l'impatience de ses desirs luy faisoit ruminer quelque inuentiõ pour se despestrer de l'importune poursuitte de ses fascheux Amans : Mais Basilius dés ce matin en fit naistre la premiere occasion : car s'estant plus curieusemét couuert & frisé qu'il n'auoit de coustume, il vint au mesme lieu où estoit lors Zelmane qu'il trouua entretenant ses Muses au grand contentement de ce vieillard, qui se tenant caché derriere vn arbre, entendoit auec vn extrême plaisir ces vers passionnez que la belle Amazone commençoit de chanter.

SONNET.

J'Ayme, ie suis aymée, & toutesfois ie blasme
Amour, comme l'autheur de mes plus griefs tourmens:
Ie change mes ennuis en doux contentemens:
Et tant plus i'ay de bien, plus le bien ie reclame.

On m'espreuue cruelle aux desirs de mon ame

Ie recherche l'amour & ie fuy mes amãs:
Ie feints que mes plaisirs me sont des cha-
stimens,
Ie me dis tout de glace & ie suis tout de
flame.
Ce sont de tes effects cruel fils de Cypris
Aueugle qui conduis nos aueugles esprits,
Et qui vieil de mil ans, tiens tousiours de
l'enfance.
Amour ie te requiers seulement de ce
poinct
Puis que tous les mortels ployent sous ta
puissance,
Fay que ie sois aymee, ou que ie n'ayme
poinct.

Le Roy se tint en l'embuscade tandis qu'elle chanta, mais comme elle acheuoit le dernier vers, ce vieillard ne voulant pas perdre l'occasion qui se presentoit fortuitement de luy parler tout seul, se prosterna deuant elle, les mains deuers le ciel, comme la vieille gouuernante de Danaé, quand elle veid la pluye d'or tomber dans le giron de sa Dame : O celeste femme (luy dit-il en pleurant) ô terrestre Diuinité ! ie vous suplie que ma presence ne vous soit point en horreur, & que l'humble recherche que ie fay de vos bonnes graces ne me soit point infructueuse. Voicy deuant vos yeux vn mal-heureux vieillard, de qui la vie ne se peut desormais prolonger que pour seruir de triomphe à vos beautez. Ie recognoy que vous seule m'auez vaincu, & toutesfois ie ne veux plus rechercher d'autre gloire que celle de ma seruitude. Ne souffrez pas, belle Deefse, que vostre ouurage soit mesprisé de vous : prenez pitié de celuy dont la vie ne peut doresnauant seruir que pour accroistre vostre reputation.

Zelmane estonnee de ce transport, feignit de ne le pas entendre, & luy dit que ce seroit vne imprudence à elle de souffrir qu'vn si grand Prince luy fist tant de submissions : & vne insupportable vanité de penser seulement qu'elle eust pouuoir de corriger les actions d'vn si grand Roy que luy : & qu'elle auoit vne trop particuliere cognoissance de son peu de merite, & du respect qu'elle deuoit à sa Majesté. Qu'elle l'auoit en si bonne opinion, que ses paroles luy seroient tousiours des oracles : Mais que celles qu'il venoit de luy dire auoient tant d'ambiguité, qu'elle ne pouuoit les entendre.

Entendre? (dit Basilius, tout glorieux de se voir inciter par elle à luy descouurir son feu. Cela se doit entendre que ie recherche en vous le soulagemēt de mon ame, le rafraischissement de ma flamme, & la ioüissance d'vn bien qui asseure ma vie, & menace ma mort.

Zelmane leuant lors les yeux, comme si elle eust receu quelque grāde injure du Roy. Sont-ce-là (dit-elle) Sire, les tesmoignages que vous me rendez du peu d'estat que vous faites de ma pudicité? Auez-vous iamais remarqué quelqu'vn de mes deportemēs qui vous ait peu faire si mal penser de moy? Ioüir, ce dites-vous: Ah Cieux! Que les plus grands malheurs du monde puissent accueillir celles qui desirent telle iouissance. Le pauure Basilius intimidé de ces paroles, demeura sans luy repartir aucune chose. Ses iambes chanceloient, & ses yeux se fermoient cōme s'ils eussent voulu se cacher, pour ne voir point sa honte. Son vieil sang se reserra prés de son cœur pour le fortifier contre vn si rude assaut. Vn tremblement vniuersel luy saisit tout les membres. Et comme Zelmane creut que sa bouche s'ouuroit pour faire quelque responce ambiguë, elle aduisa de profiter de l'extrauagāce du Prince, à qui elle tint ce discours. Les paroles que vous me venez de dire, grand Roy, font indignes de voſtre bouche, & ſerois indiſcrete ſi ie les eſcoutois: mais puis qu'il plaiſt à voſtre Majeſté de me rendre ce teſmoignage de l'affection qu'elle me porte. Ie veux bien r'abaiſſer le peu de cholere que ce diſcours m'auoit excité dans l'ame: Il euſt eu plus de grace en la bouche de Madame Philoclee, comme de fille à fille, & euſt meſmes eſté bien mieux receu de moy. Baſilius reprenant lors ſes forces, & l'Amour luy ayant reſueillé les ſens, eut tant d'impatience, qu'il ne pût oüyr que la moitié de cette reſponce: Si bien que comme s'il fuſt venu de ſauuer ſa vie de quelque grand péril, il courut en diligence deuers ſa fille Philoclee, qui entretenoit ſa mere, auec

Miso qui rendoit le mesme service à Pamele. Le Roy donc tirant Philoclee à quartier, auec les paroles les plus pregnantes que ses desirs, & l'auctorité qu'il auoit sur elle, luy peurent suggerer; la pria de luy conseruer la vie, & à celle de qui elle dependoit absolumēt, afin que son poil gris ne tombast auec amertume au tombeau, & qu'il n'entrast sur sa vieillesse en quelque desespoir: Que si elle n'estoit point ennuyee de le voir, & qu'elle ne creust pas que la terre fust lasse de le porter, elle mist peine d'adoucir son tourment en luy rendant Zelmane plus traitable, puis que cela depēdoit de sa seule parole. Qu'il n'estoit plus rien que ce qu'il plaisoit à ceste belle; Que sa vie dependoit d'elle: & que si elle continuoit dauantage d'estre cruelle, il ne pouuoit plus nourrir de contentemens non plus que la terre de fruicts sans l'aide du Soleil. Il conclud en fin que Philoclee pouuoit d'vn seul coup s'acquiter de ce qu'elle luy deuoit comme à son pere & à son Roy. Au reste qu'elle ne deuoit point faire difficulté de luy rendre ce seruice. Philoclee accepta joyeusemēt ceste commission : Car elle pensa bien que ce luy feroit vn moyen asseuré d'entretenir Zelmane comme elle desiroit, sans aucune ialousie. Cela luy donna tant de cōtentement en l'ame qu'elle respondit à son pere auec humilité, qu'il n'estoit pas besoin qu'il vsast de persuasions

pour l'inciter à luy rēdre vn seruice, auquel la nature & son deuoir l'obligeoient si estroittement. Et que pour le regard de
Zelmane, elle luy promettoit
de le seruir aupres d'elle en toutes les occasions que la vertu
pourroit permettre. Et comme
si elle n'eust point voulu penetrer plus auant dans les secrets
de son pere, & se cōtenter de ce
qu'il luy en vouloit apprendre,
elle luy dict qu'elle n'auoit
recogneu que d'hōnestes actiōs
en luy, & qu'aussi n'en auoit-
elle iamais interpreté aucune en
mauuaise part, ny pensé seulement qu'il eust voulu rien faire qui preiudiciast à l'honneur.
Que sur ceste creance elle feroit
tousiours ce qu'elle pourroit
pour son contentement. Basi-

lius bien aise de la responce de Philoclee, voyant qu'il n'en deuoit pas esperer dauantage pensoit desia n'auoir que trop gaigné, puis qu'il pourroit par ce moyen auoir plus libre accez auprés de l'Amazone. Il accepta donc les offres que luy faisoit sa fille sans desirer rien dauantage d'elle sinon qu'elle hastast sa consolation par vn prompt retour.

Philoclée estant preste à sortir: Et Miso se preparant de la suiure comme Alecton fait Proserpine, Basilius luy commenda de demeurer pour entretenir Gynecie. Ie feray (respond Miso) Sire, ce que l'on m'a chargé de faire depuis que i'ay l'honneur d'estre à vostre seruice, & me tiendray tousiours, s'il vous plaist,

plaiſt, proche de Philoclée en quelque lieu qu'elle aille. Car ie ne pourrois pas reſpondre d'elle à voſtre Majeſté, ſi i'en eſtois abſente. Baſilius ſe mettant en colere, luy defendit abſolument de ſuiure Philoclée, & dit qu'il vouloit qu'elle fiſt toute ſeule, ce qu'il luy auoit cōmandé. Ainſi Philoclée ſortit auec vn eſprit trauerſé de mille inquietudes, parce qu'elle recognoiſſoit au diſcours de ſon pere qu'il eſtoit ſon aduerſe partie: & qu'elle auoit tant de malheur qu'elle ſe voyoit obligée de contribuer du ſien pour fauoriſer ſon riual. Elle n'eut pas faict grand chemin qu'elle aduiſa Zelmane qui venoit deuers elle, ayant toutesfois les yeux tournez vers le fleuue Ladon

B

qu'elle enfloit de ses larmes. Il sembloit que ceste belle Zelmane fust changee en rocher, & qu'vne viue source eust pris son cours par les yeux de la chaste Amazone: Mais en fin ouurant sa bouche plustost pour soupirer que pour respirer : Elle fit ces tristes pleintes, Belle riuiere, dit-elle, permettez à vos claires eaux de receuoir mes larmes à fin qu'ils y roulent sans cesse. Et si la violence de vostre source vous contraint de haster vostre cours pour payer le tribut que vous deuez au grand Ocean, comme à vostre souuerain : Ie vous suplie d'y porter auec vous les paroles que ie vay dire à fin qu'on sçache par toute la terre que mon Amour est plus net que vostre eau.

de Pembrok. Liu. I,

Ayant dict cela elle graua ces vers sur l'escorce d'vn saule qui estoit au riuage du fleuue.

J'essaye en vain pour mes yeux soulager
Dans ces ruisseaux leurs larmes des-
　charger
Mon triste cœur en est la viue source.
Où pensons-nous aleger nos douleurs?
Il nous fournit abondamment de pleurs
Et mes soupirs en arrestent la course.
　Dessus mon front se lisent mes ennuis,
Mes plus beaux iours ne sont qu'obscu-
　res nuicts,
Et ma tristesse est vn espais nuage
Que le Soleil d'aucun contentement
Ne peut helas! penetrer nullement
Pour luire vne heure, au moins sur mon
　visage.
　Certains respects que ie prens pour
　raison,
Forcent mes sens, & tiennent en prison

Mes chers pensers, l'aliment de mon
  ame,
Qu'ils sont cruels! pour ne me secourir,
Ils sont, helas! que i'ayme mieux mourir
Que descouurir mes langueurs à Ma-
  dame.
  Tant plus mes feux sont cachez au
    dedans,
Et plus ils sont en ma poitrine ardans:
Si bien qu'en fin sortans de violence
Leur bruit se faict entendre par les bois,
Echo resonne, & d'vne horrible voix
Redit les cris que ma douleur eslance.
  Que dois-ie donc esperer quelque iour
En mes mal-heurs, sinon mourir d'A-
  mour,
Mes yeux, mes feux, mes soupirs &
  mes larmes,
Tous contre moy ie les voy conspirer,
Hé! quel moyen de me desalterer,
Puis que tout souffle encontre moy des
  flammes?

Apres qu'elle eut acheué d'escrire le dernier vers, elle parut tellemēt troublee d'esprit qu'il sembloit que le desespoir se vouluft emparer de son ame. Philoclee ayant assez long-temps pris plaisir de considerer les diuerses agitations de cefte Amazone, interrompit par là les tristes pensers qui luy trauersoient l'esprit, & cōme vn puissant Soleil, dissipa tout à coup les gros nuages que sa melancolie auoit amassez. Elle auoit eu du temps pour mediter comment elle romproit son silence : mais elle ne pouuoit trouuer de milieu entre l'affection qu'elle auoit pour Zelmane, & le respect qu'elle deuoit à Basilius qui n'auoit plus d'autre aliment, sinon ce-

B iij

luy que son espoir desreiglé luy pouuoit fournir. Si bien que ses yeux, ses levres & ses joües tesmoignoient à qui mieux mieux la honte & le regret qu'elle auoit de faire ce charitable office, mais mal-seant à son pere, puis en fin s'addressant à l'Amazone: Mon pere (luy dit-elle) à qui i'ay toutes sortes d'obligations tant comme Prince souuerain de ma patrie: que comme estant celuy de qui ie tiens la vie, m'a chargé (mais contre ma volonté,) chere Zelmane, de vous porter ces paroles de sa part. Qu'il ne seroit pl⁹ rien que ce qu'il vous plairoit qu'il fust doresnauãt; Que sa vie dependoit de vous seule; Qu'il ne pouuoit pl⁹, sans vous nourrir aucun contentement en son ame, non plus que la terre produire aucun fruict en l'absence du Soleil. Voila ses mesmes mots : (si i'ay bonne memoire) Ils nous font aisémêt recognoistre qu'il a de l'affection pour vous : Et ie croy que vous pouuez encor plus facilement remarquer par la honte que i'ay peinte sur le visage, les gehênes de mon ame pour auoir tenu ce discours si contraire à vostre qualité, & au rang que ie tiens dans le monde. Elle eust peut-estre dauantage parlé : Mais Zelmane se riant de l'erreur, en laquelle auoient esté iusqu'alors, Basilius & Philoclee, portee d'impatience de l'en tirer, luy dit : Madame, tant de perfections qui sont en vous, jointes à la grandeur de vostre maison

Royale, l'ont retenu long-temps en crainte, afin de n'offencer point vos oreilles de ce que tout à coup ie me suis resolu de vous descouurir. Ie ne sçay quel ordre, ny quelle grace ie puis donner au discours craintif, & trop hardy tout ensemble, que ie desire vous faire: mais si faut-il que vous trouuant si à propos, ie vous descoure ce que i'auois tousiours tenu le plus secret. Il le faut, que la violence de mon affection s'esuente par mes paroles, & qu'elle rompe les obstacles dont mon cœur s'est fortifié iusques icy. Ie suis contraint d'embrasser l'occasion qui se presente: Et de passer pardessus les respects qui vous sont deubs. Si vous auez donc iamais entendu faire des plaintes contre le cruel Amour : Si vous auez iamais entendu parler du pouuoir qu'il a de vaincre les cœurs les plus forts, & de changer les Estats les plus fermes, vous pouuez voir en moy seul les plus remarquables exemples de toutes ses tragedies: ayāt en ma personne esprouué toutes les infortunes qu'il pouuoit faire souffrir à tout le reste des hommes. Vous verrez en moy seul vne viuante image, & vne veritable histoire de ce que peut ce Dieu, quand il a resolu de terrasser quelqu'vn.

Mais helas! où vas-tu ma langue? Et comment! mon cœur, peux-tu, sans mourir, commencer le recit de telles aduantures? Toutesfois, penser, tu viens à tard : car ma timidité ne sert plus de rien, puis que desia i'ay commencé de m'ouurir. Ie dis donc derechef (mon vnique Princesse) que vous entendrez icy de ma bouche mesme, vn mal-heureux miracle d'Amour. Vous voyez deuant vos yeux ce Pirocle Prince de Macedonne, le jouet de la Fortune & de l'Amour que la seule renommee de vos vertus, & de voſtre beauté a changé de telle façon qu'il eſt mecognoiſſable à ſoy-meſmes, ſinon par l'extréme Amour qu'il vous porte: Ce chaſte deſir n'a point d'autre obiect que vous-meſmes. Vous eſtes ſa Tramontane, vers laquelle il eſt touſiours tourné, quelques ſecouſſes que les vents & les orages de cét impiteux Aueugle, ayēt peu luy dōner. Vous seule estes la cause qu'il quitte son pays, abādonne son pere : qu'il s'est oublié soy mesme, & qu'il a delaissé d'estre ce Pirocle tant vanté, & dōt les actes genereux sont paruenus iusques en ces contrées, ayāt caché ses lauriers sous les feintes delicatesses d'vn sexe menteur. Vous voyez cet infortuné Pirocle qui fut trahy dans la Nauire où ses ennemis firent mettre le feu, à fin de le faire plus asseurémēt perir par la cruauté de la mer & des flāmes. Chacun aussi a tousiours creu depuis qu'il n'en auoit pas eschapé. O que cela m'estoit vn vray presage que mes yeux, mes traistres yeux! me deuoient vn jour faire embarquer dans ce funeste vaisseau de mes desirs que ie voy iournellement brusler: Et d'où ie voy bien que ces traistres ne m'osteront iamais qu'ils ne mayent fait perdre, si vous, belle Princesse, que la nature a faict naistre comme vn astre fauorable, pour me sauuer du naufrage, ne chassez promptement les frayeurs de mon ame. Ne soyez pas le rocher, contre lequel mes esperāces aillent faire vn desbris: Vous que la vertu choisit comme la Princesse de toute felicité: Ne soyez pas la cruelle ministre de ma ruine: Vo⁹ dis-je, que i'ay choisie pour ma Deesse tutelaire, ne permettez pas que le desespoir force le cours eternel que i'ay promis à mon affection. Que si, helas! vous concluez à ma mort sans peser les raisons que ma saincte amitié vous dicte. I'attens voſtre reſponce telle qu'il vous plaira la donner; dites, parlez, ordonnez, ie receuray ma mort auec conſolation, ſi ie voy que vous-meſmes en prononciez l'Arreſt.

La joye que Pygmalion receut lors qu'il vit ſon image animée, ne luy fut pas plus douce que celle que Philoclée receut, entendant le diſcours de Zelmane, & ce contentement fut ſi grand qu'il luy ſembloit que ſes eſperances ſe fuſſent vaincuës elles meſmes. La doute pourtant vouloit ioüer ſon perſonnage en ſon eſprit, pour s'aſſeurer ſi veritablement Zelmane pouuoit eſtre Pirocle. Mais Amour prenant la parole en faueur de ce genereux Prince, asseura Philoclée qu'vne telle imposture ne pouuoit naistre en l'ame, ny sortir de la bouche de l'Amazone, dont les actions auoient tousiours paru si sainctes & si vertueuses. Elle apprehenda toutesfois de se voir seule auec luy, bien qu'elle eust plusieurs fois deuant desiré de se trouuer seule auec Zelmane. La crainte, la ioye, & l'estonnement la tenoient assiegée comme vn qui trouue vn tresor, doutant si elle dormoit ou non : où cōme vn dain craintif qui regarde à l'entour de luy, quand pour contenter la faim qui le presse, il fait rencōtre de quelque bon pasturage. Mais en fin apres auoir flotté quelque temps entre l'esperance & la crainte: elle luy fit cette responce toute pleine d'affection. Helas! qu'il est difficile à vn esprit inquieté, de polir son discours, & que la honte & la joye se cachent mal-aisément sur le visage lors que le cœur se trouue attaint au vif. Car, ie vous prie, comment parleray-je à vous? ou comme à ce Pirocle, ce Prince dont la renommée nous a fait cognoistre les vertus auant que d'en voir le visage: Où bien comme à ma chere Zelmane, ainsi que i'auois de coustume. Ie voudrois que vous fussiez tousiours demeuré en cette feinte Zelmane, afin que mon ame eust peu gouster les doux contentements qu'elle receuoit de sa presence, ou que ie ne fusse plus ceste Philoclee qui sera doresnauant comme complice du mal-heur que cecy nous peut apporter. Ah, ah, Pirocle! le desir de me posseder ne vous deuoit pas porter à des extremitez de telle consequence: Ou bien la crainte de me perdre non plus ne deuoit pas estre cause de vous faire descouurir. Vous eussiez tousiours esté pour le moins la Zelmane cherie de Philoclee; Et moy ie fusse demeurée la Philoclee vnique Amour de Zelmane. Car comment puis-ie auiourd'huy sans blesser ma conscience te regarder seulement, & bien moins te nommer de ce nom de compagne que ie tenois si cher. Ie confesse Zelmane, que pendant nostre commune felicité, ie n'auois pas de plus agreables pensees que celles qui te rendoient tou-

toufiours prefente aux yeux de mon efprit. Il me sēbloit que tes actiōs auoiēt quelque chofe de releué, & qu'ils eftoient capables d'attirer à ton Amour toutes les belles ames. Ne trouue pas mauuais fi ie t'appelle encor par ce nom de Zelmane, puis qu'il m'auoit toufiours efté fi agreable : Mon amour a commencé par ce beau nom : Et dorefnauant encor, fi tu l'as agreable, ie le tiendray caché deffous le mefme mot : Car ie ne puis hayr Pirocle, puis que ie l'ay tant aymé fous le nom de Zelmane : Vous auez, mon cher Pirocle, l'empire fur mes affectiōs. Voftre vertu vous les ayant donc fi heureufement acquifes, vfez de cefte victoire felon les loix que la vertu vous

C

a touſiours preſcriptes.

Apres cela elle ſe teut, & jetta des regards ſi pleins de feux & de traits ſur Pirocle, qu'elle mit ce pauure Prince en tel eſtat que le trop de contentement luy oſta le moyen de reſpondre, luy teſmoignant pluſtoſt par des effects que par des paroles comme il cheriſſoit le bonheur que Philoclee luy preſentoit: Car mille amoureux baiſers furēt les irreprochables teſmoins de l'Amour reciproque qu'ils ſe jurerent lors. Si bien qu'il ſembloit que leurs cœurs ſe vouluſſent baiſer comme faiſoient leurs levres: afin de ratifier l'accord de leur mariage que leurs chaſtes deſirs retindrent pourtant touſiours aux termes de l'honneur.

Pirocle afin de donner encor plus de preuue de son dire, à ceste belle Princesse luy monstra des lettres que son pere Euarchus luy auoit addressees, & qui parmy quelques autres joyaux auoient esté sauuez du naufrage ; & luy fit present des plus precieux, qui ressentoient veritablement bien leur magnificence Royale : mais l'Amour auoit desia doné tant de creace en l'ame de ceste belle : que les paroles & les effects sembloiēt superflus pour luy persuader que Pirocle ne luy deuoit pas estre moins cher qu'auoit esté Zelmane.

Ainsi Philoclée qui ne desiroit rien tant que de retenir encor l'Amazone aupres d'elle, afin de ioüyr à son aise du bon-heur de la voix, luy fit raconter l'histoire depuis qu'il fut separé d'Erone, parce qu'elle auoit sçeu le reste par le moyen de sa sœur. I'ay (dit-elle) appris les hazards que vous auez courus auec le Prince Musidore vostre cousin, depuis que vous partistes de la Thessalie, iusques à ce que vous fustes arriuez au secours de la Princesse Erone, & que vous eustes acheué cette cruelle guerre : Mais le Prince Plangus n'a point fait le recit du reste de vos aduantures : c'est pourquoy ie vous prie, mon cher Pirocle, de me faire entendre quel a depuis esté le cours de vos victoires, iusques à celle (mais la moindre de toutes) que vous auez obtenuë sur moy. Vous jurant que mes oreilles ne sont iamais plus chatoüillees que quand on parle de vous. Soyez donc liberal en mon endroit des choses mesmes qui vous ont recommandé par le monde : & ne craignez point de me raconter tant de perils: Puis que vous en estes exempt icy la souuenance vous en doit estre plus douce, & le recit plus agreable.

Pirocle se douta bien qu'elle la vouloit engager en vn si long recit afin de refroidir vn peu ses desirs, & l'empescher de s'estendre plus particulierement sur le sujet de son Amour. De sorte qu'il se contenta de baiser les verges : Et comme se reprenant de son trop grand desir : Belle Princesse (dict-il) doux entretien de ma vie ! Quels trophees?

quels triomphes de ma renommee pourroiēt estre plus agreables à mes yeux ny à mes oreilles, que ceux dont ie gouste à present les doux contentemens vous voyāt desireuse d'apprendre de ma bouche les aduantures estranges de Pirocle. Ce n'est point que la valeur de son courage, ny le lustre de ses actions genereuses me donnent ceste vanité : mais i'estime ce bonheur, de ce que vous recognoissez que c'est de vostre Pirocle, & qu'elles sont des effects de sa vertu. Cela m'excite tant d'orgueil, que ie croy que le discours vaut la peine qu'on l'escoute, puis que vous daignez bien prendre la peine de l'entendre.

SVITTE DES ADVAN-
tures des Pirocle.

Sçachez donc Madame, qu'apres la mort de Tiridates, & que nous eusmes remis Erone en ses Estats, nous l'y pensiōs auoir laissée paisible, & souueraine Princesse. Mais (comme ie l'apprends de vous-mesmes) l'ingrate trahison de son indigne mary s'est ensuiuie depuis. Et cela seul iusques à present, à causé sa ruine. Quant à moy ie confesse qu'il ne fust iamais tombé sous mes sens, qu'vne telle beauté que celle d'Erone n'eust eu le pouuoir de retenir les affections d'Antiphilus. Qu'vne bonté si grande que celle de cette infortunée Princesse, n'eust plainement obligé cét infidele: ny que les grands aduantages qu'il en receuoit, n'eussent pas suffy pour satisfaire à l'ambition desreiglée de cét ingrat. Ie sçay bien que les meschantes actions des hommes sont comparees à vn abysme, où on peut bien plus facilement se garder de tomber, que de s'en retirer lors qu'on est vne fois precipité dedans : Or quand à ce qui touche le particulier de mon cousin Mussidore & de moy : Voicy en peu de paroles pourquoy nous nous separasmes d'Erone.

Sçachez que ce genereux Prince Euardes que ie vainquis au combat, par la faueur & l'assistance que les Dieux presterent à mon bras, auoit trois nepueux, enfans d'vne sienne sœur, qu'on tenoit tous trois pour les plus valeureux Caualiers de ces contrées, parce qu'ils auoient acheué plusieurs belles & perilleuses entreprises, & principalement l'aisné nommé Anaxius, qui l'emportoit par dessus les deux autres. Mais il estoit aussi, tellement enflé d'orgueil & de presomption qu'il se donnoit luy-mesme des loüanges excessiues auant qu'aucun y pensast. Et cela le rendoit tellement insuportable, qu'au lieu qu'il eust peu donner de l'enuie par ses belles actiõs, il ne faisoit qu'augmenter le mespris que chacun conçeuoit à l'encontre de luy. Car s'il est vray que les Geants ont autrefois essayé de faire la guerre contre le Ciel, ce presomptueux Anaxius deuoit porter vn drapeau en ceste audacieuse troupe: car rien ne luy sembloit impossible pour difficile qu'il fust: rien non plus ne luy paroissoit injuste de ce qu'il auoit enuie de faire, & sa volonté seule luy estoit vne loy sans restriction quelconque. Or le Prince Euardus auoit refusé de l'employer en ses guerres, pource qu'il ne pouuoit souffrir que le genereux Prince Plangus fust preferé à luy par son cousin Tiridates, tant ce presomptueux croyoit estre habile homme au maniement des armes. Mais depuis qu'il eut sceu que i'auois defait l'armee de son oncle, & que ie luy auois donné la mort de ma propre main : cela l'irrita tellement, qu'il chercha tous les moyens de se vanger de moy.

Il faut que ie confesse qu'il m'enuoya son cartel auec assez de gentillesse, me défiant de l'aller trouuer en vn lieu qu'il m'assigna sur les frontieres de la Lycie, afin (disoit-il) de me faire aduoüer, l'espée au poing, que i'auois tué son oncle, non par ma propre valeur, mais par les artifices de quelque insigne trahison : & que sans ce moyen ie n'eusse pas acheué vne si grande entreprise. Ma boüillante ieunesse, & l'heureux succés de mes autres aduantures me firent volontiers accepter le combat, principalement encor parce que i'auois entendu que vostre cousin Amphialus (qui estoit estimé de long temps le plus valeureux Caualier de la terre) & luy s'estoient autresfois veus sur le pré, sans s'estre peu rien faire. Voila pourquoy i'y voulus aller. I'y fus seul, pource que i'appris de celuy qui me vint appeller de sa part qu'il se trouueroit seul au lieu qu'il m'auoit designé, & qu'il ne desiroit pas qu'vn secõd se meslast de nostre different. Et ie recognois, belle Princesse, que i'auois dessein de faire quelque exploit hors la compagnie de cét incomparable Musidore : car ie sçay bien que sa bonne fortune me guidoit, & que sa seule presence me faisoit plustost surmonter de perilleux hazards qu'aucune valeur qui fust en moy : car il m'a instruit de parole, & d'exemple, m'imprimāt vne si viue image de sa vertu que les plus espois nuages de l'oubly, ne la pourront effacer de mon ame. Ie luy fis donc trouuer bon que i'entreprisse vn si perilleux combat, & le priay qu'il preferast la gloire que i'en pouuois r'emporter, si ie sortois victorieux, à ce puissant respect de nostre commune amitié. Et luy ayant declaré le lieu où nous deuions combatre Anaxius & moy, (afin qu'il demeurast sur les aduenuës de peur qu'on ne me fist quelque supercherie:) ie prins congé de luy. Erone trouua mauuaise la resolution que i'auois prise de me batre, & fut contre son gré que Mussidore & moy nous separasmes d'elle.

Car elle apprehendoit grandement que ceste aduanture ne luy aportast, & à nous, quelque insigne mal-heur en ses affaires.

A peine auois-ie laissé derriere moy le Palais de ceste Princesse seulement d'vne demie iournee. Que ie rencontray vne estrange aduenture : Et bien qu'elle importe fort peu au suject de mon histoire : toutesfois, pource que i'y pensay perdre la vie, ie vous en feray le lamentable recit.

Passant en vn bois si couuert qu'il m'estoit bien aisé de croire que sa solitude ne permettoit pas d'y rencontrer autre chose que des bestes sauuages, ordinaires Bourgeois de semblables forests: ie fus estonné quãd i'entendis des cris qui frappoient mon oreille, par interualle. Or plus i'auançois dans l'espoisseur du bois, & plus il me sembloit que ces piteux accents redoubloient leurs efforts, & qu'ils venoient au deuant de moy par la mesme route, que ie tenois dans cét effroyable desert. En fin ie recognus que c'estoit la voix d'vn homme, bien qu'indigne d'vn homme qui ne doit pas crier ainsi.

Mes oreilles me seruant lors de guides, ie n'auois pas encor laissé beaucoup d'arbres derriere moy, que i'apperceus vn Gẽtilhomme pieds & mains liées, contre le tronc d'vn gros arbre, auec forces jartieres, il y estoit si estroittement garrotté, qu'il se pouuoit bien agiter, mais non pas se sauuer, ny resister aux douleurs qu'on luy faisoit souffrir. Neuf jeunes Damoiselles, passablement gentilles, estoient acharnées sur ce mal-heureux, côme autant d'aigles qui paissoient sur vn bœuf, Chacune d'elles auoit vn poinçon dans la main, dont elles luy picquoient le corps qu'ils luy auoient dénué de toute sorte de defence, sinon de sa chemise, depuis la ceinture en haut : tel-

D

lement que ce pauure homme pleuroit, faignoit, crioit, & prioit tout enfemble pendant que ces filles rioient de luy voir fouffrir tant de douleurs, & qu'elles faifoient vanité de fes prieres, comme fi c'euft efté autant de trophées de leur victoire.

Ce prodigieux fpectacle me dōna veritablement de la compaffion, & particulierement quand ie vis ce miferable, les larmes aux yeux, implorer mon fecours, non pas, difoit-il, pour le tirer de la mifere, où il eftoit: Mais feulement pour le deliurer par vne feule mort de tant de mourantes vies. Ie flottois incertain de la refolution que ie deuois prendre en vne telle affaire, quand i'apperceus venir à moy sept ou huict Caualiers bien armez, & montez aduantageusement. Le premier m'ayant attaint: Retire-toy d'icy, me dit cet audacieux, afin que ces Damoiselles se vangent de celuy qui les a si fort desobligees. Il me disoit cela auec tant de mespris, que veritablement ie ne le pû souffrir. Et luy respondis assez brusquement, que ie n'entendois pas seulemēt le deffendre de l'outrage de ces cruelles femmes: Mais encor le deliurer hors de leur tirannie. Et commençay en mesme temps le premier duel auec luy. L'ayant tué, ie fus attaqué des autres. Mais en fin l'issuë de nostre combat fut telle que ie demeuray maistre du champ, en ayant tué quelques vns, & fait fuir les autres.　　　　D ij

Cependāt ces cruelles s'enfuirent qui çà qui là dans le bois, excepté vne qui s'estoit tellement opiniastree en sa vengeance, que le combat, ny mesme apres que ma valeur l'eut finy, n'auoit point donné relasche à sa cruauté. Au contraire elle fit tousiours opiniastrémtē paroistre sans aucune aprehension, combien son depit & sa rage estoient animez contre ce pauure mal-heureux. Elle estoit toute preste à luy crever les yeux auec ses poinçons, & ie croy qu'elle ne luy auoit reserué la veuë qu'afin que ces mourātes lumieres fussent tesmoins contre luy-mesmes, & qu'ils luy fissent voir les impitoyables furies qui causoient ses douleurs. Comme i'eus ainsi escarté toute ceste canaille, i'ostay mon habillement de teste pour parler à ceste Damoiselle: Mais elle estoit tellement acharnee en sa cruauté, qu'elle ne daignoit pas m'escouter seulemēt, & encor moins donner treve aux poinçons dont elle se seruoit pour le martyriser.

En fin pourtant ie fis qu'elle cessa. Et voulus sçauoir d'elle l'occasion de l'estrange supplice qu'elle & ses autres compagnes auoient choisi pour punir ce jeune homme. Ceste femme toute hors d'haleine: mais plustost de colere que non pas du trauail qu'elle prenoit en se vengeant, me dict: Caualier, vous me forcez contre ma volōté de surseoir pour vn temps l'execution de ma iuste vengeance contre ce meschant homme, qui toute sa vie a faict gloire de tromper la simplicité des femmes.

Et pource que ie voy que vous estes jeune, & que vous aurez moyen (si vous en auez la volonté) de faire plus de mal que luy. Ie veux, sur ce subject, vous faire vne leçon. Sçachez donc Monsieur, que cét homme s'appelle Pamphile, issu à la verité d'vne famille illustre: Mais que luy sert cela, sinon pour faire honte à ses ancestres, à qui on peut reprocher qu'ils ont nourry ce monstre: Il est d'assez bonne mine, côme vous voyez, droict, de belle taille, de bonne humeur, & qui se rendoit complaisant aux bonnes compagnies, ayant tousiours quelque petit mot pour rire. Mais cela n'est qu'vn faux masque sous la beauté duquel il déguise toutes les difformitez de son ame. Il sçait chanter, il est adroit à la dance, il est sçauant en l'exercice de la chasse, & est fort bien à cheual: tellement qu'il estoit desiré partout: Or tant de belles parties l'ont mis si auant aux bonnes graces des Dames, que i'aurois honte de confesser qu'il a eu part aux miennes, si ie n'en auois aussi bien la vengeance entre les mains, comme la rougeur sur le frõt: Car cét infidele auoit tant d'artifice à tromper, qu'il estoit impossible de s'en apperceuoir: Et comme vn oyseau qui lors qu'il est au trebuchet, sert pour en attraper d'au-

D iiij

tres ; Ce traistre se seruoit de sa premiere maistresse, afin de mieux surprendre les autres. Ce luy estoit vn jeu que de leur fausser ses promesses, encor qu'il les jurast auec mille sermens. Il estoit si adroit à flatter, si subtil à n'estre point surprins en ses larcins d'amour, il auoit les larmes si à commandement, & sçauoit si bien persuader, que ses rets estants passez de tant & tant de dangereux filets, vous iugerez vous-mesmes qu'il estoit impossible qu'õ en peust eschaper. Mais la plus grande subtilité consistoit en ce qu'il s'aidoit dextrement de nos propres armes pour nous vaincre nous-mesmes. Nos passions luy donnoient libre accez chez nous pour nous tromper plus aifement. Il nous rendoit tantoſt jalouſes, & tantoſt enuieuſes les vnes ſur les autres: Et s'il arriuoit que quelqu'vn de nous tiraſt vanité de la folle creance qu'elle auoit de poſſeder ſeule ce volage, il luy faiſoit beaucoup eſtimer le triomphe qu'elle auoit de lê mener captif, luy qui ſe diſoit le Prince & le vainqueur de toutes les beautez. Il luy jettoit auſſi quelquefois vne mauuaiſe œillade, afin de luy verſer en l'ame vne crainte de perdre celuy qui veritablemẽt n'auoit iamais eſté ſien. Ce perfide a long-temps vſé de ſa tyrannie enuers nous: Et s'eſt à noſtre mal-heur, ſeruy de l'auantage qu'il auoit ſur nos foibles eſprits par la crainte & la terreur qu'il nous donnoit de perdre en luy tant de belles esperances.

Cela me semble estrange, & dis auec regret que ie ne pouuois croire qu'il fust si grand pipeur. Au contraire, ie banday tous les ressorts de mon esprit, afin de me le conseruer, comme si mon bon-heur eust dependu de luy. Ie faisois comme ceux qui en vn jeu de paume où le prix du vainqueur n'est qu'vne seule balle, s'efforcent neantmoins de la pouuoir gaigner : les autres & moy nous renuoyons cette balle d'inconstance l'vn à l'autre, nous efforçans chacun de la retenir : Mais en vain : car ce sable mouuant ne pouuoit s'arrester, ce mercure leger ne se pouuoit fixer : si bien que nous ne remportions en fin que des regrets, du desespoir, & du malheur, où nostre reputatiō estoit grandement engagée. Ie me suis mille fois estōnée en moy-mesme, comment son ame qui est naturellement inconstante, a peu si long temps demeurer en vn corps si fragile, & qu'elle ne l'a priué de vie dés sa premiere enfance, afin de changer plus souuēt de demeure: puisque ce meschāt a si peu cōuersé parmy nous (malauisées que noᵘ sommes) qu'il nous est impossible de iuger, s'il se hastoit plustost de gaigner nostre Amour: que l'ayant acquise, la perdre sans regret. Ainsi faisoit-il gloire de sa honte & de la nostre, cependāt que chacun de nous s'efforçoit en vain de se le conseruer. Il ne nous voyoit iamais qu'il n'euſt fait de nouueaux deſſeins pour exercer ſon infidelité. En fin (valeureux Caualier me dict-elle:) Nous recogneuſmes noſtre pernicieux erreur: car cét ingrat nous dedaigna toutes, pour s'accorder auec vne jeune fille, qui eſtoit à la verité fort peu conſiderable, ne nous laiſſant que le regret de ce qui s'eſtoit paſſé entre luy & nous, & le deſir au cœur de nous en bien vanger. Noſtre commune injure nous fit reſoudre enſemble d'en tirer la raiſon, puis que ſon mariage nous cauſoit vn vif reſſentiment de l'ingratitude, dont il payoit noſtre amour. Nous fiſmes dōc ſi bien ces Damoiſelles que vous auez veuës, & moy, que nous le ſurpriſmes lors qu'il s'en gardoit le moins: Et luy reprochasmes auec mille iniures sa legereté, sa malice, son infidelité, son peu d'amour, ses tromperies, ses faux sermens & son impudence. Mais luy (comme vn Orateur eloquent) ne tint conte de rien dénier: aussi voyoit-il trop de tesmoins que nous luy confrontions: Il essaya seulement de iustifier toutes ses faussetez, auec tant d'arrogance qu'il nous faisoit quasi douter de nostre cause, si iuste. Entre ses autres responses, ie ne puis oublier celle-cy, qu'il vouloit prouuer que ce n'estoit pas inconstance que de quitter vne Maistresse pour en acquerir vne autre: au contraire que c'estoit vne grande constāce: Et que ce que nous appellons de ce nom de Constance n'estoit qu'vn maladuisé changement. Car (disoit-il) i'ay tousjours obstinément recherché mon plaisir, & ce qui me sembloit aimable. Et lors que i'ay trouué moyen d'obtenir ce que ie poursuiuois si constamment, ie m'y suis delecté. Et ses insensez à qui vous donnez à tort le titre de constans, s'il aduient que la maladie ou quelque autre accident, diminuë la beauté de leur Dame, ne laissent pas de l'aymer, commettant par ce moyen la plus absurde inconstance du monde, en changeant vne beauté pour vne chose laide, comme vn qui ne se contenteroit pas de quitter son amy, mais encor s'iroit rendre à son ennemy mortel. Là où moy que vous nommez infidele, ie suis tousiours constant à aymer quelque chose de beau, & à me donner à moy mesmes, ce doux côtentemẽt d'en auoir la possession. C'est ainsi que ce brauoit ce biẽ-disant, mais mesdisant, aduocat de la Legereté. I'ay (poursuiuoit-il) quitté la premiere, à cause de sõ auarice; l'autre, pource qu'elle se laissoit trop tost gaigner; la troisiesme, pource que c'estoit vne melancholique; la quatriesme, pource qu'elle estoit trop folastre; la cinquiesme, pource qu'elle estoit maladifue; la sixiesme, pource qu'elle estoit si sotte que d'auoir eu de la ialousie pour moy; la septiesme, à cause de ce qu'elle auoit refusé de porter de mes lettres à vne autre de mes amies. Et la pauure Didon, c'eſt le nom (me dit-elle Monſieur, de celle qui vous parle, a eſté ſi malheureuſe d'auoir rencontré en luy vn autre ingrat plus perfide qu'Enée. Or apres que cét effronté eut aſez long temps joué le perſonnage de Prince ſans ſoucy : il nous porta de le faire ſaiſir par nos ſeruiteurs, que nous auions tenus tous preſts à ce deſſein. Enfin nous l'auons mis au piteux eſtat où vous l'auez trouué : reſoluës de l'accommoder d'vne ſi bonne ſorte, qu'il n'auroit plus enuie de nous tromper, ny les autres non plus : Mais vous auez faict fuyr mes compagnes, & auez deffaict nos gens, par le moyen dequoy vous auez retardé ſa iuſte punition. Ne diferez donc

donc pas d'auantage ma vengeance, genereux Caualier, car ie suis la plus offencée de toutes: & quoy que mes compagnes oublient leurs injures, la grandeur du tort qu'il m'a fait veut qu'au peril de ma vie mesme, i'en tire la raison. Quoy? souffrir que cét impudent me reprochast, que i'estois la moins belle de toutes celles qu'il auoit iamais aymées: n'est-ce pas vn outrage si grand qu'il ne se peut pardonner ? Car, Monsieur, vous pouuez bien iuger par vos yeux mesmes, l'effronterie de cét homme, & qu'il se trouue peu de femmes qui soient plus belles que moy.

Cependant me dire que mon peu de beauté l'auoit fait me quitter ; pardonnez à ma

E

passion ie vous prie, si ie ne puis souffrir ce reproche qui est le plus grād de ceux qu'ō peut faire à vne femme. Disant cela elle prist son poinçon pour luy creuer les yeux. Ce pauure Pamphile demeura si honteux qu'il ne pût dire vn mot, pendant tout ce discours : Mais comme il vid qu'elle r'entroit en sa furie, il se meit à se plaindre, implorant plustost mon secours, que sa misericorde. Ie descendis lors de cheual, afin d'vser de force pour retenir la colere de ceste Damoiselle, qui ne pouuoit s'empescher qu'elle ne l'offençast. Comme i'estois sur le point de secourir ce jeune Prince, il arriua plusieurs de ses amis. Si tost qu'il les eut apperceus, il commença de repren-

dre courage: & sa voix se rēforçant, s'escria hautement qu'il les prioit de tuer ceste meschante femme qui l'auoit accoustré de la sorte. Ie fus donc cōtraint de changer de party, & au lieu que i'auois iusques là combatu sous les enseignes de la Pitié pour la deffence du pauure Pamphile, prendre en ma sauuegarde cette courageuse Didon qui se defendoit vaillammēt de ses ennemis, m'appellant à tesmoin du iuste subject qu'elle auoit de se vanger ainsi. Ie moyennay donc vne forme de treue entr'eux, & puis l'ayant conduite & mise en lieu de seureté (comme i'estimois) ie reprins mon chemin pour aller trouuer Anaxius au lieu qu'il m'auoit assigné pour nº batre:
E ij

mais le temps que ie perdis à escouter Didon & Pamphile, fit que ie ne l'y trouuay plus. Ie l'attendis long temps, & m'accusay moy-mesmes de mon retardement, trop important à mon hôneur. En fin quelqu'vn des siens (qu'il auoit peut-estre mis au guet) luy ayant rapporté que ie l'attendois de pied ferme, il vint tout seul ainsi que nous l'auions accordé. De tant loing qu'il m'apperceut, il fit faire quelques passades à son cheual, afin de le mettre en fougue, puis le poussant à toute bride, il vint fondre sur moy la teste baissée, & la lance en l'arrest. Ie le receus auec pareilles armes, & d'vn courage esgal. Nos lances s'enuolerent en esclats dés ce premier rencontre,

& ie croy qu'il sentit bien mon coup. Pour moy ie confesse que ie n'en auois iamais receu de si rude que celuy qu'il me donna. I'en demeuray quelque tēps estourdy : mais mon courage força mes sens de se reueiller d'eux-mesmes. Ie l'apperceus dōc de prés qui venoit me ioindre l'espee à la main. Ie ne vous sçaurois dire qui frappa le premier : mais en vn mot il fut promptement secondé de l'autre. Et faut que i'aduoüe librement (belle Princesse) que la victoire fut quelque temps en doute. Car Anaxius auoit tant de valeur, que s'il ne l'eust ternie par vne sotte presomption qu'il auoit de luy-mesme, on l'eust peu iustement estimer vn des meilleurs Caualiers

Nous combatismes si rudement tous deux que nous perdismes haleine plusieurs fois: En fin son cheual en se maniant rencontra l'esclat d'vne de nos lances où le fer estoit attaché, qui par hazard s'estant trouué debout, luy entra dans le cœur, dont il mourut soudain. Anaxius pour auoir perdu son cheual ne perdit pourtant pas le courage. Au contraire il me menaça de faire à mon cheual ce que la Fortune auoit faict au sien, si ie ne mettois pied à terre. Ses menaces ne m'espouuentoient pas, mais ie ne voulois pas aussi auoir cét aduantage sur luy, & estre obligé à la fortune d'vne partie de ma victoire. Ie me mis donc à pied comme luy, & recommençafmes à frapper si furieusement, que le sang luy ruisseloit de toutes parts, à cause des grands coups que ie luy auois portez. En mesme temps i'apperceus cét inconstant Pamphile que i'auois deliuré, qui accompagné de dix ou douze autres hommes poursuiuoient ceste cruelle Didon qui l'auoit si vilainement outragé. Il estoit monté sur vn bon cheual, qui la talonnoit de fort prés. Ceux qui le suiuoient auoient comme luy des houssines, dont ils se promettoient de la bien estriller. Ceste pauure affligee m'ayāt recogneu, s'escria pour me prier de vouloir estre encor vne fois son liberateur. Ie confesse qu'elle m'esmeut tellement à pitié que ie fus contraint de prier

E iiij

Anaxius que nous remissions le combat à vne autre fois, puis que l'vn n'auoit point eu d'auantage sur l'autre, & que le deuoir de Caualier m'obligeoit à secourir les Dames affligees: Mais ce presomptueux dédaignant de faire autre chose que ce que ses passions, qu'il appelloit son courage, luy commandoient: me pria de ne l'importuner point de cela, & qu'apres qu'il m'auroit tué, peut estre empescheroit-il qu'on outrageast ceste femme. Ie voyois bien que nostre combat seroit long, c'est pourquoy i'auois regret de me voir detourné de rendre vn si bon office à la pauure Didon.

Le dépit que i'en conceuz fit que ie donnay vn si grand coup sur l'habillement de teste d'Anaxius, qu'il en demeura tout estourdy. Voyant cela ie courus à mon cheual, quoy que la pesanteur de mes armes me donnast de l'empeschement. Anaxius resueillé de cét estourdissement, me chanta toutes les pouilles dont il se peut aduiser. Mais ie pensay que ma reputation estoit engagée au secours de cette Damoiselle affligée, & d'empescher que Pamphile & les siens luy fissent quelque outrage. Ie ne voulus dóc point m'offencer de toutes ses injures ny des huées que firent apres moy vne trouppe de paysans qui passoient d'auanture par là. Ie montay brusquement sur mon cheual pour courir apres ceux qui poursuiuoient Didon:

mais i'entendois encor de fort loing ces gausseurs de manans: Voyez, (crioient-ils apres moy) voyez comme la peur luy a donné des aisles. Cela me fit retourner vers Anaxius : Asseure-toy (luy dis-je à haute voix) que tes menaces ne me font point de peur. Car ie te jure foy de Caualier, que ie te viendray satisfaire si tost que i'auray deliuré cette pauure Dame des mains de ceux qui la poursuiuent. Ce retardement fut cause que ie ne les pûs r'attaindre qu'vn peu deuant la nuit, & proche d'vne haute montagne, au sommet de laquelle estoit vn vieux Chasteau : Les amis de Pamphile commençoient à despouiller la malheureuse Didon lors que i'y arriuay, mais ie leur taillay bien toſt d'autre beſongne, car le iuſte dépit que i'eus contr'eux, fit que ie me meſlay rudemēt à trauers de cette troupe, où ayāt mis par terre les premiers qui s'oſerent oppoſer à mes armes, tous les autres s'enfuyrent: Tellement que i'acheuay bien plus facilement ce combat, que lors que ie n'auois qu'Anaxius en teſte. Pamphile ſeul, ne me reſiſta point : car m'ayant recogneu, il ſe reſſouuint que ie venois de luy rēdre vn pareil benefice, croyant peut-eſtre que i'eſtois quelque Protecteur des affligez : ſi bien que tout craintif, il me priſt les genoux, & me jura, les tenant embraſſez, que pour l'amour de moy il oublieroit cét affront, & puis il s'en alla. Quand i'eus remis Didon en plaine liberté, & que ie l'eus rasseurée des apprehensions de la mort qui l'auoit touchée de si prés; Elle me raconta que comme elle s'en retournoit vers la maison de son pere, apres la feinte reconciliation que Pamphile auoit premierement iurée deuant moy, ce meschant homme assisté de ceux que i'auois veu l'auoit rattrapée: & qu'apres auoir massacré deuant elle deux ou trois pauures paysans qui luy faisoient compagnie, ils l'auoiēt enleuée par force iusques au lieu où nous estions: Vous sçauez, me dit-elle, en quel estat vous m'auez trouuée, lors que comme vn Dieu tutelaire, vous estes arriué pour me donner secours. Il auoit ce malheureux

dessein de me faire honteusement mourir à la veuë de mon
pere, auquel il auoit desia mādé
que s'il vouloit regarder par les
fenestres de son Chasteau (car
celuy que voila sur la crouppe
de cette montagne est à luy) il
verroit le sacrifice qu'il alloit
faire d'vne fille vnique; afin, disoit-il, de punir tant d'outrages
qu'il auoit receuz de moy. Ie fus
bien aise d'auoir encor rendu ce
bon office à cette Damoiselle,
qui à la verité auoit assez de grace & de beauté pour le meriter:
mais la nuict s'approchant nous
força de chercher quelque giste.
Il me sembloit que cette Damoiselle ne me pouuoit honnestement refuser la maison de
son pere pour ce iour là, puisque
c'estoit la plus proche de nous,

neantmoins ie voyois qu'elle perdoit contenance, & qu'elle differoit à me l'offrir: mais en fin elle me dit, Monsieur l'obligation que ie vous ay ne se peut exprimer auec des paroles, puis que ie ne tiens plus la vie que de vous. C'est pourquoy ie vous supplie de croire que ce me sera vn extrême contentement, si ie suis iamais capable de vous rendre seruice. Cependant ie vous supplie tres-humblement de ne desdaigner point de vous reposer ceste nuict au chasteau de mon pere, puis que vous en estes si prés, & que l'heure vous presse de prendre le couuert: Car il y a force voleurs en ceste contree, qui ne cherchent qu'à prendre. Il faut que i'aduoüe encor (me dit-elle)

Monsieur, qu'Amour me force à vous vouloir du bien. Et cét excez de passion, que i'ay pour vous, me rend hôteuse de vous offrir ce lieu, où vous ne serez veritablement pas receu comme vous meritez. Ie ne parleray pas là de vostre valeur par compliment : mais ie feray naifuement le recit de toutes mes miseres. Vous y verrez mon bon-homme de pere nommé Chresmes, qui pour ne vous en rien desguiser est le plus riche du pays, mais, soit naturellemét ou par mauuaise habitude, le plus auaricieux personnage que l'on puisse trouuer. Il ne se priue pas seulement des choses qui peuuent donner du contentement à la vie : mais il s'espargne encor celles qui sont le plus necessaires pour se la conseruer: Et semble qu'il se donne à regret le soustien de ses vieilles années. De sorte qu'il m'a contrainte, quoy que cela deroge à sa qualité, de me mettre au seruice d'vne grande Dame. Et c'est de là que sont deriuez les mal'heurs qui m'ont iusqu'icy poursuiuis à ma honte propre, & de nostre famille. Son auarice luy bouchoit les oreilles, & le rendoit sourd au bruit qui couroit de mon infamie. Elle eust sans doute continué dauantage le discours de sa vie, & de celle de son pere : Mais nous estiõs desia si prés des murailles du Chasteau, qu'elle rõpit là dessus. Or i'estois accoustumé de mesurer la douceur du repos, & la delicatesse du manger

manger, à la lassitude & à la faim: si bien que ie la suiuis de bon cœur, ayant comme i'auois besoin de tous les deux. Ie trouuay que ceste place estoit forte d'assiette, & assez bien flanquee, digne vrayement de la retraitte de quelque braue Seigneur. I'aprins aussi que cét auaricieux Chremes l'auoit euë à bon marché d'vn Gentilhomme desbauché, de qui le pere l'auoit faict bastir auec vn fort grand soing. Le pont estoit desia leué, tellement que nous fusmes long-temps à crier auāt que persōne vinst. Mais en fin il cōmanda qu'on nous ouurist, plustost par importunité, que pour la joye qu'il eust de voir sa fille hors d'vn si grād danger. Chremes vint au deuāt de nous

F

iusqu'à la premiere porte, branlant sa vieille teste, & faisant bien paroistre pourtant qu'il n'estoit pas encor las de viure. Il ne me remercia pas de ce que i'auois faict pour sa fille, de peur (comme ie croy) de confesser qu'il m'estoit obligé. Il me dit seulement auec indifference, que i'estois bien venu : encor que ie remarquasse à sa mine qu'il ne nous voyoit pas de bon œil, ny sa fille ny moy.

Il nous mena dans sa maison, où ie ne recogneus par tout qu'vn miserable tableau de sa taquinerie. Il estoit suiuy de valets pleins de crottes, si mal couuerts, si secs, & si harassez, qu'il estoit aisé de iuger qu'il leur faisoit bien gaigner leur pain. Tous les preparatifs qu'il nous fit, tant pour souper que pour le logement, crioient mercy à l'auarice de ce miserable homme. Il ne nous entretint d'autre chose que de sa pauureté, tant il auoit peur que ie luy demandasse de l'argent à prester: ou du moins que ie ne luy fusse trop long-temps à charge. Cela desplaisoit fort à sa fille, qui pour diuertir cét orage me faisoit mille complimens. En fin apres qu'elle eut fait vn grand discours à ma loüange deuant la compagnie, elle pria son pere qu'il s'informast de mon nom, afin (disoit cette femme) que d'oresnauant il nous fust aussi venerable, comme celuy d'vn Dieu qui a sauué mon honneur & ma vie. Elle fit ceste petite requeste auec tant de grace, que je dis ingenuëment mon nom & ma qualité, dont elle fust fort contente, & son pere encore plus, comme ie recogneus par leurs gestes: La cause de leur joye estoit pourtant bien diffe-rête: car elle se resioüyssoit de ce qu'vn Prince auoit daigné pren-dre tant de peine pour elle: s'i-maginant que l'amour qu'elle se promettoit que ie luy portois m'auoit fait mettre en ce ha-zard. Et le pere au contraire bastissoit toute sa bonne fortu-ne sur les ruines de la mienne. Il se souuint que la Royne Artaxie auoit fait publier qu'elle don-neroit cent mille escus à qui luy porteroit ma teste. Elle me vou-loit ce mal, à cause que j'auois tué son frere Tiridates: Donc ce malheureux Chremes resolut en luy mesme de me liurer à la Royne, afin de gaigner vne si bonne somme: tant le desir d'a-uoir de l'argent, luy bourreloit le cœur. Pour executer ce des-sein, il enuoya la nuict aduertir vn Capitaine de ses amis (qui estoit en garnison dans vne pla-ce assez proche de là, apparte-nant au Roy d'Iberie) de se ren-dre auec vne partie de ses gens en vn lieu qu'il luy prescriuit, où ie deuois passer. Ce Capitai-ne estoit si vain, qu'il se plaisoit à faire des despenses superfluës, sans s'informer de quel costé il deuoit retirer ses deniers: De sorte que ce traistre vieillard le iugea propre pour iouër son personnage en la tragedie qu'il auoit composée la nuict, & dõt ie deuois faire la triste catastrophe. Quand à moy i'auois mon dessein à part, & ne songeois qu'à me retrouuer de bon matin sur le pré où i'auois laissé Anaxius. Le triste logement où i'estois : la mauuaise mine du maistre, l'apparat grandement mesquin, voire presque honteux qu'il fit pour me receuoir, les importunes vanteries de la beauté de Didon, leurs allées & leurs venues, & les reproches que m'auoit fait Anaxius : tout cela ioinct ensemble m'empescha le repos : si bien que ie fus le premier esueillé du logis, & fus de bon matin prendre congé de Chremes, qui malgré que i'en eus me voulut conduire iusques à deux lieues de chez luy. Cela me donna du soupçon : car ie sçauois bien qu'il ne sortoit pas volontiers du chasteau, si ce n'estoit pour faire quelque sordide gain, ou quelque insigne meschāceté. Il se fit suiure de ses valets, tellemēt qu'il sembloit que ce fust quelque troupe de voleurs, dont luy & moy fussions les Capitaines. Ie croy que la belle Didon eust bien voulu me faire demeurer d'auantage, mais force luy fust de prendre patiēce. Durant nostre chemin, ce meschant Chremes enuieilly dans sa malice me regardoit effrontément au visage sans sourciller seulement, & me parloit auec autant d'asseurance, cōme s'il n'eust point eu de meschant dessein qui eust alteré son esprit. Estans arriuez en la place qu'il auoit ordonnée, ie me vis incontinent enuirōné d'vn nombre de soldats, les vns à pied, & les autres à cheual. Rends-toy (me dirent-ils) prisonnier de la Reyne Artaxie, autrement tu es mort. Or ils ne pouuoient vser en mon endroict d'vn plus desagreable discours : car ie n'ignorois pas l'inimitié mortelle que cette Princesse me portoit. Ie fis donc lors de necessité vertu : & mettant l'espée & la rondache au poing, ie les chargeay si rudement que ces traistres qui se fioient plus en leur nōbre qu'en la valeur de leur bras, porterent tous mes marques, & recognurent à leur dam combien il est difficile de vaincre vn homme de courage. Or ce Chremes s'estoit mis à quartier durant nostre combat : esperant que ie serois sa proye. I'estois si las de chamailler, que le despit plustoft que la force me soustenoient debout:& ne sçay pas en fin ce qui fust arriué de moy, si le vaillant Mussidore ne fust venu à mon secours. Il s'estoit tousiours tenu à l'entour du châp, de peur qu'Anaxius ne me fist quelque supercherie; tellement qu'ayant appris que ie m'estois rendu au Chasteau de Chremes, il y estoit entré: mais il n'y auoit trouué que les tristes marques du courroux d'vne populace, qui haïssant ce miserable vieillard à cause de ses rapines, auoit tout rauagé & bruslé là dedans. Mussidore ne s'arresta pas d'auantage en cette malheureuse maison, mais il suiuit aussi-tost nostre piste, & me trouua en telle extremité que ie n'en pouuois plus. Mais quand i'apperceus mon cousin, le courage me reuint: Et au lieu qu'auparauant ie n'attendois qu'vne honorable mort, disputant courageusemēt ma vie cōtre tāt de personnes, ie me promis dés lors vne victoire asseuree. Car il combatit si vaillamment qu'il n'arresta gueres à leur grauer auec le fer de ses armes, & la frayeur dans l'ame, & les playes sur le corps. Ie le seconday tres-bien : mais de vous descrire icy plus particulierement, cét inesgal combat ce seroit vous ennuyer : Ie vous diray seulement que le Roy d'Iberie, pere du genereux Plangus, suruint au mesme temps: Car quoy que sō aage luy deust auoir interdit le penible exercice de la chasse, si est-ce que ce bon Prince s'estoit ce iour là doné le plaisir de faire voler vn Faucon si proche de nous; que le bruit & le cliquetis de nos armes l'attirerent au champ de nostre bataille. Il fut incontinent recogneu par nos aduersaires, qui voulurent fuir. Le Roy les ayant fait arrester, s'enquit de nous quelle occasion nous faisoit entreprendre vne si cruelle guerre dans ses pays. Ie luy en fis (ma chere Philoclee) le recit bien au long, ainsi que vous l'auez entendu iusques icy. Ce Prince grandement irrité de veoir que des personnes de nostre qualité eussent receu cét affront : fit sur le champ couper la teste au Capitaine, & pendre le vieil Chremes : Et (chose remarquable) comme ce mal-heureux vieillard auoit desia la corde au col, vn des siés luy vint dire la nouuelle de l'embrasemēt de son chasteau, & de la mort de sa fille Didon, que le peuple auoit estoufée dās ses ruines : mais ny la perte de sa sa vie, ny le mal-heur de sa fille vnique, ne luy toucherēt point tant au cœur, cōme la perte de ses biēs, & la ruïne de son chasteau, sur lequel il eut tousiours les yeux fichez tant qu'il pût regarder. Le Roy nous ayant rendu ceste iustice, nous commanda de le suiure en sa Cour, qui n'estoit pas beaucoup loin de là, & nous entretint en chemin auec tant de familiarité & de franchise, que ie confesse que sa Majesté m'a grandemēt obligé, encor que la fin de ceste rencontre ne nous ait pas esté si fauorable que le cõmencement, comme vous l'entendrez. Apres que nous eusmes esté quelque temps à la Cour de ce Prince, & que nous fusmes guaris de nos playes, ie ne songeay plus à rien, sinon de retourner deuers Anaxius pour acheuer nostre duel que tous ces diuertissemẽs auoient interrõpu : mais i'apris qu'il n'estoit plus en ceste Prouince, & qu'il se vantoit par tout de m'auoir fait fuyr. Ie fus pourtant forcé malgré moy de metre à vne autre fois la preuue que c'estoit, non la peur : mais la courtoisie qui m'auoit obligé de remettre le combat. Cependant nous estions bien veus de la Royne Andromane, &

ceste Princesse auoit tellement gaigné le cœur du Roy son mary qu'il ne faisoit rien sans son conseil : aussi estoit-elle veritablement digne de commander à ses peuples, & d'auoir les resnes de son Empire entre les mains. Ce bon Prince auoit tant de creance en elle qu'il auoit negligé sõ Estat : Il ne sçauoit pas mesmes le plus souuët, ce qui se faisoit en sa chambre. Nous auions l'honneur d'estre visitez d'elle tous les iours, pendãt qu'on guarissoit nos blessures, ce qui luy donna loisir d'en ressentir vne autre plus mortelle en son ame. Nous recognusmes bien le Prince Mussidore, & moy qu'elle nous aymoit, & que l'auctorité qu'elle auoit la rendoit assez hardie pour ne point nous desguiser ses feux: mais aussi nous iugeasmes que sa grādeur la faisoit desdaigner de nous les descouurir. Si est-ce qu'en fin la force de son amour passant pardessus tous ces respects, elle commença de nous entretenir des merites de sa jeunesse, & de sa beauté: & du peu de contentement qu'elle auoit du Roy son mary, qui n'estoit point d'vn aage sortable au sien Elle nous prisoit grandement ses bonnes graces, son auctorité, sa puissance & sa richesse, & afin de nous mieux attraper auec tant d'ameçons dans les rets de son impudicité, elle auoit des gens attitrez à dessein qui nous souffloient la mesme chose aux oreilles, nous remonstrans le bon heur que

nous aurions, joüissans ses bonnes graces. Mais quand elle
veid que nous faisiõs les sourds
à tant d'aduantageuses paroles,
cette amoureuse Princesse s'o-
piniastra tellement en ses desirs, qu'elle passa iusques à l'impudence : car elle nous descouurit son amour, nous fit sçauoir
que tout ce qui estoit en son
Royaume dependoit d'elle, &
que nostre vie où nostre liberté
estoit entre ses mains : Elle disoit cela auec tant de menaces,
qu'elle eust estonné des courages moins releuez que les no-
stres. Quand elle eust cessé de
nous battre en ruine, elle eut
recours aux pleurs & aux prieres, que nous eussions volontiers accordées si cela n'eust esté
cõtre la bienseãce, & n'eust fait
tort

tort à ce bon Roy : violé les droicts d'hospitalité, & par vne si meschante perfidie payé tant de bien-faits que nous auons receus de luy. Or tant plus nous resistions à ses desirs, tant plus ses yeux pleins d'Amour parloient d'vn langage muet, tantost à mon cousin Mussidore, & tantost à moy. Et quoy qu'elle recognûst assez l'affection que nous auions l'vn pour l'autre, si est-ce que cette Princesse aueuglée ne laissoit pas de prier chacun de nous en particulier, qu'il excitast l'autre à luy vouloir du bien, & à luy donner le contentement qu'elle s'estoit promis. En fin voyant qu'elle ne pouuoit s'acquerir sur nos esprits, l'empire qu'elle auoit esperé, elle chan-

G

gea l'excés de l'amour qu'elle nous portoit, en vn furieux desir de vengeance. Tellement qu'elle nous accusa d'auoir voulu attenter à l'estat. Elle sçauoit bien les estranges succés que nous auions eus aux Royaumes de Pont, de Phrigie & de Galatie : tellement que son accusation sembloit aucunement plausible. Sur ce faux donné à entendre, elle nous fit desarmer par ses gardes, & puis elle nous fit emprisonner. Nous fusmes rudement traittez en la prison, à cause de la haine qu'elle auoit contre nous; car ny les cachots ny les fers ne nous furent point espargnez. Cette rigoureuse procedure, les instruments qui seruent à donner les tortures estans tousjours deuant nos yeux, & la crainte que nous auions d'en souffrir encor de pires à l'aduenir, nous faisoient mespriser nos vies, & souhaitter vne fin à ces miseres, quand le Ciel plus pitoyable que cette Reyne nous en suscita vne, telle que ie vous la diray. C'est que ce Roy auoit vn fils fort bien nay, beau ieune Prince, & de grande esperance, en fin c'estoit toutes les delices du pere & de la mere, le suport esperé de tout le pays, & l'vnique heritier de la Couronne. Ce jeune Prince nommé Palladius recognoissant le tort que l'on faisoit au genereux Plangus, & combien ses merites auoient esté ingratement recōpensez, eust bien desiré mettre l'espée au poing, pour monstrer

G ij

la justice de sa cause. Or il aymoit vne belle & jeune Dame esleuée en la Cour du Roy son pere: qui se nõmoit Zelmane, & qui estoit fille de ce malheureux & infortuné Prince Plexirtus, duquel i'ay desia dit quelque chose, & dont nous parlerons encor, mais tousiours à son desaduantage. Plexirtus comme frere de la Royne Andromane desira que cette jeune Princesse fust nourrie en sa Cour, & sous sa tutelle. Amour qui n'a iamais pris plaisir en tout le cours de ma vie, qu'à trauerser mes desirs, choisit ces deux Amans pour faire naistre l'occasion de nostre deliurance: mais las! c'estoit nous faire surgir en vn port plus dangereux que le naufrage mesme.

Encor que Zelmane trouuast que Palladius eust vne infinité de belles parties en luy qui le rendoient aimable, si est-ce que son inclination ne se pouuoit porter à luy vouloir du bien. Ce jeune Prince ne laissoit pas pourtant de luy tesmoigner combien il reueroit cherement le portraict de ceste belle, qu'Amour luy-mesme auoit graué dans son cœur, se nourrissant ainsi des agreables delices que l'Esperance aporte. Son amour estoit en cét estat, lors que nous arriuasmes à la Cour du Roy son pere. Et sans métir le recit que ie dois faire de la triste fin d'vne si violente passion meriteroit des larmes. Mon malheureux destin voulut dōc que ceste belle Zelmane deuant amoureuse de moy : & en cela elle ressembloit à plusieurs, qui plus liberaux que sages se plaisent plustost à faire des presens qu'à payer leurs debtes legitimes. Elle choisit mal à propos de me donner plustost son amour que ie ne desirois point, & que ie n'auois pas merité: que de recompenser celuy que son amour & sa vertu rendoient digne d'vne telle faueur. Elle portoit auec tant d'impatiéce mon affliction, ma prison & mes fers qu'elle fit tous ses efforts, pour moyenner ma liberté : & jugea qu'elle ne le pouuoit mieux que par l'ayde du Prince Palladius. Elle luy dissimula l'affection qu'elle auoit pour moy, & baptisant du nom de compassió ce genereux soing de ma deliurance, elle obtint de luy qu'il employeroit sa faueur, son credit, voire mesme sa vie, s'il en estoit besoin, pour luy donner ce contentement. Il essaya donc, mais en vain, de calmer les bourasques de la Royne sa mere : qu'il trouua tousiours opiniastre au furieux dessein qu'elle auoit de se vanger de nous. Luy qui desiroit que sa belle maistresse cogneust l'estat qu'il faisoit de sa recommendation, print si bien son temps que ce Prince nous tira de nostre captiuité, lors que nous l'esperions le moins, comme vous l'allez apprendre.

La Royne Andromane auoit accoustumé tous les ans de faire vne resioüissance publique à pareil iour, qu'elle auoit espousé le Roy son mary. Ceste feste estoit publiee par tous les Royaumes circonuoisins. Les grands de sa Cour s'aprestoient long-temps auparauant, afin de paroistre à ceste ceremonie où il se faisoit des tournois, des joustes & des combats, tant de la lance qu'à l'espee : & duroit ceste feste l'espace de sept iours. Ceste nation est si adroite en ces exercices : que ses voisins y viennent ordinairemēt les vns pour y apprendre, & les autres pour en auoir le plaisir seulement. Or entre les autres assaillants, il estoit arriué de braues Caualiers de la Cour de la Royne Heleine de Corinthe : car c'estoit vne si belle & si honorable Princesse, qu'elle estoit renommee par tous les coings du mōde. Sa beauté auoit gaigné le prix sur toutes celles qui l'eussent peu disputer contr'elle:(car pour les deux sœurs d'Arcadie, elles sont tellemēt belles qu'on ne les peut comparer qu'à elles mesmes.) Son gouuernemēt n'estoit pas moins aymable au jugement des hommes, que sa beauté estoit agreable à leurs veuë. Car encor que la Nature l'eust faict femme, jeune, & belle femme, & qu'elle eust à tenir en bride vn peuple mutin, superbe, & qui n'auoit accoustumé d'obeir qu'à des maistres farouches, & qui auoient toujours le fer en la main, cette genereuse Princesse sceut neātmoins si bien polir ces esprits, & corriger les fougues de ces remuants, qu'ils trouuerent en elle plus d'occasion d'admirer son sexe que de le dédaigner, & ce qui estoit de plus remarquable en elle, est que pendant son regne tous les peuples voisins estoient armez les vns contre les autres, & se deschiroient cruellement les entrailles. Ils auoient tous de vieilles pretentions, & des querelles mortelles contre sa Couronne: Et toutesfois ceste vertueuse Royne demeuroit tousiours ferme parmy les plus horribles tempestes que l'on y faisoit soufleuer. Il sembloit quelquefois que tout l'orage fust prest de tomber sur ses Prouinces, & que la pauure Corinthie deust estre la proye de leurs soldats. Mais elle estoit si prudente que les menaces retomboient sur ceux qui les faisoient. Elle estoit si sçauante en l'art de gouuerner des peuples, qu'elle rêdoit ses subjets aguerris en temps de paix, la Noblesse sçauante parmy les ieux & les exercices de plaisir: & les Dames de la Cour, chastes dans leurs Amours. Si bien qu'il sembloit que cette Cour fust le seul endroict de la terre, où l'Amour & la Vertu se fussent voulu ioindre, & que cette grande Royne fust vne autre Diane à qui le Ciel eust adjousté les beautez de Venus. C'est (belle Philoclée) ce que la Renommée publioit d'elle par tout le monde; car ie ne la vey iamais. Ie vous fay seulemēt ce recit, pource que vous la cognoissez mieux que moy, estans si proches voisins, & que vous pouuez bien sçauoir que cette

Princesse aima tellement vostre cousin Amphialus, à cause de sa valeur, qu'elle luy en rendoit tous les tesmoignages d'honneur qu'il eust peu desirer: sans faire prejudice à sa reputation, ny blesser son honneur. Et (ô Dieu!) à quoy paroist mieux la sagesse qu'à sçauoir faire choix de ce qui merite d'estre aymé, & d'aymer ce qui le merite. Cette sage & genereuse Royne donc que ie ne puis assez dignement vanter, enuoya l'élite de ses Caualiers, afin de luy rapporter à leur retour les nouuelles de ce qui se passeroit en ses jouxtes, ou peut-estre afin que leur dexterité leur peust acquerir l'honneur du triomphe. De fait ils firent si bien durant trois iours, qu'ils

eurent les voix de tous les assistans. L'on crioit mesme tout
haut qu'ils estoient venus de
bien loing pour rémporter le
prix sur les Gentils-hommes
d'Andromane. Palladius qui
n'auoit point encor porté les
armes, fasché de cette honteuse aclamatiõ du peuple, se jetta
aux pieds de sa mere, & la pria
pour releuer l'honneur de sa
Cour, qu'elle luy permist de
nous faire monter à cheual, &
nous presenter en la lice auec
nos armes, afin d'essayer contre
nous la valeur de ces Corinthiens. Elle fut long-temps à
deliberer en elle-mesme, auparauant que d'accorder sa requeste: Mais en fin l'instante priere
de ce jeune Prince qu'elle aymoit vniquement l'emporta:

On nous amena deuant elle : & apres que nous eufmes remarqué quelques traits de son courroux dans ses yeux, elle nous fit faire serment de n'abandonner point son fils, & que nous ne passerions point les bornes qu'elle luy auoit prescrites. Or elle ne faisoit pas tant cela pour garder Palladius, que pour la crainte qu'elle auoit que nous ne sortissions de ses mains. Et ne se fiant pas encor à nostre sermēt, elle ordonna vne compagnie de Gendarmes pour auoir l'œil sur nous, leur defendant de nous laisser passer les barrieres du camp. Nous fusmes d'accord mon cousin & moy de donner à ce Prince le contentement qu'il desiroit de nous:

puis qu'il nous auoit assez rendu de preuues de son amitié. Doncques le quatriesme iour de ce carouzel, nous nous presentasmes à la barriere des lices. Les conditions du combat estoient que le matin on couroit la bague l'vn apres l'autre, iusques à ce qu'vn seul l'eust emportee auec auantage sur les autres. Et apres le disner tous les Caualiers tāt du pays que les estrangers se trouuoient en vn champ hors de la ville, où il se faisoit comme vn ordre de bataille, les vns soustenans, & les autres assaillans le champ. Ce cōbat duroit iusques à la nuict, & à plusieurs reprises, tant en fin que les Caualiers estrangers, ou bien ceux du pays fussent demeurez les maistres.

Le premier qui parut en la lice, fut vn Seigneur qui auoit peint en son escu vne Nymphe qui sembloit conduire ce Caualier. Celuy qui courut contre luy estoit vn Iberien qui faisoit iouer deuant luy des cornemuses au lieu de trompettes, & qui se faisoit suiure par des jeunes bergers, pour luy seruir de pages. Il auoit encor autour de luy d'autres bergers en troupe, fort richemēt couuerts, qui estoient chargez de ses lances, comme pour luy seruir d'escuyers. Ses cheuaux n'estoiēt caparassōnez que de laine, mais si mignardement enrichis d'or & de pierreries, qu'il sembloit que ce fust vn mariage entre le beaucoup & le peu. Il portoit pour blazon vne brebis marquetée de noir, auec

auec cette deuise, *Ie suis tachée, mais c'est pour estre mieux recognue.* On ne pût pas bien deuiner l'enigme de ce Caualier, iusqu'à la fin des courses ; que les Dames sortirent des theatres: car on dit qu'il y en auoit vne qui seule estoit son nort ; & qui conduisoit ses desseins. Ces bergers s'estans arrestez, Philisides se rendit au milieu d'eux, lors chacun prenant vne musette ou vn flageolet, ils chanterent des vers en forme de dialogue, apres que cette musique fust acheuée ; ce Cheualier commença de courir contre Lelius, qu'il atteignit si fort sur son escu, qu'il rompit sa lance, Philisides receut vn grād honneur de cela : pource que chacun cognoissoit l'addresse & la valeur de l'autre, Lelius

H

passant sa lance à costé du pot de Philisides sans luy toucher, fit ce tour de si bonne grace que cette faute ne fut pas moins estimée, que s'il l'eust terrassé: car il sembloit qu'il eust voulu baiser son concurrent plustost que de l'offenser: aussi estoient-ils si bons amis ensemble que Lelius qui le recognut ne voulut pas s'engager dauantage en ceste course, sinon en tant que l'honneur de sa maistresse l'y tenoit obligé. Apres qu'ils eurent finy, il parut encor vn autre Iberien, qui parauant que de courir chanta de si bonne grace que chacun jugea, s'il estoit aussi bon Caualier que bon musicien, qu'il deuoit faire des merueilles. Il s'en acquita neātmoins auec tout le contentemēt que les Dames euſſent peu ſouhaiter. Il eſtoit habillé comme homme ſauuage : mais ſes yeux ne deſmentoient pas ſeulement ſon habit: car ſa taille, ſon port, & ſon maintien le faiſoient auſſi bien admirer. Son veſtement ruſtique eſtoit couuert de fueilles ſeiches, qui ſembloient tomber à chaque pas qu'il faiſoit: encores qu'elles y demeuraſſent touſiours fermement attachees. Sa deuiſe eſtoit vn moulin preſt à tourner au premier vent, auec ces paroles Latines, pour corps de ſa deuiſe *Data fata ſequutus*. Apres ceſtuy-cy marchoient les Caualiers de Corinthe, entre leſquels il y en auoit vn fort renōmé qui eſtoit armé de blanc, & qui n'auoit point de Deuiſe.

H ij

Cestuy-cy tesmoignoit auoir nouuellement receu l'ordre de Cheualier, comme il estoit veritable : mais si ne cedoit-il pourtant pas en bonne mine à aucun des autres. Il estoit suiuy d'vn qui portoit en son escu pour deuise vn Phenix, se bruslant, & renaissant de ses cendres : contre luy courut vn Caualier, que le desespoir auoit tout morfondu, & qui portoit en son escu vn gros morceau de glace. Veritablement ce Caualier plaisoit beaucoup à toute la compagnie. Pour moy, ie luy voüay particulierement mon cœur : mais craignant de vous estre importun. Ie diray seulement que la valeur des Corinthiens fut beaucoup estimee & ce que Palladius ny sa troupe

ne voulant pas ce iour-là paroistre sur les rangs, fut cause que
l'honneur du tournoy demeura du costé des Iberiens: Mais le
lendemain la chance tourna
bien: car nous demeurasmes les
victorieux, Palladius, Mussidorus & moy. Comme Palladius
vit le temps à propos pour executer ses desseins, il nous fit appeller. Nous le suiuismes tous,
tāt ceux que la foy & l'authorité de ce Prince y auoit obligez,
que par vne bonne volonté que
chacun luy portoit. Ainsi les
Gardes ignorans nostre entreprise, & pour le respect qu'ils
deuoient à Palladius, nous laisserent passer. Si tost que nous
fusmes eschappez, nous nous
rendismes auprès d'vn bois,
en vne petite maison qu'il iugea

la plus commode pour nous reposer quelque temps iusques à ce que la colere de sa mere fust passee, resolus de bien faire si on nous y attaquoit. Il n'estoit pas moins honteux de nous mener en ce lieu, que nous desireux de luy obliger Zelmane : mais sa mere apprist bien tost que son fils s'en estoit enfuy. Ce fut lors que ceste Royne oubliant sa grandeur, & la modestie de ses actions passees, resolut de nous attraper, incitāt tous les siens de la suiure : Mais que pouuoit-elle esperer d'heureux en son entreprise, puis que la passion plustost que la raison la poussoit à la faire. Elle commandoit vne chose, & puis tantost vne autre : mais personne n'auoit tant d'heur que d'en faire vne à son gré. Car pas vn de sa suitte ne sçauoit son intention. Nous eusmes aduis qu'elle estoit en campagne, & qu'elle suiuoit nostre piste, si bien qu'il falut déloger de la pauure retraicte où nous nous estiõs mis: Mais en fin elle nous attrapa sur les frontieres du Royaume de Bithynie, sans cõsiderer le danger où elle se mettoit d'entrer vne terre estrangere. Elle auoit soixante Gentilshommes à sa suitte, à qui elle commãda de nous auoir morts ou vifs, sans qu'elle eust aucun ressentiment, que son fils estoit parmy nous. Ces Caualiers employerẽt toute leur rethorique pour nous persuader par de belles promesses de nous rendre à la Royne: mais nous leur mõtrasmes bien que leur eloquence ne nous plaisoit pas beaucoup : si bien que des paroles, nous en vinsmes aux coups: Palladius & Mussidorus, ces deux foudres de guerre se monstrans à la teste de nostre trouppe, estonnerent tellement ces paures champions, que la victoire nous demeura sans frapper pas vn coup: Car ils iugerent tous que la Royne auoit tort de nous poursuiuure ainsi. Il y en eut plusieurs qui se rengerent à nostre party, entr'autres le fauory d'Andromane qui fit que ceste Princesse s'affligea grādement. Mais en fin faisant reprendre courage à ceux des siens qui estoient demeurez fermes de son costé : la meslee s'eschaufa tellement que le jeune Prince son fils tõba mort deuant nous. Et comme si nostre dépit eust deu s'appeller du nom de Iustice, nous passasmes au fil de l'espee plusieurs de ses pauures sujets, comme immolez sur son corps, à fin de l'accompagner fidelement en l'autre monde. Or la colere & le desdain d'Andromane s'estants rendus maistres de l'amour, & ses deux passions l'encourageans à la vangeance, la firent demeurer la derniere au combat. Elle se mesla sans apprehension parmy nous: Nos espees ne luy faisoiët point de peur: au contraire elle nous commandoit absoluëmēt de luy rendre les armes: Mais lors qu'elle apperçeut son fils blessé à mort, & qu'il auoit déja perdu l'vsage de la raison, cette mal-heureuse Princesse deuint triste & furieuse, s'atribuāt elle-mesme tout le mal-heur de ceste guerre. Elle s'alla jetter à corps perdu sur les mourantes paupieres de son Palladius: Et quelques raisons que luy peust alleguer pour sa consolation le genereux Mussidore, elle prit brusquemēt le poignard de son fils & s'en perça le cœur, proferant contre moy mille execrations, & me souhaitant tout mal-heur au succez de mes amours: mais ie crains que ses souhaits ne m'arriuent vn jour.

Le bruit de cét accident s'espandit incontinent dans les Prouinces circonuoisines; de sorte que beaucoup de Seigneurs y aborderent pour voir ce triste spectacle, & le tort que l'on auoit fait à leur patrie. Mais aprés que nous eusmes recommandé le soing de la sepulture de ces Illustres corps, au Prince d'Iberie, nous partismes de cette infortunée Prouince, afin de continuer nostre voyage.

Philoclée ne pouuant oüyr cela sans larmes, & voyant que son cher Pirocles fondoit aussi en pleurs, luy racontant le malheur du jeune Palladius, baisa les yeux de ce Prince, comme voulant auec ses léures essuyer les pleurs qui baignoient le beau visage de ce fidele seruiteur. Lors Pirocle voulant reprendre sur les léures de Philoclée les larmes qu'elle déroboit à ses yeux, joignit sa bouche à celle de cette belle Princesse, à qui la honte de s'estre ainsi oubliée, fit monter le sang au visage, craignant que l'Amour eust caché ses feux parmy ces larmes : comme si deux contraires pouuoient agir ensemble en vn mesme suject. Tellemét que reprimant vn peu la licence que reprenoit cét Amant, elle repoussa ses caresses, si bien qu'il n'osa depuis en venir iusques à ces priuautez. Ainsi ces deux Amans finirent leur douce querelle, & Pirocle poursuiuit son histoire en cette sorte.

Comme nous passions (dit-il) le long du riuage d'vn fleuue, nous apperceusmes vne Damoiselle qui tesmoignoit par son habit & par sa contenance que la tristesse la possedoit bien fort. Elle estoit tellemét absorbée en l'imagination de sa misere, que nous arriuasmes auprés d'elle, sans qu'elle nous apperceust : Nous entendismes qu'elle disoit : Tu me fais mourir desloyal : mais ie mourrois bien contente si tu n'estois pas la cause de ma mort : non non mes tourmés ne sont point si grands que ton erreur. Infidele Pamphile, le plus traistre & le plus desloyal de tous les hommes, combien de fois m'as-tu iuré que le Soleil perdroit plustost sa lumiere, & que les rochers changeroient leur dureté naturelle deuant que tu rompisse ta foy, & que tu fisse banqueroute à l'Amour que tu m'auois si fainctement iuré. Mais quoy ! ce bel œil du monde luit tousiours : ces immobiles rochers demeurent fermes au lieu mesme où la nature les a mis, & toy girouëtte inconstante, tu quitte ton Amour & ta foy aux premiers vents que ta legereté r'encontre, noyant dans le fleuue d'vn eternel oubly tes sermens & tes promesses. Maladuisée que ie suis! deuois-je pas me souuenir de toutes celles à qui ton humeur volage a causé tant de desespoirs, & me retirer de bonne heure de tes pieges: Ie n'adjoustois point de foy à tous les aduertissemens que mon cœur me dictoit. Mon amour effaçoit d'vn seul traict de plume tous les caracteres que la raison me pouuoit grauer en l'ame: Et toute mon esperance consiste à croire que Bascha, ta nouuelle maistresse, te fera quelque iour reſſentir le tort que tu fais à ta pauure Leucipe: Elle me vangera: ouy, elle me vangera de ta perfidie. Mais! que dis-je? pardonne mon cher Pamphile, pardonne à ma iuſte colere: Et toy Baſcha, vis deſormais contente, & poſſedes ſeule apres ma mort, celuy qui ſeul eſtoit l'vnique ſouſtien de ma vie. Elle profera ces triſtes paroles auec tant d'eſmotion que ie pris pitié d'elle, & craignant que le deſeſpoir où ie la voyois reduitte, ne luy fiſt faire quelque coup de ſa main, ie luy ſaiſis le bras, & la conſolay le mieux que ie pûs. I'appris qu'elle eſtoit cette Leucipe, l'vne des malheureuſes amantes de l'inconſtant Pamphile (ainſi que i'auois remarqué par ſon triſte diſcours)

& qu'il auoit ingratement delaissée: Que ny son merite, ny l'Amour extréme qu'elle auoit long temps porté à ce perfide, n'auoit peu l'empescher qu'il n'eust recherché cette Bascha, la plus impudente & la plus inconstante femme de toute l'Asie: Qu'elle auoit seulement ce reconfort de croire que cette femme rendroit à Pamphile vn pareil traittement que celuy qu'il auoit fait à tant de belles Dames, en fin que ce setoit à beau ieu beau retour: car elle a tousiours fait gloire d'auoir troupe de ieune fols à sa queuë: dont elle fait parade, comme vn Capitaine qui fait faire monstre à sa compagnie, Elle n'a point de belles parties, qu'vne beauté passable: mais vne infinité de té de difformitez dont son ame est tachée, ternissent tout cela. Voila les traistres appas où mon pauure Pamphile s'est laissé attraper, & qui luy ont fait mespriser la recherche de sa Leucipe, plus belle à la clarté des feux de la nuit seulement, que l'autre n'est en plain iour. Pour moy le souuenir que i'ay tousiours eu du mauuais tour qu'il a fait à Didon, m'a forcé de souhaitter que quelqu'vne en fin se vengeast de sa malice: mais mon desir est arriué ; car il est en si bonne main, qu'il sera traitté comme il le merite, par ce qu'il a mesme choisy. Apres que Leucipe eut acheué son triste discours, elle nous pria de la conduire en vne maison de Vestales, qui estoit assez proche de

I

là, pource (nous dit-elle) qu'elle y vouloit finir le reste de ses malheureux jours. Nous la conduisismes en cette deuote Maison qui estoit prés d'vn gros bourg, où nous fusmes bien receuz.

Le lendemain, si tost que le Soleil commença de paroistre, nous sortismes du lict, & fismes vne promenade afin de remarquer les singularitez de ce lieu. A peine estions nous à la campagne que nous apperceusmes vn jeune Gentil-homme qui venoit deuers nous : Son habit nous trompa, (ma belle Princesse:) car c'estoit la mal-heureuse Zelmane fille de Plexirtus, qui poussee des fortes passiõs de l'amour qu'elle me portoit, oubliant sa pudeur & sa modestie accoustumee auoit pris l'habit d'vn page. Elle auoit coupé ses beaux cheueux, & n'auoit reserué qu'vne moustache frisée qui luy pendoit sur l'espaule. Son cheual estoit blanc, & son habit de la mesme couleur, luy donnoit bonne grace, parce qu'elle estoit fort adroite, & fort bien à cheual. Nous ne la recognusmes pas: mais il nous souuint pourtant d'auoir veu quelque part ce visage. Ie luy demanday quel chemin il tenoit, & luy dis que ie serois bien ayse d'estre en la cōpagnie d'vn si gentil Caualier, qu'il nous paroissoit estre : Elle me respondit en riant que les broüilleries qu'elle auoit veuës en la Cour d'Andromane, depuis que nous en estions partis l'auoient faict quitter ceste

I ij

Royne, & qu'elle auoit dés lors juré de m'offrir son seruice, croyant qu'elle n'apprendroit rien que de vertueux en l'escole d'vn tel Maistre que moy. Que son nom estoit Daïphantus, qu'il estoit fils d'vn Gentil-homme d'Iberie, & qu'ayant veu les actes genereux, dont on honoroit ma memoire en ceste Cour, il s'estoit desrobé de son pere, tout exprés pour me suiure. Ie la pris donc à mon seruice en qualité de page, puis qu'elle-mesme s'estoit venuë offrir, & tousiours en ceste ignorance de ne la pas cognoistre. Ie luy demanday des nouuelles d'Andromane, dont elle me fit le recit au vray, tel que vous l'auez entendu, sans me rien cacher, que son sexe. Elle ne desguisoit pas neantmoins si bien sa parole & son geste que ie n'entrasse quelquefois en doubte, si mes yeux ne se trompoient pas. Et si ce n'estoit point plustost Zelmane que quelque jeune Iberien qui luy ressemblast. Elle demeura donc assez long-temps auec moy en cét equipage, & quoy qu'elle fust d'vne maison illustre, & qu'elle eust esté nourrie delicatement : si faut-il que ie confesse que ie ne vey iamais esclaue se rēdre plus suject aux commandemens de son maistre, que ceste Princesse faisoit en toutes les occasions où elle pensoit m'agreer: si bien que ie l'aymois, comme on est obligé d'aimer vn fidele & obeïssant seruiteur. Combien de fois, helas! ay-ie cogneu le contentement qu'elle auoit de m'aprocher pour me rendre quelque seruice. Et combien de fois ay-ie aussi apperceu la crainte qu'elle auoit de me desobliger? Combien de fois ses yeux m'auoient-ils rendu tesmoignage des angoisses de son ame, si i'y eusse prins garde? Aueugle que i'estois de n'auoir pas recogneu comme elle receuoit mes commandemens auec tristesse, & comme toutesfois elle les effectuoit auec ioye: Cōme elle me disoit bien souuent des paroles pleines d'extrauagances, tant son esprit estoit agreablemēt diuerty par ses amoureuses pensees: sans toutesfois que i'attribuasse tant de tesmoignages de son ardante affection, à autre chose qu'à des simplicitez d'vne folle jeuneſſe. Pardonnez moy, belle Philoclee, ſi ie vous importune par vn ſi long recit de ceſte amoureuſe aduāture, & de vous raconter l'erreur, auquel i'ay veſcu, durant les deux mois entiers, que ceſte belle Princeſſe laiſſa couler en ſon agreable ſeruitude, & pendant que ie fus au Royaume de Bethinie. En fin ſa cruelle deſtinee ſe laſſa d'affliger ainſi l'innocence d'vn amour ſi chaſte. Vn pitoyable demõ me deſſilla les yeux pour voir la faute que ie commettois contre les loix du deuoir: En vn mot, ie recogneus, mais trop tard, que c'eſtoit Zelmane que l'Amour qu'elle me portoit (cõme ie vous ay dit) auoit reduite à ſes extremitez. Or pendant

I iiij

ces deux mois que nous demeurasmes en Bethinie, nous fismes la paix entre le Roy de ceste Prouince, & son frere qui se faisoient vne cruelle guerre: Et fismes si bien mon cher cousin & moy, que nous les rendismes amis. Ces deux Princes voulans recompenser nostre bonne volonté, nous firēt depuis toutes les faueurs, dont ils se peurent aduiser. Mais en fin l'enuie que nous auions d'oster nos peres & nos meres de la peine où ils estoient : (car ces bonnes gens croyoient que la terre & la mer fussent conjurez contre nous,) nous fit laisser la Bithinie pour nous rendre en la Thrace au pays de Galatie. Nous ny fusmes pas si tost arriuez, que nous eusmes aduis d'vn combat qui se deuoit faire entre deux Roys. Nous y courusmes, où pour mieux dire, nous y volasmes tous, & vismes le champ de leur bataille si bien choisi entre deux petites colines qui le bornoient, qu'il sembloit que cela fust fait exprés pour en donner le plaisir aux spectateurs. Nous regardions ce lieu auec de l'admiration & du contentement tout ensemble, & remarquions vne belle conduite de la part de tous les deux partis. Ces deux Roys vindrent aux prises, & se battirent auec tant de valeur, que nous voyōs le sang couler de leurs playes. Cela nous fit courir vers eux, afin de les separer : mais nous fusmes deuancez par vne douzaine de Caualiers armez à crud, qui voyans combien ces deux Roys s'affoiblissoient par la perte de leur sang, vouloient par vne grande felonie acheuer d'oster à leurs Princes le peu de vie qui leur restoit. Mais ces genereux Caualiers reprindrēt leurs forces, & ioignismes nostre ayde à leurs courages, si bien que nous enuoyasmes les traistres au Royaume des morts. Ces deux que nous croyōs estre les deux Roys respiroient encor quand nous les eusmes desarmez pour sçauoir leur querelle. Et leur ayans osté leur habillement de teste, ils furent recognus pour estre les courageux freres Tydeus & Telenor, qui se voyans sur le point de perdre la vie, & qu'eux mesmes estoient les meurtriers de leur propre sang, nous raconterent librement leur malheureuse aduanture, telle que vous entendrez.

Apres que le Prince Leonatus eut pris en main les resnes de l'Empire de Galatie, ce bon Roy pardōnāt toutes les injures qu'il auoit auparauant receuës, & les noyant dans vn fauorable oubly de sa clemence ; affectionna tellement le malheureux Plexirtus, qu'il luy donna des plus belles charges de son Royaume : mais en fin il recognut que cét ingrat le vouloit empoisonner: Ce Prince trop indulgent ne faisoit neantmoins pas semblant d'auoir eu quelque aduis du malheureux dessein de Plexirtus, & ne laissa pas de l'aymer, & de luy departir les faμeurs à son accoustumée. Vn iour entr'autres, l'ayāt pris dans son cabinet, Plexirtus (luy dit-il) i'ay eu aduis de diuers endroits que tu as de mauuais desseins d'attenter à ma vie, & de ruyner mon Estat. L'affection que ie te porte, & le respect que i'ay à la memoire de ton pere, m'ont iusques icy empesché de croire vne si detestable trahison, & retardé la iuste vēgeance que ie deurois, & que ie pourrois prendre comme ton souuerain. Tu sçais quelle punition merite ce crime tant execrable aux hōmes & aux Dieux. Ie sçay biē que l'orgueil t'a poussé seul à cela; c'est pourquoy ie veux tascher de guarir les furieux accés de ta fiéure ambitieuse: & te pardonner vne si lourde faute par les excés de ma liberalité. Trebifonde eſt vne Prouince qui n'eſt gueres eſloignée d'icy, dont le puiſſant & riche domaine a touſiours fait vn des fleurons de ma Couronne. Elle eſt maintenant poſſedée par des traiſtres gouuerneurs, qui s'en ſont rendus maiſtres : Or changeant mon iuſte courroux en douce recompence, ie t'en veux faire preſent, auec toutes les terres & ſeigneuries qui en dependent : mais à cette condition que tes deſirs ambitieux ſe borneront dans les limites de ma bienueillance, & que ces pays te ſeruiront d'oreſnauant comme d'vn theatre d'honneur, pour y pratiquer la vertu à la veuë de tous les peuples de la terre. Plexirtus s'excuſa du mieux qu'il pût, & promit à ce Roy trop clement, de luy estre tousiours fidele, bien ayse qu'il estoit, du present que ce Prince luy faisoit, & qu'il accepta auec beaucoup de remerciemens & de submissions. A peine ce meschant Plexirtus fust-il pourueu de son nouueau gouuernement qu'il enuoya querir ces deux courageux freres, Tydeus & Telenor qui estoiét lors au seruice de la Princesse Erone, & qui auoient par leur vertu conquis cette Prouince. Ils estoient respectez des Principaux Seigneurs du pays, & plusieurs en leur faisant cét honneur, pensoient agréer à Plexirtus qui faisoit mine de les aimer: Ces jeunes freres se laissans pipper par les feintes caresses de Plexirtus, croyoient que ce leur estoit comme vne recompense de leurs merites. Mais ce malicieux gouuerneur auoit son dessein à part : car il craignoit la valeur & le bonheur de ces freres.

Le credit qu'ils auoient en la Prouince luy donnoit de la jalousie. Il faut (disoit-il en luy-mesme) à quelque prix que ce soit, que ie me desface d'eux. Il s'aduisa dõc pour s'en despestrer du stratageme infernal que vous allez entendre : Ce n'est pas que ie veuille vous faire craindre les pernicieux desseins des meschans : car Dieu permet tousiours qu'ils tombẽt dans la fosse qu'eux-mesmes ont creuzee. Plexirtus donc prenant ce pretexte que le Roy de Pont luy estoit mortel ennemy

depuis qu'il auoit secouru Leonatus contre luy, fit entendre à ces deux grands Caualiers, que ce Roy & luy s'estoient desfiez en vn combat seul à seul. Et que le iour, le lieu, & la place de leur duel estoit conuenu entr'eux: Et qu'encor que cela fust mal seant à sa qualité, si est-ce que son honneur y estoit tellement engagé qu'il ne pouuoit plus s'en desdire. Là dessus ce meschât Plexirtus leur dit qu'à cause de quelque infirmité qu'il leur feignit luy estre suruenuë tout à coup, le iour du combat estant proche, il les prioit & les conjuroit par l'amitié qu'ils luy portoient de se presenter au lieu de luy, pour soustenir ce duel, s'asseurât tellement en leur valeur, & en la
iustice

justice de leur cause, que la victoire & l'honneur leur en demeureroient. Il leur fit ce discours à chacun separément, & les pria de ne point diuulguer ce secret à personne, ny mesmes d'en parler l'vn à l'autre. Voicy dōc cōment il bastit son dessein: Il dict à Tydeus que le Roy de Pōt, deuoit ce iour-là estre vestu de bleu, & que ses armeures, sō pennache, & celuy de son cheual seroient de la mesme couleur: Et à Telenor que ce Roy seroit habillé de noir, que le reste de l'equipage deuoit estre de ceste triste couleur, & qu'ils le recognoistroiēt à cela. Il enuoya dōc à Tydeus l'habit, le cheual & les liurees superbement parez de ceste couleur noire: Et à son frere Telenor pareil pre-

K

sent de bleu. Ce mechant Plexirtus les fit partir separément par divers chemins, que son astuce leur ordonna de peur qu'ils se rencontrassent. Il leur dit encor que le premier qui arriveroit au champ de leur combat attendroit son ennemy, & que sans luy tenir autre langage, si tost qu'il y arriveroit ils chargeassent furieusement: car (disoit-il) nous avons ainsi accordé les conditions de nostre duel: Il usa de cette ruse, afin que les deux freres ne se recognussent point à la parole, ny mesmes que ce ne fust pas le Roy de Pont. Il leur enjoignit d'avantage de mettre de leurs amis en sentinelle, & qu'ils prissent le serment d'eux, qu'ils tueroiët le Roy de Pont s'il demeuroit victorieux de l'autre. Tout cela fust executé fidelement, si toutesfois l'on doit appeller du sacré nom de fidelité vne perfidie si grande. Ces deux pauures freres trompez par ce malheureux stratagesme de Plexirtus, se rendirent au lieu choisy pour ce combat, & croyans aux fausses enseignes que ce meschant hômeleur auoit dõnées, pẽsoient auoir chacun son ennemy en teste, quoy que ce fust son frere. En fin ils vindrent aux cruelles prises que vous auez entendues; De sorte que c'estoit pitié d'entendre les regrets qu'ils faisoiẽt en mourant, d'estre eux-mesmes cause par leur credule bonté de s'estre ainsi meurtris. Ils se demandoient pardon l'vn à l'autre des playes qu'ils s'estoiẽt

K ij

faites : mais ils ne se pardonnoiēt pas à eux-mesmes le cruel erreur qu'ils auoient commis. Cela certes estoit lamentable, & encor de voir auec quelle affectiō ils nous prierent de les leuer, afin de s'embrasser auant que de mourir. Ils acheuerent d'exaler le peu qui leur restoit de vie, en detestant la malheureuse trahison du cruel Plexirtus. Nous fismes conduire leurs corps en la ville plus proche du lieu de leur combat, où nous aprismes que ce meschant Prince auoit finy ses iours d'vne aussi malheureuse mort, comme le cours de sa vie auoit esté miserable, cōme ie le diray : Mais il faut que premierement ie vous apprenne comme durant toute cette histoire tragique, ie remarquay vn visage si triste en mon page Daiphantus que ie m'en estonnay. Ie ne pouuois m'imaginer pourquoy l'infortune de ces Estrangers luy touchoit si viuement au cœur: car l'enuy qu'il en prenoit passoit par delà les bornes de la pitié.

Mais, comme i'appris depuis par sa bouche mesme, cét excés de douleur ne partoit que de la hõte, & du creuecœur que son ame bien née receuoit au recit de tant de meschãcetez que son pere faisoit, & de la crainte qu'elle se donnoit, que la haine que i'aurois pour ceste execrable trahison ne me fist entieremẽt mespriser son amour, quãd ie la recognoistrois pour fille de ce perfide Plexirtus. Cela luy
K iij

causa tant de pleurs & de souspirs, que sa beauté en diminuoit d'heure en heure, à veuë d'œil. Et moy qui l'aymois pour ses bons seruices, me mis en peine de sçauoir la cause de ce chāgement, & la pressay de m'en esclaircir, afin de luy pouuoir ayder. Mais elle estoit autant craintifue & froide parmy les glaçons de sa honte, comme elle estoit courageuse & ardente au milieu des feux de son Amour. Elle fut si constante à me cacher son mal, que la douleur en fin se rendit la maistresse de ses actions ; son courage inuincible la forçoit neantmoins de me rēdre plus de seruice que la foiblesse de son corps ne le pouuoit porter: si biē qu'il sembloit que ceste jeune Princesse n'eust iamais esté en d'autre escole qu'en celle de l'Amour. Ces genereuses actiõs me la faisoient aymer, & me donnoient de l'impatience & du regret de la voir ainsi peu à peu diminuer. Cõme nous nous preparions de retourner en Grece, no? fusmes aduertis que le genereux Otanes (frere de Barsane, qui auoit esté tué par Mussidore en la journee des six Princes) estoit entré dans le Royaume de Pont soubs pretexte d'auoir part en ceste couronne : mais son principal dessein estoit seulement de nous y attirer pour se vanger de la mort de son frere. Or il ne s'asseuroit pas tant en sa propre valeur ny en ses forces, comme de deux forts Geants qu'il auoit lors en sa Cour. Nous accou-

rusmes donc là, sur le bruit cõ-
mun de ceste guerre : Mais il arriua que le pauure & desolé
Daïphantus demeura fort malade en chemin, & pour com-
ble de son mal-heur, nous ren-
contrasmes vn certain personnage qui cherchoit Tydeus &
Telenor, & qui ne sçauoit pas
leur mort, telle que ie vous l'ay
dite, encor qu'il fust vn de leurs
seruiteurs. Cet homme nous
dict que sçachant bien l'affection que ces deux Caualiers
auoient pour Plexirtus, il les
venoit aduertir d'vn extreme
danger, où ce Prince estoit tombé, afin qu'ils allassent le secourir. Nous ne voulusmes pas dauantage approfondir cét affaire. Nous remarquasmes seulement la faute qu'auoit faicte ce

meschant homme, de s'estre luy-mesme priué de deux amis tels qu'estoient Tydeus & Telenor. Ce messager passa chemin sans apprendre de nous ny la mort de ces deux freres, ny la trahison de Plexirtus. Mais ces tristes nouuelles augmenterent tellement les ennuis de mon Daïphantus qu'il en fut au mourir. Il perdit toute enuie de viure. Il ne respira plus sinon pour souspirer, & ne parla plus que pour plaindre son infortune. Nous la fismes donc conduire en la plus proche ville, afin qu'elle y fust mieux secouruë pendant sa maladie : Mais comme nous la faisions mettre au lict, vne grande foiblesse saisit toutes les forces de son debile corps, l'excés de son mal luy fit perdre toute cognoissance, pour nous faire mieux recognoistre que la mort estoit déja sur ses levres, & qu'elle luy marquoit vn autre logis que celuy que nous luy preparions. Cette pauure fille auec vne foible resistance, essayoit à nous monstrer qu'elle auoit de la cōsolatiō de se voir si proche de la fin de tant de miseres. Elle nous pria donc mon cousin Musidorus & moy, de nous approcher de son lict, & desira que tous les autres se retirassent: puis elle nous dict d'vne voix basse: Il est tēps de parler, malheureuse Zelmane. Tu dois bien remercier la mort, puis qu'elle te donne ce peu de loisir, afin qu'au moins tu puisses descouurir ton extréme amour, ta honte & le triste subject qui precipite ainsi tes iours infortunez. Sçachez donc Monsieur, & vous particulierement mon cher Pirocle, que Daiphantus vostre page est cette malheureuse Zelmane fille de Plexirtus, laquelle pour l'amour de vous, comme vne miserable amante a quitté la Cour de la Royne pour vous suiure: qui pour vous aymer trop a dementy son sexe, trahy sa bienseance, & fait banqueroute à son rang, & à sa qualité. Qui pour vous deliurer, helas! s'est faite captiue elle-mesme. Et en fin qui par tant d'excés de son amour, est cause de la mort du Prince Palladius son cousin, & de la Royne Andromane sa mere. Ie vous prie toutesfois de juger de mes actions auec equité, puisque vous sçauez bien que l'honneur leur a tousiours seruy de guide. Ces paroles nous estonerent grandement tous deux: car nous recognoissions bien que nostre page auoit de l'air de cette Zelmane que nous auions veuë en la Cour d'Iberie: mais nous ne pensions point plus auant. Cela m'esmeut tellement à pitié, que ie la consolay par vn deuoir charitable, auec tous les ressentimens qu'il est possible de penser, & la priay de prendre courage, & d'essayer à se remettre en conualescence: luy promettant d'y employer de ma part tout ce qu'vne saincte affection, & vne si belle Princesse meritoient. Mais elle qui sentoit bien en soy-mesme que les fourriers de la mort y marquoient desia son logis, & qu'el-

le deuoit bien tost la posseder.
Non non, dit-elle, mon cher
maistre. Ie n'espere pas, ny ne desire pas de voir d'auantage le
iour. I'ay assez vescu. I'ay acheué ma vie telle qu'il a pleu à la
fortune me la donner, & ie
meurs assez contente puisque
i'expire entre vos bras, & que ie
recognois aussi bien que vous
n'auriez iamais d'amour pour
la fille de Plexirtus. Helas! ce n'e-
stoit pas la raisõ que vous m'ay-
massiez, cõsiderant mon peu de
merite, & la bassesse de ma qualité, au regard de la vostre: Il me
suffit que vous ayez recogneu
par le cours de ma vie, combien
ie vous aymois: Les seruices que
ie vous ay rendus m'en seront à
tesmoins: Les longues souffran-
ces que i'ay endurées en mon

cœur, vous rendront certain combien i'auois de retenuë, de modeſtie & de honte parmy les violents accez de mon Amour. Penſez donc cela de moy, mon cher Pirocle, puis qu'en cette creance que i'emporteray, conſiſte le ſeul bon-heur du peu qui me reſte de vie : Et lors ouurant ſes yeux languiſſans, elle jetta la veuë ſur moy : mais auec des regards ſi pleins de pitié, qu'ils me tirerent des larmes. Ie vous conjure, dit-elle, par mes yeux mourans, & qui ne ſont faſchez de ternir, que pour le regret qu'ils ont de perdre voſtre agreable preſence : par les hũbles ſeruices que ie vous ay rendus : par ces extremitez, où la violence de mon amour m'a cõduite. Ie vous cõjure, diſ-je, de me cõseruer en vostre memoire, & d'auoir quelque ressentimēt de mes peines, plustost par la bonté de vostre naturel, que par quelque estincelle d'amour, puis que vous n'auez iamais aymé Zelmane. Et lors que vous aymerez quelque Dame plus heureuse que moy, s'il vous aduient de luy raconter ma folie, parlez-en ie vous prie, non point par derision: mais comme ayant compassion de ma malheureuse vie.

Ie vous asseure bien (ma belle) que ie n'en puis parler autrement qu'auec de la pitié : & que ses paroles, & la cōsideration de l'amour qu'elle me portoit me toucherent si viuement, qu'encor que i'aye eu d'autres afflictions, si est-ce que ie n'en eus iamais de plus sensibles que la perte d'vne si chaste & genereuse Dame: Ie ne puis mesme encor m'empescher de respādre quelques larmes à sa memoire. Et lors qu'elle me veid les yeux baignez de pleurs, ô (me dit-elle d'vne mourāte voix) que ie suis cherement recompēsée de toutes mes pertes! que ie meurs heureuse! que ie meurs contente: En disant ces paroles vn syncope la prist: Nous creusmes long temps qu'elle estoit morte: mais en fin elle reprist quelque peu de force pour me dire ces dernieres paroles. Si l'amour que ie vous ay tousiours porté (mon cher Pirocle) & si le triste tesmoignage que ie vous en rends aujourd'huy mourant pour vous aymer, merite quelque

que grace : Ie vous supplie de m'accorder deux choses, que ie veux vous demander. Alors luy prenant la main, que ie baisay & arrousay de mes larmes, ie luy dis qu'elle me demandast hardiment ce qu'elle desiroit, & que ie luy iurois ma main dãs la sienne par les plus inuiolables sermens, qu'au peril mesme de ma vie, i'effectuerois sa volonté. La premiere chose que ie requiers donc de vous (me dit-elle) mon cher maistre, c'est que vous pardonniez à mon pere toutes les injures qu'il vous a faites, & si iamais vous repassez en vostre memoire les perfidies, & les meschantes conditions de Plexirtus, que vous vous souueniez aussi tost qu'il estoit pere de cette malheureuse Zelmane

L

qui mourut pour nous auoir plus affectionné que sa vie. Ie desire aussi pour la derniere grace que i'attends de vous, qu'apres ma mort vous cherissiez le nom de Zelmane pour l'amour de moy: & que lors que vous serez en Grece, vous preniez celuy de Daiphantus. Au moins ie mourray auec cette douce imagination, que ie seray cõme reuiuante en vous, & qu'à toute heure & à tous les momẽs que vous entendrez ce nom, ce vous sera vn perpetuel ressouuenir de vostre fidele page. Ie confesse que ie ressens en mon ame vn triste remords des mespris dont i'ay vsé enuers le Prince Palladius, mais quoy! Ie n'auois qu'vn cœur seul, que seul, vous possediez. Et toutesfois pour expier en quelque façon cette offence qui peut-estre fut la cause de ses iours precipitez. Ie vous supplie de faire que vostre cousin, le genereux Prince Mussidorus prenne aussi ce surnom de Palladius. Faites moy enseuelir en cette Prouince, afin que sa terre cache ma honte à ceux de mon pays : mais quand vous retournerez au vostre, faites-y s'il vous plaist porter mes os, & conseruez-en cherement la cendre. Elle me pria de tout cela, mais auec tant d'humilité & tant d'affection, que luy prenant de rechef sa mourante main, ie luy promis de faire ce qu'elle me commendoit : Et comme elle voulut leuer sa teste apesantie pour me baiser : Adieu donc me dit-elle, mon cher Pyr. Et sans pouuoir acheuer les dernieres syllabes de mon nom, sa belle ame s'enuola dans les champs Elisées, & son corps demeura deuant mes tristes yeux auec la pitié & la douleur qu'vn cœur affligé peut souffrir. Et faut que ie vous confesse, belle Philoclée, que si mes destins ne m'eussent reserué pour vous, tant de tesmoignagnes d'amour me forçoient à l'aymer : mais c'eust esté commencer mon Amour, lors qu'elle finissoit sa vie. Elle auoit beaucoup de ressemblance auec vostre beauté : mais elle n'approchoit pas de vos perfections. Plus ie la regardois, & plus ie receuois de playes en mon ame par ceste agreable idée de vos diuines beautez.

Ie m'acquitay fidellement de tout ce que la belle Zelmane auoit desiré de moy : & si tost que les tristes ceremonies de ses funerailles furent faictes, i'eus soin de m'enquerir en quel estat estoient les affaires de Plexirtus son pere, mais i'appris de la voix commune qu'il estoit en telles extremitez, qu'il auoit grand besoin de secours. C'est pourquoy afin d'accōplir nos promesses, nous resolusmes mō cousin & moy de nous separer, que i'irois vers Plexirtus pour luy seruir en ses affaires, que Mussidorus iroit vers le Roy de Pont son ennemy, qui auoit autant que Plexirtus besoin de secours & d'amis. Comme nous estions prests à partir, il vint vn messager de la part de ce Roy, qui nous dist que son Maistre l'auoit chargé de nous chercher en quelque partie de ces Prouinces que nous fussions. Et que sa Majesté se confiant en nostre valeur, auoit accordé le combat entre luy & Ortanes, & entre ses deux Geants. Or le jour estoit pris, & il m'estoit impossible d'y pouuoir estre à tēps pour le pouuoir secourir, de sorte que ie fus contraint de laisser aller Mussidorus que i'aimois plus que moy-mesme deuers le Roy de Pont que ie haïssois fort, pour de iustes raisons: me sentant plus obligé aux promesses que i'auois faictes à Zelmane, que ie n'estois, ce me sembloit, d'accompagner mon cousin. Ce me fut pourtant vn grand cōbat en l'ame de le quitter ainsi: Mais ce vertueux courage me prouoquoit luy-mesme d'acōplir ce que i'auois promis à cette belle ame. Ainsi nous nous separasmes l'vn & l'autre touchez tous deux d'vne amere tristesse. Pour moy, i'allay au lieu où i'auois appris que Plexirtus estoit prisonnier: C'estoit en vn fort chasteau, qui appartenoit à l'vn des plus puissans Seigneurs du pays, qui ne releuoit que de son espée, & qui haïssoit à mort ce miserable Prince, pource qu'il auoit meschamment faict mourir vn sien parent en la Prouince de Galatie. Il auoit tousiours depuis nourry vn desir de vengeance en son ame, & voicy comme il l'executa. Plexirtus auoit en premieres nopces espousé la mere de Zelmane : mais elle mourut en couche d'elle : Estāt veuf, sans auoir encor de Royaume, il s'en alla en la Cour d'Armenie où il fut bien receu de la Princesse Artaxie sœur du Roy, qui l'aima tout de mesme: mais sur ces cōmencemens d'amour, il fut contremandé pour reuenir en son Royaume. Cette humeur negligea les faueurs d'Artaxie, pour s'amouracher de la Royne de Trebizōde: mais lors qu'il sçeut que la belle Artaxie par la mort de son frere, auoit prins en main les resnes du Royaume d'Arminie : Plexirtus quitta ceste seconde amour, & tourna les voiles de son inconstance deuers le premier port. Et comme il croyoit d'y prendre terre aussi facilement comme à son premier voyage, voicy la tourmente & le naufrage qui l'en empescherent bien : Car ce genereux Seigneur dont ie vous ay parlé, qui sçauoit tous les desseins de Plexirtus, bastit là dessus son stratageme, pour se vanger de luy. Il luy escriuit vne lettre, comme de la part d'Artaxie, où l'on luy mandoit qu'il allast en Armenie afin de les trouuer: mais le plus secrettement qu'il pourroit: & qu'y estant, elle luy donneroit toutes les asseurances de leur mariage qu'il pourroit desirer.

Cette lettre pleine de complimens, & de petites semonces amoureuses deceurent facilement le pauure Plexirtus, qui n'auoit point d'autre esprit que celuy qu'il employoit en ses malices. Il monta donc vistement à cheual, pour aller trouuer cette Royne: mais il fut rencontré sur le chemin par ce Seigneur, qui estant mieux accompagné que luy, & apres vne foible resistance des gens de Plexirtus, le fit en fin son prisonnier, resolu de le tuer, pour expier l'offence faite à son parent, par la mort de ce mal-heureux Prince. Et veritablement cette procedure estoit cruelle, si vne mesme chose peut estre cruelle & iuste ensemble. Le pauure Plexirtus estoit soigneusement nourry dans la prison, iusques au iour que ce Seigneur auoit pris pour le faire deuorer par vn Rinoceros, gros comme l'Elephant, aussi furieux qu'vn Lion, plus viste qu'vn Leopard, & cruel comme vn Tigre. Ce Gentilhomme auoit nourry cét animal dés sa ieunesse chez luy : & encor que ce fust vn prodige de resister à la furie de cette cruelle beste, ce Seigneur ne laissa pas de faire publier pour son plaisir par toutes les contrées voisines, que s'il se presentoit quelqu'vn qui fust tant amy de ce maudit Plexirtus, qu'il voulust hazarder sa vie pour le guarentir de la dent de ce monstrueux animal, s'il le pouuoit vaincre, ils s'en retourneroient en toute seureté, quand mesmes ils seroient plusieurs qui entreprissent de courir cette dangereuse fortune. Or il pensoit en ce faisant attraper Tideus & Telenor, qu'il sçauoit estre amis de Plexirtus,

& dont il ignoroit encor la malheureuse fin. Et i'ose dire que si Zelmane eust cognu le danger où ie m'allois precipiter pour l'amour d'elle, cette amoureuse Princesse eust laissé perir son miserable pere plustost que de souffrir cette perilleux essay de ma fidelité.

Ayant donc prins de bonnes asseurances que Plexirtus seroit deliuré, si ie demeurois vainqueur, i'entreprins le combat: où le Ciel me fauorisa: Car Madame, pour ne point dauantage abuser de vostre patience, au recit de ce duel, ie vous diray seulement que ie tuay ce puissant monstre, sans receuoir de playe qui fust dangereuse, ce monstre dis-je que cent hommes n'osoient auparauant attaquer. Aussi rendis-je estonnez plus de dix mille personnes, qui estoient accourus de toutes parts pour estre spectateurs d'vn si dangereux combat. Il y en eut plusieurs que la curiosité porta de le faire depeindre, afin de l'enuoyer par toute l'Asie. Ce braue Seigneur ayant luy-mesme veu l'issuë de ceste aduenture me prist en affection, & me tint sa promesse, faisant aussitost de liurer Plexirtus: mais (me dit-il) vostre valeur, genereux Caualier a sauué vn plus dangereux monstre que celuy qu'elle a deffaict. Il me voulut accompagner iusques au Royaume de Pont, où ie desirois arriuer auãt le iour du combat assigné, s'il eust esté possible; mais ie ne peu iamais: car s'estoit desia faict lorsque i'arriuay dans ceste Prouince. Le vertueux Leonatus ayant ouy dire que deux de ses bons amis estoiēt en ce danger, s'y rendit prōptemēt pour estre de la partie: Il fit des merueilles en cette iournée, aussi bien que le Roy de Pont: mais il est vray que comme ces deux Princes estoient extremement blessez, le courage inuincible de Mussidorus reprit nouuelles forces, si bien qu'il finit ce combat par la mort des deux Geants, & par la prise du Roy Otanes, auquel pourtant il redonna la vie, s'acquerant dés ce iour-là vn tres-parfaict amy. Pendant que nous seiournasmes là, les plus apparēts Seigneurs de toute la Cour nous vindrent visiter: & le bruict de cette victoire sortit les bornes mesmes de ce Royaume. Car les Roys de Phrygie & de Bethinie, auec les deux blessez de Pont & de Galatie, & Otanes le prisonnier que Musidorus auoit deliuré, vindrent nous recognoistre, & nous faire d'honnorables compliments. Plexirtus & Antiphilus ne furent pas des derniers à nous tesmoigner la joye qu'ils auoient de cette memorable victoire, si bien qu'il y auoit long temps qu'il ne s'estoit veu vne compagnie plus illustre que celle-là. Tous ces Princes comme à l'enuy les vns des autres, nous firent beaucoup d'honneur. Ils s'offrirent à nous, & nous firent des presens, dignes veritablement de leur grandeur Royale. Mais enfin lassez de tant d'honneurs,

nous resolumes de reprendre le chemin de la Grece, poussez en partie du desir de reuoir nos parens, & à cause aussi que nous auions sçeu qu'Anaxius auoit esté me chercher iusqu'au lieu de ma naissance, & qu'il se vantoit par tout au preiudice de mon honneur. Que ne m'ayant point trouué là, il auoit esté iusqu'au Peloponese pour s'informer de moy chez tous les Roys de ces contrées : se rendant par mes deffauts comme iuge en sa propre cause : Et ce qui nous portoit encor d'auātage à faire ce voyage, n'estoit point à cause qu'Argalus & Amphialus, ces deux tant illustres Caualiers, estoient lors en cette celebre Prouince, ny le desir que nous auions de les cognoistre : mais la
seule

seule renommée de vos perfections, de vos vertus, & de vos
beautez (mon vnique Princesse)
& celles de Madame, vostre
sœur, nous attiroit auec tant
d'impatience que les iours nous
sembloient des années, estans
priuez d'vn object si desiré.
Vous estiez les deux estoilles fauorables, qui conduisoient nostre vaisseau, & partismes sous
leurs auspices du port iusques
où tous ces Princes & Seigneurs
nous accompagnerent, excepté
le seul Antiphilus qui ne pouuoit lors si longuement viure
absent de sa belle Erone.

Nous entrasmes donc dans
vn Nauire que Plexirtus nous
auoit fait royalement equiper,
& où il ne manquoit rien de ce
qui estoit necessaire pour viure,

M

ny pour nostre contentement. Ce qui occasiōna ces Princes de l'en loüer, & mesmes de l'en remercier. Il paroissoit fort triste, nous voyant prest de nous embarquer. Ses yeux mesmes ne nous tesmoignoient que de la repétance de ses actions passées. Ce qui nous gaigna tellement le cœur, que non seulement nous luy pardonnasmes comme nous auions promis à Zelmane, mais encor nous contractasmes auec luy vne estroitte amitié: & nous persuadasmes qu'il n'auoit point l'ame si noire côme on nous l'auoit depeinte. Il tesmoignoit plus de regret de nostre absence que tous les autres: mais il falloit partir: bien que ce fust contre leur volontez, & principalement du Roy de Pont, & du vertueux Prince Leonatus qui eussent bien voulu suiure nostre fortune : mais nous les en dispensasmes à cause qu'ils estoient nouueaux mariez, & qu'ils n'estoient pas encor bien establis en leurs Royaumes. Nous mismes donc en fin toutes nos esperances à la mercy des vents, auec dessein, qu'estans arriuez dans la Grece, nous changerions ces noms de Daïphantus & de Palladius, tāt pour nous acquitter de nos promesses enuers la memoire de Zelmane, que pour n'estre pas recognus. Ainsi nous laissasmes le riuage d'Asie couuert de Princes & de Seigneurs qui prioient tous les Dieux de fauoriser nostre voyage. Il n'y en auoit point qui les inuoquast, en ap-

parence, auec plus de zele & de
deuotion, que faisoit Plexirtus
(contre la mauuaise creance
que l'on auoit de luy) à cause de
tant de meschantes actiõs qu'il
auoit faictes en sa vie. Nous
auions eu deux iours entiers les
vents & la mer fauorables, lors
qu'vn venerable vieillard que
Plexirtus nous auoit dõné pour
principal guide, comme l'vn de
ses confidens, nous vint dire
auec vn visage riant : mais
rougissant de honte: Qu'encor
qu'il fust des anciens seruiteurs
de Plexirtus, voire l'vn de ses
principaux conseillers : toutesfois que considerant nostre jeunesse & nostre vertu, il s'estoit
resolu de nous descouurir la
plus insigne trahison de celles
que ce meschant Prince eust ja-

mais commise: Que cela nous importoit de la vie, & qu'il nous tenoit si chers que pour nous la sauuer, il estoit prest de hazarder la sienne. Il nous raconta donc comment Plexirtus esperãt espouser Artaxie Royne des Arminiens, s'estoit imaginé que nous la pourrions destourner de ce mariage, & qu'il luy auoit donné charge auant que nous prissions terre en la Grece, de choisir bien son temps pour nous faire assassiner. Il l'aduertit aussi de nous prendre endormis à cause de nostre valeur, parce qu'il auoit esprouué ce que nous sçauions faire esueillez. Messieurs (nous dit ce bon vieillard) i'aymerois mieux n'auoir iamais esté nay que de noircir ma memoire d'vn acte si meschant : mais ie ne suis pas seul à qui le Roy a donné la commission de ses injustes vengeances. Si cela estoit, ma desobeyssance vous seruiroit de garend, & vous asseureroit de ce danger. Il a encor donné charge au Capitaine de cette Nauire de m'assister de ses forces pour effectuer vn si cruel desseing : Il bande les yeux, & ferme les oreilles à toute la honte, & à toutes les reproches que la posterité luy pourroit faire vn iour de cette perfidie : & pourueu qu'il puisse espouser Artaxie, il luy semble que pour faire vn si grand coup d'estat, toutes sortes d'inuentions & de ruses luy sont permises. Or (nous dit-il) mes enfans, ie vous donne cét aduis, afin que vous soyez tousiours sur vos gardes, & que vous vous asseuriez que ie vous seruiray aux occasions. Nous le remerciasmes auec affection comme il le meritoit bien, & nous resolusmes d'estre armez iour & nuict mon cousin & moy, & de faire chacun la sentinelle à son tour. Ce qui leur fit differer l'entreprise, attribuans cette deffiance au soing que nous auions de nous-mesmes. Mais comme ce Capitaine veid que nous approchions le port, & qu'il n'auoit encor peu effectuer les desseins de ce meschant Roy, il pensa que necessairement il luy falloit iouer à quitte ou à double:

Sur la mi-nuict donc nous entendismes qu'il alla consulter vn des principaux de la Nauire, homme de main & duquel ce Capitaine se fioit, & le persuadoit de luy ayder en cette cruelle entreprise, mais l'autre l'en destournoit : si bien que ce Capitaine qui toute sa vie auoit esté vn homme de sang, & vn blasphemateur, luy iura pour l'encourager, que si Plexirtus luy auoit commandé de tuer quelqu'vn de leurs Dieux, il le feroit sans apprehēsion. Disant ces paroles execrables, il appella en mesme temps les matelots, & leur enjoignit de par le Roy de nous prendre vifs ou morts: leur remonstrant qu'il auoit receu ce commandement de sa Majesté, & qu'en cela ils feroient vn agreable seruice à Plexirtus. Ie sçay aussi (leur disoit-il encor) que vous ferez vn riche butin que ie partiray fidelement entre vous. A la verité ce Capitaine auoit quelque raison : Car nous auions plusieurs joyaux sur nous d'vne telle valeur, qu'ils pouuoient bien contenter l'ambition de ces barbares. Mais comme ils en estoient là dessus, ce bon-homme qui nous auoit aduertis, allegua mille belles raisons pour les empescher de commettre vne telle meschanceté, & leur promit de faire trouuer bon au Roy ce retardement d'executer sa volonté : Le Capitaine l'entendant ainsi parler (non non dict-il en parlant à ses gens.) Il faut commencer nostre execution par ce miserable traistre, & disant cela, il luy donna vn grand coup d'espee sur la teste: mais ce genereux vieillard qui s'estoit biē couuert, se deffendit vaillamment, voyant sa personne en ce peril. Iugeans lors au trepignement qu'ils firent, qu'il estoit temps de nous monstrer pour preuenir ses assasins: nous courusmes droict à ce Capitaine: mais il fut incontinent enuironné de soldats, & de matelots. Il est bien vray ou que l'auctorité du vieillard, ou bien l'ignorance de la volonté du Roy retira beaucoup de gens de ceste entreprise, qui se rengerēt à nostre party: Et ce fut lors que l'on veid en peu de temps vn combat bien confus à cause du peu d'espace que nous auions en nostre champ de bataille.

Vne obscurité suruint telle en mesme temps qu'on ne cognoissoit pas les amis d'auec les ennemis. Et pour mon cousin & moy, nous ne faisions autre chose que de nous parer des coups, sans pouuoir discerner ceux qui estoient pour nous ou contre nous, croyãs qu'il estoit autant necessaire d'espargner vn amy, que de deffaire vn ennemy. Il n'y auoit place depuis vn bout de la nauire à l'autre, où l'on n'entendist les tristes plaintes que faisoient ceux qui auoient esté blessez en ce sanglant meslange. Le Capitaine en fin s'estant par hasard rencontré deuant moy, nous nous bastismes assez long-temps: mais comme i'estois empesché auec luy, i'entendis la voix du genereux vieillard, qui ayant receu vne playe mortelle de la main d'vn des siens qui le prenoit pour estre du party contraire, m'apelloit à son secours. Ie m'aprochay donc de luy.

Les plus aduisez de la nauire estonnez d'où procedoit vne telle sedition, vouloient lors mettre bas les armes, afin d'en apprendre la cause auec plus de loisir : Mais les soldats mutinez ne les voulurent iamais escouter, si bien que ce grand nombre de gens qui estoit dans ce vaisseau diminua bien en peu de temps. Ils jetterent dans la mer les corps de ceux qui estoient morts en ce tumulte, & la pluspart de ceux qui demeurerent en vie, se lancerent en foule dãs le petit basteau, coupans la corde qui le tenoit attaché : mais cela se fit auec tant de desordre que leur batteau coulant à fonds, ils furent submergez. Et nous qui demeurasmes en la Nauire, fismes comme les enfans de Cadmus, ne cessans de nous entretuer. Or, parmy cette confusion le feu se prist encor au vaisseau, & soit que la malice d'aucuns l'eust exprés allumé, ou soit que d'autres pensassent que ce fust le seul moyen de nous separer, ou bien que cela fust arriué par accident, tant y a que cét impiteux Element s'esprit de part en part de nostre vaisseau, auec tant de vistesse que la necessité nous contraignit aussi bien les vns que les autres de nous deffendre de ce commun ennemy : mais il estoit trop tard; car les vents comme fauorisans ce tiers party luy prestoient si bien leurs forces, qu'il sembloit qu'ils soufflassent le sang & le feu tout ensemble: si biē qu'en moins d'vn tourne-main nous vismes toutes les voiles en feu, & les mats, & les antennes fracassées. Voyās cela, nous nous rengeasmes sur la poupe, pour essayer à nous sauuer de ce double naufrage: mais ce fut là que le feu vint aussi-tost faire son dernier, & plus cruel effort: en fin nous fusmes cōtraints de nous despouiller, & chacū qui çà qui là prenāt en haste quelque morceau du Nauire, iouer à sauue-qui-peut. Nous nous jettasmes tous à la mercy des vagues, mais ie sentis que mes forces deffailloient à cause

cause d'vne grãde blessure que i'auois, & trouuãt par bõ-heur vne piece du mast où i'auois attaché mon espée; Ie m'en saisis comme d'vn fauorable secours, bien ayse de l'y auoir trouuée, parce que ie l'aymois. Le Capitaine qui commandoit au vaisseau estoit à l'autre bout de ce mast. Le voyant si prest de moy: Mal-heureux (luy dis-ie tout boufy de colere) pense-tu donc suruiure à tant d'honnestes gens, de la mort desquels tu es la seule cause, & lors me portant iusques à luy le long de ce tronc, ie luy donnay vn si grand coup d'espee, que ie l'enuoiay seruir de pasture aux poissons. Ie demeuray ainsi iusques à ce qu'ayant esté secouru, ie fus mené en Laconie. Mais(interrompit Philoclée) que deüint lors voſtre couſin Muſſidore: Ie croy qu'il ſe perdit auec les autres, dict Pirocle: car ie n'en ay rien appris depuis. Ah! mon cher Pirocle, dict-elle lors, ie voy bien que ceux qui ayment ne diſent pas touſiours ce qu'ils ſçauent: Comme ſi ie ne recognoiſſois pas le berger Dorus? A la verité vous pouuez bien dire qu'il eſt perdu, puis qu'il n'eſt plus à ſoy-meſme. Mais pourſuiuez genereux Prince, il me tarde que ie n'entends la fin de voſtre hiſtoire. Donnez vn peu de trefue à ma langue & à mes penſees, ma chere Philoclée, dict lors Pirocle. Et puis que ce peu de loiſir que nous auõs ne doit pas eſtre inutilement perdu, ie vous ſuplie de me dire commēt la Princesse Erone fut trahie, & pourquoy le Prince Plangus me cherchoit. Ceste belle commença donc son discours: & ce fut auec tant de grace, que Pirocle ne pût s'empescher de la baiser: mais elle se depestrant de ses mains: Comment voulez-vous, luy dict-elle, que ie parle, si vous me fermez la bouche? Il iugea qu'elle auoit raison, & luy prenant la main, il la baisa cent mille fois, luy disant qu'il se vouloit ainsi vanger du tort que luy auoit faict ceste ingrate bouche qui le priuoit si tost des doux contentements qu'elle luy auoit donnez. Ils eussent continué ces amoureuses riottes: mais ils furent interrompus par la venuë de Miso, laquelle prenant son tēps à propos, durāt que Basilius estoit occupé en ses douces imaginatiōs d'Amour venoit pour chercher Philoclee, à qui elle dict qu'elle meritoit bien qu'on la tançast de laisser ainsi sa mere seule pour tenir compagnie à des estrangers. Philoclée respondit qu'elle faisoit en cela le commandement de son pere, dont Miso se print à grommeller, & s'en alla plaindre à Gynecie, qu'elle trouua grandement trauaillée d'vn songe qu'elle auoit fait la nuict: Il luy auoit semblé qu'elle estoit en vne place, pleine d'espines, qui la picquoient si fort qu'elle ne pouuoit se tenir debout, & ne voyoit point où mettre le pied : & neantmoins elle ne pouuoit bouger de ce

triste lieu. De là il luy estoit aduis qu'elle voyoit Zelmane dessus vne belle montagne, agreable à la veuë, & facile à monter,
d'où cette Amazone l'appelloit
pour s'y venir resiouyr : mais
qu'y estant arriuée, elle n'y
trouua plus Zelmane, ains seulement vn corps mort ressem-
blant à son mary, & qui desia
sentoit si mauuais que sa puan-
teur la fit tomber en defaillan-
ce. Il luy sembla que ce mort
la prit entre ses bras, & luy
dit, Ginecie laisse desormais le
monde, car icy gist ton seul repos. Ce prodigieux songe l'ef-
froya de telle façon, que s'es-
ueillant en sursaut, elle s'escria
à haute voix Zelmane Zelmane:
mais reuenant en elle-mesme,
& voyant Basilius prés d'elle, sa

conscience coulpable luy reprochoit d'auantage, & luy seruoit de mille tesmoins contre cét erreur d'amour, dont son ame estoit abusée. Elle cessa donc d'appeller Zelmane, & au lieu d'elle elle apella Philoclée. Ce fut lors que Miso suruint, & comme si elle eust fait quelque grand coup d'Estat ; elle apprit à Ginecie en presence de ce bon Prince, comme Philoclée leur fille auoit esté vne heure à discourir en secret auec Zelmane, & qu'elle n'auoit peu entendre leurs discours. Qu'elle luy auoit assez remonstré combien cela estoit mal-seant, mais que Philoclée n'auoit tenu compte de toutes ses remonstrances. Gynecie fut aussi troublée en oyant ces paroles de Miso, comme si elle eust entendu prononcer sa derniere sentence: Monsieur, dit-elle à Basilius, comment pouuez vous souffrir ces ieunes gens ensemble: Basilius se sousriant de cela, prist sa femme entre ses bras, ma chere Gynecie (luy dit-il) ie vous remercie du soin que vous auez de nostre fille : mais aussi asseurez-vous qu'il faudroit que ce fust quelque ieunesse d'autre estoffe que Zelmane pour faire courir fortune à l'hõneur de Philoclée. Gynecie voulut repliquer: mais elle fut aussitost appaisee par le cõtraste que l'amour & la ialousie firent sentir à son ame : & pourtant quelquesfois sõ courroux la portoit à faire cognoistre à Basilius l'opiniõ qu'elle auoit de Zelmane,

N iiij

que c'estoit autre chose que ce que l'apparence visible faisoit paroistre: mais ces nuages de colere estoient aussi-tost dissipez par les puissantes lumieres de son amour. Elle eust bien voulu jouir du bon-heur de sa fille: & s'il luy fust arriué d'auoir si long-temps demeuré seule auec Zelmane, elle n'eust pas lors desesperé de sa felicité, puis que toutes les delices de sa vie consistoient seulement en ceste chere possession. Ainsi troublée qu'elle estoit en son esprit, elle se voulut leuer: mais Basilius qui desiroit de conferer auec sa fille pour sçauoir quel arrest de mort ou de vie son pourparler luy apportoit: faisant semblant d'auoir soin de la sãté de Gynecie ne voulut pas souffrir qu'elle sortist ce iour-là, de peur que l'air ne rengregeast son mal. Mais Gynecie possedée de ces deux furieux demons, l'Amour & la Ialousie s'escoula doucement d'auprés son importun mary, & sans vouloir estre suiuie de personne, s'en alla les trouuer. O jalousie! s'escria-t'elle, les sages ont raisõ de t'abhorrer : estant comme tu és, le poison mortel des esprits, tu n'atreines apres toy que les soucis, les ennuis & les inquietudes. Tu és le bourreau des mortels, & toy seule les punis le plus cruellement de tous les autres supplices. Tu és cousine de l'enuie, fille de l'amour, & mere de la hayne. Comment peux-tu entrer dans le cœur de Gynecie? O pauure Princesse (dit-elle en soupirant) tu estois autresfois si sage & si vertueuse par le soin que l'on auoit pris à t'esleuer. D'où vient donc maintenant que tu és le triste obiect de tant de passions enragees. Las! il semble que tãt plus les beaux iours de ma fille sont en leur Croissant, tant plus les miens au contraire acheuent de precipiter leur mal-heureux declin, si bien qu'au lieu de benedictions elle doiue auoir de moy des imprecations, & des maledictions cõtre ceste excellente beauté, dõt nature & le Ciel l'ont voulu partager. Et que son beau visage me soit maintenant plus hideux que l'image de la mort. Ayant acheué ces plaintes, elle se souuint de cette chanson qu'elle croyoit exprimer assez

de Pembrok. Liu. II. 203
bié ses tristes pensees, tellement qu'elle se meit à la chanter.

DE contraires langueurs ma pauure ame est saisie,
Et leurs fiebureux accez me troublent nuict & iour :
L'vn est ce froid venin qu'on nomme Ialousie
L'autre ce chaut brasier que l'on appelle me amour.
Ces deux puissans Demons ioignent leur force ensemble,
Et s'accordent entr'eux pour me faire perir.
Bien qu'ils soient ennemis, en cela seul il semble
Qu'ils laissent leurs debats pour me faire mourir :
Comment se peut-il faire, ô celeste puissance !
Que deux contraires feux se logent dans mon cœur,

Et qu'enfin le plus fort n'emporte la balance,
Et ne soit, à mon dam, dessus l'autre vainqueur?

Apres qu'elle eut finy ces vers, elle courut à ces deux Amans, trop viste à la verité pour la foiblesse de son corps: mais aussi trop lentement, veu l'aiguillon de sa jalousie. Elle les surprit ensemble, comme ils consultoient apres le partement de Miso, sur ce qu'ils auoient à dire pour leurs excuses à Basilius. Son arriuée rendit Philoclée tellement esperduë qu'elle fut bien empeschee, qu'elle contenance tenir. Le premier bonjour que Philoclee dit à sa mere fut auec la honte sur le front. Et Gynecie la regarda d'vn œil aussi desdaigneux comme celuy de Pallas, lors qu'elle vit la miserable Arachné, condamnant Philoclée auant que de l'ouyr. Neantmoins le respect de Zelmane fit qu'elle n'osa pas reprimender sa fille : Elle luy commanda seulement d'aller aux loges pour tenir cōpagnie à son pere : & ce fut lors que pour se donner le contentement de voir Zelmane, elle priua ceste Amazone du plaisir qu'elle receuoit de l'agreable entretien de sa belle Philoclée.

Or comme nostre genereuse Amazone estoit en ces inquietudes, il suruint vne troupe de gens brutaux, qui à leur contenance & par leurs discours mōstroient bien auoir quelque mauuaise intention. Cela les interrompit : car ils sembloient des torrents desbordez sans sçauoir où ils alloient, ny à qui ils en vouloient: mais dés qu'ils eurent apperceu ces belles Dames, sans respect de leur sexe, ny de de leur qualité, ils coururent vers elles en intention de leur faire quelque affront, & de gaigner vne bonne iournée au partage de ce butin, mais autant qu'ils estoient d'hommes, autant auoiët-ils de volōtez differētes, d'accord seulemēt en cela qu'ils estoient tous poussez d'vne mesme rage : Prenez, prenez, crioient les vns : Tuez, disoient les autres : Sauuez, sauuez, crioient encor les autres : Et cependant ceux qui crioient sauuez, couroient pour assister ceux qui difoient qu'on tuaſt. En fin ils commandoient tous, & nul n'obeyſſoit. C'eſtoit vn monſtre de confuſion, ſans conducteur ny ſans ordre, ſi ce n'eſtoit que celuy ſemblaſt eſtre le chef qui eſtoit plus mutiné en cette enragerie.

Zelmane dont le courage ne fut jamais abbatu aux plus dangereux perils, mit l'eſpee à la main, & frapant à tors & à trauers dans les deſordres de cette troupe, faiſoit autant de playes qu'elle frappoit de coups: & tuoit autant d'hommes qu'elle faiſoit de playes: tellement que ces fols reſſentoient à leur dam, ſon courage, & la force de ſon bras, les menant touſiours battant iuſques à ce que Gynecie & Philoclée ſe fuſſent retirées en leurs loges. Basilius qu'il y auoit long-temps qui n'auoit endossé le harnois, ayant appris ces nouuelles, parut aussi-tost royalement armé, tant pour se monstrer à ces maladuisez, & dissiper par sa presence leur boutade inconsiderée, que pour monstrer à sa belle maistresse qu'il auoit assez de courage pour la deffendre, & pour en ce besoin hazarder le tout pour le tout, pour le bien de son seruice.

Les Dames toutes tremblantes attendoient l'issuë de ce perilleux tintamarre, admirant & la force & la dexterité de la vaillante Amazone, qui voloit comme vn Aigle, & sautoit comme vn cheureau parmy ces pauures soldats desbandez. Sa valeur &
les

ses forces accreurent encor d'auantage par la venuë de Dorus qui auoit entendu les effroyables huées de cette malheureuse troupe, en gardant les troupeaux de son maistre. Car le grand Amour qu'il portoit à sa Maistresse luy faisant apprehender que quelque mal-heur n'arriuast à cette belle qui estoit l'ame de son ame, luy fit quitter le soing de ses brebis pour aller trouuer Pamele, & considerer ce que se pouuoit estre : mais il ne la trouua point aux loges; car elle s'estoit retirée auec Dametas & Mopsa, dans vne cauerne proche de là : tellement effrayez qu'ils ne l'eussent pas ouuerte à Basilius mesme, s'il les eust demandez.

C'est pourquoy Dorus les

laissa, comme en vne place forte, & de difficile aduenuë, pour se rendre promptement au lieu d'où il entēdoit venir le bruict. Quand il veid son amy en ce danger parmy tant de canailles, il courut vers luy sans demander autre conseil que son propre courage, & sans autres armes qu'vne houlette dont il donna vn si grand coup au premier qu'il rencontra, qu'il le mit les pieds cōtremont: mais prenant lors vne espée à deux mains que cetuy-là portoit: il s'en escrima si bien, qu'il fit sentir aux autres la pesanteur de son bras. Le nombre de ces mutins estoit si grand, qu'il sembloit qu'il augmentast tousjours, & que les forces de ces trois genereux Caualiers se di-

mininuaſt auſſi. Tellemēt qu'ils
aduiſerent de ſe retirer vers les
loges, en ſe defendant touſiours
de ces ſeditieux, qui ne s'aperce-
uoiēt pas de cette ruze: car plus
ces Seigneurs ſe reculoiēt, & plº
l'audace & la terreur ſe voyoiēt
en leurs yeux ; Reſſemblans en
cela ces gros maſtins qui apres
auoir long temps abbayé contre des voleurs, ſe retirent vers
la maiſon en leur monſtrant
touſiours les dents : car ils eurent tant de courage, qu'ils
ſe rendirent maiſtres de la
place. Or vous remarquerez
qu'il y auoit vn Tailleur entre
ces rebelles, qui prenant aduantage de ce qu'il luy ſembla
que les Princes fuyoient, s'aduança vers Zelmane pour luy
porter vn coup d'eſpée, mais

O ij

Basilius le preuenant, luy abbatit le nez: Ce pauure garçon qui aymoit vne lingere, en estoit si fort affligé qu'il se desesperoit: toutesfois il pensa que son nez si fraischement couppé se pourroit bien rejoindre, tellement qu'il voulut l'amasser: mais comme il estoit baissé, Zelmane d'vn reuers luy mit la teste bas, afin d'aller plus viste se rejoindre à son nez. Vn boucher qui estoit de la partie voyant cela, vint auec vn leuier pour en frapper Zelmane, à laquelle il dit toutes les injures que l'eloquēce de sa boucherie pouuoit fournir: Mais esquiuant ce coup, elle luy en porta vn si grand sur le chignon du col, qu'elle ne luy laissa rien que le sifflet, & tant qu'il peust mouuoir sa langue, il luy chanta des pouilles en mourant. Apres ceux-cy vint vn Meusnier presque yure, qui s'escriant qu'il vouloit vanger la mort de ce braue compagnon, auec vne demie picque qu'il auoit entre ses mains, courut pour offencer Dorus, mais la force du vin qu'il auoit dans la teste, le fit aller si viste, qu'il cheut aux pieds de ce genereux Berger, qui luy mettant le genoüil sur le ventre, en vouloit faire vn sacrifice à sa colere.

Le Meusnier pour sauuer sa vie, luy promit deux vaches à laict, & quatre gros cochons: mais Dorus mesprisant ces belles offres, luy donna si grand coup d'espée qu'il le perça d'outre en outre, luy faisant vomir son vin, & son sang tout ensemble : Puis reprenant son espée à deux mains, il en frappa vn autre qui s'approchoit de luy, & le tua aux pieds de l'autre. Ce compagnon là auoit songé la nuict d'auparauant qu'il estoit deuenu Androgine, s'imaginant par là qu'il deuoit estre bien tost marié, & en auoit faict le conte à ses voisins. Cette mort estonnna vn pauure peintre qui auoit vne picque en la main, & qui auoit entrepris de faire le combat des Lapithes & des Centaures. Ce qui le rendoit desireux de voir quelque grand tumulte, afin de le pouuoir mieux representer. Ses camarades l'auoient mené à cette escarmouche, où ce fol auoit pris quelque plaisir de les voir entretuer, iusques à la mort de ce dernier qui l'estonna tellement qu'il demeura comme vn terme. Dorus le voyant ainsi pensif luy couppa les deux mains, tellement que le pauure peintre s'en retourna sçauant, par experience, pour bien décrire cette histoire, mais sans outils, pour en tracer le crayon.

Voila comment ceste aduanture finit : Car nos genereux Princes se retirerent aux loges, & les laisserēt en la plaine auec la honte & la repentance. Ces canailles plus enragez que deuant, essayerent d'abatre leurs cabanes, démolirent ce qu'ils peurent des murailles, & mirent le feu aux portes, pour les prouoquer d'en sortir : ou bien qu'eux-mesmes y peussent entrer. Ce qui fit que ces deux Damoiselles meslerent la crainte à l'Amour, & particulierement Philoclée qui se tenoit toujours à Zelmane par vne fole passion, l'empeschant par ce moyen de la pouuoir secourir comme elle desiroit. Mais ceste Amazone voyāt qu'il estoit tēps de se deendre, & que le nombre & la rage de ceste populace alloit toujours croissant, pensa qu'il valoit mieux s'aller batre dehors que de se laisser assommer dans ces petites loges. Elle ouurir donc tout à coup les portes, & se mesla derechef parmy eux auec Basilius & Dorus qui la suiuoient de prés. Ceux qui veirent ceste hardiesse, & les autres qui auoient desia senty la pesanteur de ses coups, n'oserent plus l'attendre. De sorte qu'elle eut loisir d'aborder le siege où se tenoit la justice du Gouuerneur de ceste Prouince, & fit signe à ceste populace de venir là afin de dire les raisons qui les auoient mis en telle frenaisie : Mais ils ne tenoient côte de ce qu'elle disoit : Quelques-vns mesmes luy vouloient ruer des pierres, n'osans pas l'aprocher : En fin vn paysan des plus apparans de la troupe, & qui aimoit Zelmane, esperãt captiuer ses bonnes graces, & auoir d'elle vn iour quelque faueur, pria ces mutins d'entendre parler cete femme : Fy, disoit-il, que pourront dire de vostre barbarie toutes les filles de ces contrees, puis qu'au lieu de les proteger vous voulez estre les cruels meurtriers de ceste vaillante Dame. Quant à moy i'aimerois mieux mourir que de faire vn si lasche traict. I'ay toujours appris que c'est vne sagesse d'escouter beaucoup, & de parler peu. En fin ce bon paysan par ces rustiques discours sceut appaiser la furieuse bourade de ce peuple mutin. Zelmane voyant cela, parla d'vne si bonne grace, & auec tāt d'eloquence que chacun la regardoit par admiration. Elle raconta comme ceste audacieuse troupe l'estoit venuë attaquer sans suject, cōme on auoit essayé de mettre le feu dās leurs loges, & tout ce que vous auez entendu: Vostre Prince Basilius mesmes (leur dit-elle) est vn de trois, ausquels ceste maladuisee populace s'est osé adresser, & qui les ont courageusement repoussez. Ie viens icy de sa part afin de voir quelle obeissance vous luy portez, & pour sçauoir qui vous a meu à faire ses outrages. Dites-nous le mal que l'on vous a faict, & ce que vous desirez: mais il vous commande d'eslire presentement vn d'entre-vous qui vienne deuers sa Majesté luy faire la plainte des torts que vous pretendez auoir receus. Et ie vous promets de sa part qu'il vous rendra contens, & vous fera iustice. Cecy leur toucha le cœur, voyans qu'ils auroient de leur Prince plus qu'ils n'en osoient esperer, appaisans pour ce coup leur furie. Plusieurs voulurent eux-mesmes se deputer pour aller trouuer le Roy afin de desduire à sa Majesté leurs raisons sans raison. Parmy ceste cōfuse ambassade se trouua des premiers, ce paysan qui les auoit si bien haranguez : car il esperoit demander Zelmane en mariage, pour recompense d'auoir appaisé ceste mutinerie : Mais quand il fallut bailler leurs remonstrances, ce fut là que parut tout à fait leur indiscretion. Les bourgeois des villes demandoient qu'on les deschargeast de l'entree, & des doüannes : & les villagois qu'on leur ostast les tailles. Les vns demandoient que le conseil se tint en vne ville, les autres en vne autre, chacun voulant auoir de nouueaux Conseillers: Mais quand ils en venoient aux voix, ils recognoissoient que les vieux valoient bien les nouueaux, & en fin ils se trouuerēt en tant de differens aduis, que ceste affaire demeura sans estre resoluë.

Zelmane estōnée de voir tant de confusion, se mōstroit auoir plus d'inquietudes, que s'il eust encor falu demesler par les armes vne querelle importante. Elle parloit tantost aux vns & puis tantost aux autres, & comme on la voyoit incliner d'vn costé, ceste action apportoit de la jalousie au contraire party. En fin pourtant voyant vn peu de silence, elle commença de leur parler. C'est vne chose extraordinaire (leur dict-elle) ô peuple Arcadien, qu'vne femme estrangere ait osé donner cōseil à des hommes: & qu'vne personne particuliere ait voulu faire leçon à tout vn general: Mais les actions desreiglees où vous vous estes emportez me font passer les bornes de ceste biẽ-sceãce que doit auoir mon sexe: Car veritablement ie croy qu'vne femme peut parler à des hommes qui ont oublié de faire ce à quoy sont obligez ceux qui en portent le nom : Et qu'vne estrangere peut auec raison reprendre les subjects, quand ils ont perdu la memoire de ce qu'ils doiuent à leur Prince naturel. Ie m'estonne donc comment quelque Prince voisin n'a point fait de mauuaise entreprise sur cette terre, veu le peu de respect que vous portez à celuy que le Ciel & la nature vous ont donnez pour Roy, & qui vous a si doucement regis l'espace de trente années : Escoutez-moy donc Arcadiens, & soyez honteux en m'oyant, d'auoir par vne brutale sedition porté la main à l'espée contre vostre propre chef, & contre le cœur visible de cét estat. Il n'y a point icy d'Argiens, ny de Laconiens vos anciens voisins & amis. Il n'y a personne que vous ne soyez obligé d'aymer : Vous deuez cherir & honnorer le Roy vostre Prince, la Reyne & ses enfans : Et pour moy, Arcadiens, ie veux bien porter vostre folle enchere : Ie suis celle aussi bien que vous auez outragée sans subject : Mais est-ce là le droict d'hospitalité que vous deuez à vne estrangere ? Est-ce là le secours que vous estes obligez de rendre à ceux qui en ont besoin? Vous dis-je qui sans subject m'estes venus attaquer? Et encor pour reproche eternel à vostre peu de courage, ou à vostre peu de respect, vous estes venus à la foule armez contre vne jeune femme, delicate, mais courageuse toutesfois. Ie ne refuse pas de sacrifier ma vie à vostre courroux. Exercez donc sur moy toute vostre colere, pourueu qu'elle se puisse assouuir par ma perte, & qu'elle ne passe point plus auant. Ie vous offre ma vie, ô Arcadiens, si ce moyen me peut faire obtenir du Ciel que l'on vous nomme par toute la terre les sages & paisibles peuples d'Arcadie. Ie sçay bien qu'il n'est iamais entré dans vos cœurs, d'attenter à la vie

ny

y à l'eſtat de voſtre Roy, & que voſtre generoſité ne cognoiſt la perfidie que de nom ſeulement. Que voſtre fidelité n'a iamais deſiré d'autre Prince que luy, qui de droite ligne vous a eſté donné du Ciel. Ie ſçay que vos predeceſſeurs ont touſiours obey à leurs Princes: Que pour‑roient-ils dire, s'ils viuoient, de vous auoir veus les armes au poing contre voſtre pere, & ce‑luy de voſtre chere patrie? Con‑ſeruez-vous donc, Arcadiens, ce glorieux tiltre d'honneur que vos anceſtres ſe ſont ſi conſtamment acquis d'auoir eſté fideles à leurs Princes. Hé quoy veid-on iamais vn gou‑uernement ſans Magiſtrat, ny vn magiſtrat ſans eſtre obey? Et veid-on iamais qu'il y euſt de

P

l'obeyssance où chacun veut commander selon sa passion. Pensez à ce que ie vous dis, seruez-vous d'exemple à vousmesmes, & ne faites pas que le reste des peuples de la terre apprenne la rebellion de vous. Pourrez-vous faire choix d'vn meilleur Prince que Basilius, sous le regne duquel vous pourriez plus asseurément marcher contre vos ennemis? Si vous ne voulez permettre qu'vn seul parle pour vous, comment pourriez-vous endurer qu'vne seule personne fust vostre protecteur? & vous accorder pour eslire ce Prince, de vostre confuse Republique? Mais, dites moy ie vous prie, Seigneurs Arcadiens: le Soleil ne vous a-t'il point quelquesfois esté plus desplaisant qu'agreable ? Vos enfans ne vous ont-ils point esté quelquesfois plus importuns que complaisans ? & la longue vie de vos pere & mere ne vous a-t'elle iamais ennuyée? Quoy ? maudirons-nous le Soleil pour nous estre quelquefois importun : hayrons-nous nos enfans, ou desobeïrons-nous à nos peres & meres pour nous auoir faschez?Mais qu'est-il besoin d'vser de telles paroles, puis que ie lis sur vos faces, le desir que vous auez de l'honorer & l'aimer doresnauant : & de luy obeïr cōme à vostre Roy & à vostre Prince souuerain, qui n'a point eu, & n'aura iamais d'autre soin que de vous conseruer en paix. Il vous pardone ces petites saillies, iugeant vos actions par la volonté, & non pas voſtre volonté par vos actions. Il veut ouyr vos plaintes : mais il eſt raiſonnable que vous en remettiez le iugement à ſa diſcretion. Vous comportans ainſi chacun en ſon deuoir, ce Royaume ſera l'vn des plus riches & des plus floriſſans de toute la terre. Zelmane eut tant de grace à prononcer ces paroles, elle auoit tant de beauté, & ſon habit releué comme les Amazones, luy donnoit tãt d'eſclat, que ce peuple l'ouït auec telle attention, qu'ils creurent qu'elle auoit en elle quelque choſe de diuin. Et au lieu des tumultes & des bruits confus de ceſte populace, elle demeura dans vn profond ſilence que l'admiration des vertus de ceste genereuse Dame leur auoit ordonné. Que si quelqu'vn ouuroit la bouche, ce n'estoit que pour chanter ses loüãges, & pour la publier Deesse tutelaire de leur patrie. Ils eussent biẽ voulu qu'elle eust parlé plus long-temps, parce que son discours leur plaisoit, quãd ceste belle Amazone pensant en elle-mesme qu'il estoit bon de separer les forces de ceste multitude, reprist le fil de ses remonstrances.

Fideles Arcadiens (poursuiuit-elle) ie n'ay plus rien à vous representer que ce que vous deuez faire: Que ceux donc qui n'ont pris les armes que pour le seul desir de seruir à leur Roy, le fassent maintenãt paroistre : qu'ils les mettent à bas, & qu'ils s'en retournent garder les villes de ce Royaume dont ils sont habitans: mais, ô foible fidelité! pouuois-tu estre en asseurance parmy ces peuples que la folie & l'inconstance guidoient.) Côme elle eut acheué, vn jeune homme appellé Clinias s'escria qu'il estoit bien aisé, parmy vn peuple éhonté de remettre la faute des vns sur les autres. Ce Clinias eut à peine acheué de parler, quand Zelmane commêça ceste douce acclamation de *Viue le Roy Basilius* : & toutes les autres voix s'esclaterent de mesme auec tant de ressentiment de joye que quelques-vns de ceste troupe seditieuse, mesmes des plus apparans s'offrirent de garder ce Prince que peu d'heures auparauant ils s'estoient efforcez de meurtrir.

Ce jeune Clinias auoit assez bien estudié. Il parloit elegamment, non pas seulement sa langue maternelle: mais encor quelques langues estrangeres, & auoit suiuy les Comediens: si bien qu'il estoit assez poly, & auoit l'action belle, se seruant si bien de ses yeux, que chacun faisoit estat de luy. Aussi estoit-il fort vain: mais il estoit si poltron qu'il n'auoit que la langue pour attaquer & se deffendre. Il estoit esleué en la Cour de Cecropie, mere d'Amphialus, & auoit esté practiqué par ceste femme, qui toute sa vie auoit recherché la ruine de Basilius, s'imaginant par ce moyen accroistre & agrandir son fils. Et quoy qu'il fust grand parleur, il aymoit toutesfois autāt à faire mal comme à bien dire. Ce Boute-feu voyant que Basilius s'estoit confiné dans la solitude, fit sousleuer ce peuple afin de secoüer le ioug que ce bon Prince leur auoit imposé. Ce fut toutesfois contre la volonté d'Amphialus qui n'eust pas voulu pour tous les biens du monde hazarder la vie de Philoclée. Mais ce meschant Clinias ayāt ainsi faict mutiner les Arcadiens, pēsa qu'il y alloit de son honneur & de sa vie, s'il ne parloit le beau premier en faueur de Basilius. Il se fit donc esleuer vn theatre comme pour jouer vn personnage en quelque Comedie, & demanda par son effronterie accoustumee audience à ces peuples, dont fort peu l'escoutoient. Luy dōc comme s'il eust voulu arracher les estoilles du Ciel, auec audace se mit à parler si haut, que non pas seulement Zelmane, mais Basilius mesme le pouuoit bien ouyr. O desesperez, disoit-il, plus fols & plus enragez que les Geants qui voulurent chasser Iupiter de son trosne! Miserables Arcadiens! Combien de temps doit encor durer vostre rage? Que ne mettez vous les armes bas, pourquoy ne vous soumettez-vous pas aux loix d'vn si bon Prince, comme est Basilius, plus sage que Pelops, & plus prudent que Minos. Quand voulez-vous commencer à me croire? moy qui suis cause que vous auez appaisé vostre furie.

Or le ieune paysan qui auoit de l'amour pour Zelmane, estāt present à ce discours, ne pût d'auantage l'entendre caqueter: car il pensa que ce bel Orateur l'empeschoit de faire sa demande, & qu'il ne paruint à ce qu'il desiroit. Il l'interrompit : sçachant bien qu'il parloit comme vn traistre, & qu'il auoit esté le premier autheur de ces reuoltes : Le tirant donc à bas du theatre, il luy donna vn grand coup d'espée sur le visage, dont le pauure Clinias estonné, se releuant du mieux qu'il pût, s'enfuit deuers Zelmane comme vers quelque asyle asseuré : Elle le receut doucement, & le consola, mais ce pauure malheureux craignant de receuoir encor quelque autre coup, fit de si lamentables cris, qu'il sembloit qu'Eole eust ouuert l'huis à tous ses vents. Cela fit recommencer la sedition plus forte que iamais: De sorte qu'on ne voyoit point de mains oiseuses, chacun aymant mieux tuer que d'estre tué. Les vns se vouloient rendre à Basilius, & les autres ne vouloiēt pas. Ceux-cy croyoiēt en se rendant à ce Roy, qu'ils se ruinoient entierement, & les autres qu'en s'y rendant, ils acqueroient ses bonnes graces & son amitié: Mais en fin le party des derniers fut le plus fort: car il falut que les seditieux se rangeassent à la raison. Zelmane descendit en bas de son throsne, & Basilius & Dorus interuindrent pour finir ce discord. Zelmane mettant lors la main à l'espée, en donna dans le corps du pauure paysan, auquel ses beaux yeux auoient desia fait bresche : si bien que les autres eurent peur, & prirent la fuitte, se retirans dans des forests espaisses qui estoient sur les frontieres de cette Prouince, où ils vescurent fort pauurement, ne beuuans que de l'eau, & ne mangeãs que des fruicts, & des racines sauuages; iusqu'à ce que mattez d'vne si mal-heureuse vie, ils commencerent de se recognoistre, & de se repentir de la faute qu'ils auoient commise : La Noblesse qui chassoit en ces forests en tua tant qu'il n'en resta qu'vne vingtaine. Basilius l'ayant sceu, à la priere de l'Amazone qu'il reueroit cõme vne Deesse, leur mãda qu'ils retournassent chez eux, & qu'il leur pardonnoit, considerant que le mal qu'ils auoient souffert leur auoit esté vne assez dure penitence de leurs rebellions & felonies passees. Neantmoins Basilius ayant appris que Clinias estoit vn de ceux qui restoient, & qu'il auoit esté vn des principaux autheurs de la sedition, & de la recognoissance qu'ils faisoient d'auoir en cela grādemēt failly, voulut sçauoir de luy les raisons qui auoient fait sousleuer ce peuple. Clinias resolut de luy descouurir toute la verité de l'histoire, excepté ce qui touchoit son particulier, & celuy de Cecropie. Mettāt dōc le doigt en sa playe: Ie iure (luy dit-il) par ce sang qui m'est si cher, puis qu'il a esté respandu pour vostre seruice, que ma langue ne s'est jamais efforcée de dire vn mensonge : & que ie ne desire pas encor qu'elle soit si effrontée d'y comencer deuant la personne sacrée de mon Prince. Sçachez donc Sire, que solemnisans ces iours derniers, les resiouïssances accoustumees au iour de vostre naissance : les habitans de ceste Prouince auoient arresté de se trouuer en vne belle prairie qui est deuant la ville d'Enispus, afin de passer là cete feste. Il s'y trouua quatre ou cinq mille ames de toutes conditions, & estans tous assemblez en ce lieu, nous employasmes le temps à danser & à nous resioüir. La nuict estant venuë, chacun se retira soubs des tentes, & sous des petites loges de branchages qu'ils accommodoiët le mieux qu'ils pouuoient. Là chacun passa la nuict à boire & à faire des sacrifices en l'honneur de Bachus, croyās par ceste brutale coustume honorer dauantage vostre natiuité, & vous rendre plus de tesmoignage de l'amour qu'ils vous portoient. Apres ces bachanales acheuées, ils se mutinerent les vns contre les autres, vomissans mille execrables blasphemes contre les Dieux. Ie fis ce que ie pûs pour les accorder: mais ie parlois à des sourds, si bien que ie fus contraint de bouscher mes oreilles de peur d'entendre leurs execrations. Or plus ie me retirois d'eux, & plus ils s'efforçoient de me les faire ouyr, me disans que vostre façon de viure ne leur agreeoit pas. Les vns se plaignoient que vous les mesprisiez, les autres entrans sur les affaires d'estat, disoient que vous faisiez trop de despenses superfluës, & que s'ils n'eussent voulu mettre biē souuēt la main aux armes pour soustenir vos querelles, vous fussiez Roy sans Royaume, il y a bien long-temps. Quelques vns mesmes furent si impudens de dire que vostre grandeur n'estoit maintenuë qu'aux despens de leur bourse. Que vous preniez pluftost des gens de neant pour estre vos Cōseillers d'Estat que des personnes de merite: Et que vous, Sire, & tous ces beaux Conseillers, ne subsistiez plus que par leur labeur. Que toutes vos actions tesmoignoient

gnoient que le pays d'Arcadie vous estoit desplaisant: Il sembloit en fin à les ouyr parler qu'ils voulussent regner eux-mesmes, & n'auoir desormais autre frein que celuy que leur brutalité leur voudroit mettre en bouche. Il y en eut quelques vns auec moy qui tascherent d'empescher le courant de ce furieux desbord: Mais c'estoit faire comme ceux qui auec les foibles efforts d'vne petite voile, tascheroient d'empescher les bourasques d'vn vent impetueux: ou comme ceux qui d'vne debile main essayeroient d'empescher la cheute d'vne grosse muraille qui menace ruine. Ainsi leurs banquets se tournerent en picotteries, & leurs yrougneries en querelles:

Q

leur vin fut chāgé à du sang, & leur joye en tristesse. Et au lieu de prier les Dieux pour vostre prosperité en ce sainct jour, ce n'estoient que mesdisances contre vostre gouuernement. Chacun prenoit plaisir à declamer contre vostre personne, & à desirer que ce jour de vostre naissance eust esté celuy de vos funerailles, tant ce peuple estoit fol. Ils partirent ainsi selon que la fureur les transportoit, sans armes, & sans aucun dessein premedité, chacun au sortir de ces tentes prenant ce qu'il pût pour s'armer. Les vns trouuoient vn baston, les autres prenoient vne picque, les autres vn leuier, & les autres vne espée : & tout cela leur sembloit propre pour mettre à chef vne grande entreprise, tāt leur rage estoit allumée. Il y en eut mesmes de si furieux, qui ne trouuans point d'autres armes prindrent les coupes dans lesquelles ils venoient de boire à la santé de vostre Majesté, afin de s'en seruir pour ruiner ce qu'ils deuoient cherir. Ainsi ces mutins, armez de toutes pieces, forçoient ceux qui par quelque respect deu à vostre personne se vouloient sauuer de ce cruel orage, d'y courir leur mesme fortune, & par des acclamations terribles, s'encourageoient les vns les autres à cette furieuse rumeur. Leur premier object fut vers les loges, sans sçauoir ce qu'ils y deuoient faire lors qu'ils y seroiēt arriuez. Or le mal est de telle na-

Q ij

ture, qu'il est foible de soy-mesme, s'il n'est secondé d'vn autre: mais lors qu'il est multiplié, & venu iusques à sa parfaite hauteur, il est forcé par sa pesanteur propre de se ruiner soy mesmes. Ainsi ces pauures insensez ne pouuans recognoistre parmy la demence de leurs foibles esprits, combien vous estes necessaire à la conseruation de ce Royaume, se sont ruynez eux-mesmes par la pesanteur de leur corps mal formé : & leur confusion en fin n'a peu engendrer autre chose que de la ruyne & de la malediction sur leurs testes criminelles. Les Dieux vous ont enuoyé des Anges qui sous quelques agreables formes vous ont pris en leur protectiō. Et qui d'vn bras qui sembloit

foible, ont fait des efforts sur-
naturels. Ce jeune homme parla de cette sorte, & son discours
plût tellement au Roy, principalement à cause qu'il y auoit
meslé quelques loüanges de sa
maistresse, qu'il luy donna part
aux bonnes graces de sa Majesté, qui commanda de le penser
soigneusement. Il luy donna
mesme vne ordonnance pour
tirer quelque argent de son espargne, afin de le recompenser.

Comme ils estoient en ces termes, les Bergers qui auoient
coustume de representer des
Pastorales deuant le Roy, vinrent sçauoir de sa Majesté si elle
auroit agreable de se donner le
plaisir de les voir ce iour là: Mais
le Roy qui auoit autre chose à

penser, en enuoya vne partie vers Philanax, & les autres aux principaux Seigneurs des villes circonuoisines, leur comman-mander de sa part de faire vne entiere recherche de ce tumulte, & d'y mettre de bonnes garnisons, afin qu'il peust viure en repos dãs la solitude qu'il auoit luy-mesme choisie. Au reste qu'ils se tinssent prests pour le secourir. Et que quand il auroit besoin d'eux, il feroit allumer des flambeaux, ou sonner le toxin.

Clinias cependant qui auoit tousiours l'œil au guet, & les oreilles à l'erte, ayant ouy comme le Roy auoit commandé que les gouuerneurs de ses Prouinces fissent vne exacte recherche des autheurs de cette esmotion, se retira le plus doucement qu'il pût, afin d'en aduertir Cecropie, & de luy conseiller de sortir le pays au plustost qu'elle pourroit, si elle ne vouloit courir fortune d'estre punie. Clinias donc sortit de cette compagnie, chantant par tout des loüanges de Zelmane, qui auoit si vertueusement procedé pour assoupir ce dangereux embrasement. Comme ils estoient tous en admiration des vertus de cette Amazone, ils entendirent quelqu'vn qui touchoit assez mal vne guiterne, & qui ne chantoit gueres mieux. Il sembloit qu'il chantast malgré les Muses, & qu'il se vouluft resioüyr en despit de la Fortune. S'estans tous arrestez pour escouter cette mal-plaisante musique, ils entendirent ces vers.

CHANT DE DAMETAS

Celuy qu'une playe cruelle
Met à deux doigts prés du mourir,
Pourueu qu'elle ne soit mortelle
Il est en danger d'en guarir.
   Si trop de sang vous met en peine,
Pour promptement vous soulager,
Il ne vous faut qu'ouurir la veine,
Et vous voila loing du danger.
   Le fol se plaist en sa folie,
Le sage cherit son sçauoir:
Le triste sa melancolie,
Mais pensez qu'il les fait bon voir
   C'est vne certaine science
Qui maintient en paix les Estats,
Et pour en voir l'experience
Que l'on s'addresse à Dametas.

Ils cognurent aussi tost que c'estoit Dametas qui venoit aussi gayement que s'il eust passé sur le ventre de tous ses ennemis: Car ce pauure idiot pensoit que c'estoit vne espece de sagesse, de se monstrer indifferent parmy les plus importantes affaires du monde. Et se flattoit si bien en soy-mesme, qu'il croyoit encor qu'il fust arriué apres les coups, que sa presence seule auoit tout appaisé. Mais Pamele qui auoit depuis peu experimenté combien le soucy altere l'esprit des amans, print cette occasion de l'absence du soigneux gouuerneur Dametas, pour se rendre en la loge de ses parens, & de sa sœur. Le desir de les voir ne l'y nduisoit pas tant que le soin de voir son Berger, & d'apprendre de quelle sorte il auoit eschappé ce peril. Basilius fut bien estonné de voir Pamele, qu'il auoit presque oubliee : Et ce qui redoubla son admiration fut quand il se ressouuint de l'oracle qui le plus souuent dōne des espeerances fausses : Il l'interpreta pourtant à son aduantage, & selon que son aueugle affection le poussoit : car il auoit l'esprit tellement tendu à sa Zelmane, qu'il n'auoit plus d'autres imaginations, & croyoit que les Dieux ne parlassent que d'elle en leurs oracles. Comme il estoit en ce doux rauissemēt d'amour, vn des Bergers luy rapporta que Philanax vénoit d'arriuer auec vne compagnie de ses gensdarmes pour le secourir, ayant entendu comme ce peuple s'estoit mutiné contre luy. Basilius fut bien aise de ce bon office que luy faisoit son fidel Philanax: mais ne voulant pas que ce genereux Caualier, ny qu'aucun de sa troupe entrassent dans sa loge & vissent sa maistresse, il sortit au deuant de luy pour le remercier de ce tesmoignage qu'il luy venoit rendre de sa fidelité: Il luy fit quelques autres complimens, & à tous ceux de sa troupe, les priãt d'auoir soin chacun en son particulier de conseruer leur patrie. Philanax parla long-temps au Roy seul à seul, le persuadant auec beaucoup de bonnes raisons de quitter la vie solitaire qu'il auoit resolu de mener. Il luy representa aussi les perilleux dangers qu'il auoit encourus, & le fit souuenir des lettres qu'il luy auoit autrefois escrites à ce mesme sujet. Mais Basilius enyuré de ceste douce passion d'amour, luy respondit qu'il ne pouuoit encor se resoudre à cela, qu'il y penseroit quelque iour : & cependant qu'il le prioit veiller tousjours soigneusement à la seureté de sa personne & de son Estat, & qu'il auoit appris de son Oracle que ceste solitude estoit necessaire tant pour son contentement que pour le bien de son Royaume. Et afin, luy dict Basilius, que vous ne pensez pas que ce soit vne fable, voicy à peu pres comme il me parla.

Ton vieil soucy (me dit-il)

te sera desrobé par le moyen d'vn Prince: mais il ne sera pas perdu. Et le plus jeune de tes soucis embrassera vn amour incogneu qui semblera contraire à l'ordre establi par la nature. Ces deux soucis t'estans ostez ne t'aporteront en fin que du côtentement. Vn Prince estranger sera quelque iour assis en ton Throsne, & tous ces malheurs tomberont sur ta teste, pource ta femme & toy commettrez adultere.

Encor que cela me semble ambigu, continua Basilius, si ay-ie pensé que c'estoit bien faict d'euiter le mal. Vous sçauez bien que vous-mesmes m'auez incité d'aller consulter cét Oracle. Il est vray dict Philanax que ie vous ay quelquefois dit que i'auois eu d'estranges visions qui prouenoient par des causes surnaturelles: Et que pour m'en esclaircir, i'auois esté à Delphes, où l'Oracle me fit respõse: mais vostre Majesté me repliqua, Sire, que ces causes que ie disois surnaturelles, estoient quelqu'humeurs corrompuës, qui prenans des figures estranges dans mon imaginatiõ, me causoient ces fantasques & melancoliques songes: Et (s'il en souuient à vostre Majesté) vous prîtes la peine de m'enuoyer des lettres sur ce mesme subiect-là. Mais ie recognoy bien maintenant la verité de vostre Oracle que ie veux vous cõmuniquer. C'est qu'il est à craindre qu'vn estranger ne possede vostre Throsne: car cela a desia pensé estre faict par Zelmane en vostre presence mesme : Basilius aussi-tost luy repartit que l'action que ceste belle Amazone auoit faicte, auoit esté pour la conseruation de son Throsne, & non pour sa destruction. De sorte que Philanax recognoissant par ces paroles que le Roy dist auec esmotion, qu'il aimoit cette Amazone, ne le voulut pas dauātage importuner sur ce suject-là : mais ayant pris congé de sa Majesté, il se retira chez luy, & Basilius s'en retourna dans sa loge, afin d'y mediter plus à loisir les responses de son Oracle.

Il interpretoit cét aduis à son aduantage, & se faisoit croire qu'il estoit accomply, puis que Zelmane auoit desrobé de luy le soucy qu'il deuoit auoir de sa premiere fille, & qu'il n'estoit pas perdu, puis qu'il en auoit encor quelque ressentiment en son cœur. Que la plus jeune aimoit Zelmane encor qu'elle fust de son mesme sexe, & que c'estoit comme vn amour contre nature: mais que ce que ceste jeune Princesse en faisoit n'estoit que par son commandement, encor qu'il sçeust bien que sa femme en seroit jalouse. Quant à l'estranger qui deuoit s'asseoir en son Throsne, il se figuroit que ce seroit Zelmane, & que cét adultere dont l'Oracle l'auoit menacé seroit de luy-mesme auec Zelmane auant qu'il l'espousast. Et là dessus il se resolut à ne point marier ses deux filles de son viuant. Doncques ayant apprins tous ces secrets

crets de son Oracle : Il voulut
auec sa femme & sa fille, chanter cét hymne à la loüange d'Apollon.

HYMNE EN L'HONneur d'Apollon.

Grand Apollon de qui l'œil tout-
  voyant
Va sans repos l'vniuers tournoyant,
Pere des iours, Lumiere des lumieres:
Alme Phœbus, Astre luisant & beau,
Estre eternel, des essences premieres
Luis dans mon cœur, & sois mon seul
  flambeau.
  Comme jadis en l'Auril de tes ans
Tu mis à mort tous ces mõstres puissans:
Enfans ingrats, des-honneur de la terre,
Chasse de moy ce Pithõ plein d'horreur,
Ce fier Vautour qui me liure la guerre,

Et nuict & iour va becquetāt mō cœur.
Fay que mon ame espere quelque iour
Gouster là haut des fruicts d'vn sainct
Amour,
Dont elle doit estre recompensee:
Qu'aux vains appas elle ferme ses yeux:
Et desdaignant toute humaine pensee
Que ses desirs se bornent dans les Cieux.

Les Bergers recognoissans que le Roy auoit finy ses deuotions, vindrent trouuer sa Majesté pour luy donner ses recreations ordinaires, sçachans bien que ce Prince s'estoit entierement deschargé de tout le soin des affaires de son Royaume sur la personne de Philanax, & qu'il auroit agreable leurs pastorales accoustumees, pour delasser son esprit apres tāt de trauerses. Pendant que ces bergers se preparoiēt, Basilius tira sa fille à quartier, pour luy dire qu'il auoit enuie de sçauoir ce qu'elle auoît negocié auec Zelmane, à quoy Philoclée respondit humblemēt selō qu'ils l'auoiēt arresté; que ceste Amazone estoit contente de l'entēdre toutes les fois qu'il luy feroit l'hōneur d'en vouloir prendre la peine: & pour agreer à son pere elle luy dict encor d'autres paroles dont Zelmane l'eut desaduoüee si elle les eust entendues. Basilius bien aise de ces bonnes nouuelles baisa doucement sa fille, & la remercia par des submissions plus grandes qu'vn pere ne doit. Il eust desia voulu voir les effects de tant de belles promesses: Mais l'Amazone qui n'auoit pas encor resolu de quelle sorte elle deuoit proceder auec luy, le voyant approcher pour l'entretenir sur ce subject, s'excusa, luy remonstrant qu'il n'estoit pas temps lors de parler de cette affaire, & luy dit pour le diuertir, que Philoclée l'auoit entretenuë long temps sur les trauerses aduenuës à la Princesse Erone. Que c'estoit vne Dame de merite, qu'elle auoit l'honneur de cognoistre : & puis elle pria le Roy de prester son secours à cette Royne infortunée, comme Plangus l'en auoit desia supplié. Basilius bien aise de l'obliger en cela, & remarquant sur tout sa discretion de ne luy auoir parlé d'autre chose que d'affaires deuant les assistans, loüa cette action, & luy promit d'assister la Reyne Erone. Madame (luy dit il) depuis que ie me cognoy, ie ne pense point auoir remarqué vn Prince que l'ingrate fortune traitte auec plus de rigueur qu'elle fait ce vertueux Plangus: mais il semble que son courage reprenne de nouuelles forces contre les afflictions, & les trauerses. Toutesfois puis que vous les sçauez, ie ne veux point employer d'auantage de temps à vous les raconter, ma fille m'ayant en cela soulagé.

Il suffira que ie vous die comme Anthiphilus estant couronné, & les genereux Princes Mussidorus & Pirocle ayans pris congé de luy pour le combat d'Anaxius qui est maintenant en ce pays de Grece pour s'enquerir de cét excellent Prince Pirocle, & dont il parle auec tous les desaduantages du mōde: Cét Anthiphilus donc esleué plus haut que ses merites, se voyant assis dans le throsne des Roys, perdit tout le respect & toute la souuenance de ce qu'il auoit autrefois esté. Il mesprisa mesmes d'estre nay auec de la raison: n'ayant plus d'autres imaginations en son esprit, sinon qu'il estoit souuerain, & qu'il pouuoit faire de son Empire vn jeu de paulme, dont ses subjects seroient les balles; non pas qu'il fust cruel, mais il estoit seulement subject à ses plaisirs. Ainsi se plongea-t'il dans vn Occean de puissance absoluë, poussé tantost en vne part &

tantost en vne autre, par les vents de ses passions, & encouragé par les astres de la flaterie: Il est vray que tous les Gentilshômes le haïssoiēt, à cause de ce qu'on l'auoit (au mespris de la Noblesse) indignement esleué iusques au supréme degré de regner. Chacun publioit de mauuais presages de sa fortune, comme si elle ne l'eust porté si haut qu'afin de luy faire faire vne plus dangereuse cheute: Et luy qui n'auoit pas l'esprit de recognoistre ses imperfections, s'estimoit le plus grand Roy qui eust iamais porté Sceptre. Il s'imprimoit en la fantaisie de fausses genealogies de sa maison, & se croyoit estre issu d'vn sang Royal, encor que chacun sçeust assez comme l'amour in-

R iiij

consideré de la Princesse Erone luy auoit mis la couronne sur la teste: Il ressembloit en cela à ses oyseaux nyais qui se cachans la teste, pensent que le reste du corps soit loing de la veuë des chasseurs : il se desguisoit à soy-mesmes, mais chacun le voyoit, & le cognoissoit trop bien.

Or cette grandeur desreiglée le fit en fin sortir hors de toute raison, car il passa iusqu'au mespris d'Erone, qu'il accusa de sterilité : Tellement qu'il establit en son Royaume l'injuste loy de Polygamie, & commença le premier à suiure cette ordonnance : car il voulut encor espouser la Royne Artaxie qui ne le hayssoit pas moins qu'elle aimoit le meschāt Plexirtus : mais elle voulut entretenir Antiphilus dans le plaisir de son esperance, iusques à ce qu'elle eust mis la couronne d'Armenie sur la teste de Plexirtus, comme la baze sur laquelle cette Princesse pensoit asseoir vne infinité d'autres Monarchies que son ambition deuoroit : & comme si la fortune n'eust deu cherir que celuy qu'elle aimoit. Durant ce temps, il se fit vne grande assemblée des plus illustres Princes d'Asie, qui n'estoit à autre fin que pour faire d'honnorables complimens aux deux excellens Heros Mussidore & Pirocle. Antiphilus voulut estre de la partie, non pour recognoissance des obligatiõs qu'il leur deuoit : ains par vne certaine ambition qui le portoit à croire qu'il paroistroit plus que tous ces autres Roys : Mais ces genereux Princes cognoissans ses merites aussi bien que son extraction, n'en firent pas grand compte. Cela le rendit estonné: mais ses flateurs luy faisoient croire que l'enuie qu'ils luy portoient, & la crainte qu'ils auoiēt de sa grādeur seulemēt, estoit la seule cause de tout ce procedé: Toutesfois ces mespris feirent qu'il s'en alla trouuer Artaxie, tout bouffy de colere à cause des indignitez qu'il voyoit faire à sa Majesté : & croyant qu'elle seroit bien-heureuse de l'espouser, il la voulut presser d'en signer les articles. La pauure Erone sçauoit bien toutes ses menées, mais l'extrême amour qu'elle portoit au Prince Antiphilus la faisoit accorder à tout. Elle escrit mesmes à la Reyne Artaxie, que le desir qu'elle auoit d'agréer en toutes choses à Antiphilus, & l'amour qu'elle portoit au bien public, luy faisoit volōtairement quitter sa place. Qu'elle prioit Artaxie de l'accepter, & de se nommer doresnauant la premiere femme du Roy, pourueu qu'elle ne luy desniast point cette faueur de se pouuoir dire la secōde. Or Artaxie qui le haïssoit à mort, resolut de cacher cette haine iusques à vn autre temps, & croyant qu'elle pourroit vanger la mort de son frere sous la feinte de ce mariage, elle fit semblant d'approuuer les desseins d'Antiphilus & d'Erone: Donc cette Royne ayant donné ordre à ce dangereux dessein, alla prier Antiphilus & la pauure Erone de la venir visiter vn soir afin d'acheuer ce mariage: mais à peine furent-ils entrez dans son anti-chambre, quand voicy vne bande d'hommes armez, qui se jettãs à corps perdu sur eux, mirent au fil de l'espee tous ceux qui les accompagnoient. Et quant au miserable Antiphilus & à la malheureuse Erone, elle les fit attacher pieds & mains à de gros pieux de fer sur la tombe de son frere, auec la resolution de les y sacrifier le lendemain en presence du peuple. C'estoit chose biẽ lamẽtable à la verité de voir ce pauure Roy, descheu de toutes ses grãdeurs, priué de ses plus douces esperances : & entre les mains de celle qu'il tenoit pour sa meilleure amie: mais qui tout à coup se declaroit sa plus cruelle ennemie. Il maudissoit l'heure de sa naissance, fasché non pas de mourir: mais que sa mort seruist de risee à ceux qui le haïssoient. Quant à la pauure Erone elle auoit desia tant souffert d'aflictiõs que celle-cy luy estoit cõme familiere, & n'auoit autres paroles que pour seruir de cõsolation à son Antiphilus: Et veritablement elle monstroit vne grande constance parmy ceste grande affliction. La nouuelle de ce triste spectacle, alla iusques aux oreilles de Plangus qui estoit lors en la Cour d'Artaxie: Tellement que le courage inuincible d'Erone joint à son extreme beauté, esmeut tellement ce jeune Prince à cõpassion qu'il luy voulut ayder de sa faueur en ceste extremité: le veritable amour se faisant mieux paroistre dans les aduersitez que non pas lors que toutes choses rient: cõme vne belle peinture qui paroist dauantage lors qu'elle est bien ombragee: parce que cela releue mieux son lustre: que quand elle n'est remplie que de viues couleurs. De mesme ce fidele amant fit paroistre les viues flammes de son amour parmy ceste affliction, & luy promit de l'en tirer au peril de sa vie. Cependant Erone mesprisant ses offres amoureuses le prioit de se departir de l'amitié qu'il luy portoit, puis qu'elle ne s'aimoit pas elle-mesme. Et que s'il desiroit l'obliger en quelque chose, il employast seulement son credit & sa faueur pour sauuer son Antiphilus, pource que quant à elle, sa vie luy ennuyoit. Ceste priere depleut fort à Plangus qui sçauoit bien les mauuais offices qu'elle receuoit de l'ingrat Antiphilus, enuieux de ce qu'il estoit seul possesseur de cette belle Princesse : si bien qu'il sentit vn grand combat en son ame, entre l'amour & le depit de la voir posseder par vn mary tant indigne de sa Royale vertu : Mais en fin, l'amour emportant le dessus, le fit consentir de rendre ce seruice à son riual. Il fut donc trouuer Artaxie afin de la persuader qu'elle deliurast ces deux infortunez, esperant à cause de la parentelle, & du rang qu'il tenoit que cette Princesse ne luy feroit pas souffrir l'affront d'vn refus: mais elle qui le haïssoit à mort, ne daigna pas seulement escouter ses prieres. Au contraire afin qu'ils fussent plus seurement gardez, elle les fit conduire en la ville capitale de son Royaume, où elle les fit enfermer en vne grosse tour pour les y reseruer iusques au iour de la naissance de Tiridates, afin de faire ce iour-là comme vn sacrifice aux manes de son frere, de la personne du miserable Antiphilus: & d'Erone, au iour de la mort de ce Tyridates, qui n'estoit que six mois apres. Ce refus fut si sensible à Plangus, & cét arrest de la mort d'Erone luy toucha tellement le cœur, que son amour & les promesses qu'il luy

luy auoit faictes le porterent aux Lyciens pour les conjurer de secourir leur Princesse, qu'Artaxie retenoit injustemēt prisonniere. Mais le premier Prince de ce Royaume auoit à peine sceu l'infortune de ces pauures amans qu'il s'empara de leur Couronne, & comme reprochāt l'indiscrete ellection qu'Erone auoit faicte d'vn mary si mal-heureux, & son peu de jugement d'auoir escrit auec tant d'indignes submissions à la Royne Artaxie, empescha les genereux desseins de l'amour de Plangus: si bien qu'il ne pouuoit rien esperer de ce costé-là. Il eut apres cela recours à ses meilleurs amis, qu'il pria de l'assister, afin de tanter le moyen de deliurer Antiphilus, à cause

S

que le terme de sa mort approchoit pluſtoſt que celuy d'Erone, & encor qu'Artaxie eut cōmis la garde d'vne ſi chere proye entre les mains de pluſieurs des vieux ſeruiteurs de Tiridates, ſi trouua-t'il le moyē de parler au Prince Antiphilus, & de luy declarer l'expedient qu'il auoit aduiſé de le ſauuer, en tuāt le Concierge & les garde la Tour où ils eſtoient, & ſe mettant libremēt en ce danger pour le deliurer de leur captiuité. Antiphilus qui ſçauoit bien que durant la proſperité de ſes affaires, il n'auoit ſceu obliger perſonne, croyoit qu'eſtāt hors de là, il ſeroit rejetté de tout le monde. Si bien que deſeſperant de pouuoir gouſter iamais la douceur de ſa liberté, il communiqua son dessein à vn des soldats qui le gardoient, & luy dict auec autant de larmes que de mots, qu'il aimoit mieux mourir par le commandement d'Artaxie que de viure contre sa volonté, & toutesfois qu'il la voudroit bien suplier de luy donner la vie, aux conditions qu'il luy plairoit, voire mesmes iusques aux plus viles & insuportables qu'elle voudroit ordonner. Ce soldat pourueut incontinent à ce qu'il falloit pour ceste entreprise, & en donna l'aduis à ses autres compagnons. Si bien que Plangus venant auec ses forces pour executer son dessein, pensa luy-mesme estre prins au piege qu'on leur auoit dressé : Ce Prince l'ayant recogneu, se retira, & se mit sur ses gardes comme il estoit besoin. Artaxie eut incontinent les nouuelles de cela, tellement qu'elle vomit toute en colere mille injures, & accusa d'ingratitude le genereux Plangus, luy reprochant qu'elle & son frere l'auoient preserué comme leur propre enfant de la colere du Roy, & de la malice de sa belle mere. En fin son indignation la porta iusques à ceste extremité, qu'elle enuoya des soldats pour le prendre. Or ce Prince fit si bien enuers les gens d'Artaxie qu'ils ne luy promirent pas seulement de le garantir de la furie de ceste femme : mais encor de l'assister pour deliurer Erone. Il n'y eut que le pauure Antiphilus qui ne trouua plus persõne qui se vouluft embaraffer dans fes affaires, tant il auoit negligé de faire des amis, fi bien qu'il feruit de fujet pour exercer les rigueurs & la rage d'Artaxie. Les femmes de la ville où il eftoit prifonnier le haïffoient fi fort à caufe de la Polygamie qu'il auoit voulu eftablir, qu'ils allerent fupplier la Royne de le metre entre leurs mains pour le faire cruellement mourir. Leur ayant donc fait liurer ce pauure mal-heureux, elles luy firent fouffrir mille & mille tortures, & le contraignirent apres de fe precipiter du haut d'vne pyramide qui eftoit efleuée fur le tõbeau de Tiridates. Tellement qu'Antifilus finit ainfi fa malheureufe vie. Plangus cependant qui contoit les iours, &

S iij

qui sçauoit bien qu'Artaxie n'attendoit que celuy qu'elle auoit choisi pour exercer sa cruauté contre la belle Erone, & voir reduire son corps en cendre, assembla derechef le plus grand nombre de ses amis qu'il pût, afin de l'assister pour deliurer ceste Royne captiue: mais Artaxie que la colere & le dépit rendoient plus courageuse que ne deuoit son sexe, ayant eu aduis du dessein de Plangus, enuoya de ses trouppes afin d'empescher ceste entreprise: mais Plangus qui estoit vn des genereux Capitaines qui fut jamais en l'escole de Mars, deffit les gens d'Artaxie, encor qu'ils fussent beaucoup plus qu'eux, & prist prisonnier le fils de son frere qu'elle aymoit grandement. En mesme temps il mande à Artaxie qu'il feroit à ce ieune Seigneur le mesme traittement que receuroit Erone. Cela fit bien changer de train à toutes les affaires : car quelques grands du Royaume portans auec impatience tant de sousleuemens & de querelles dans le cœur de leur patrie, se mirent en peine de les accommoder, & accorderent en fin que tous les prisonniers tant d'vne part que d'autre seroient mis en liberté, excepté la belle Erone qu'on liureroit entre les mains d'vn des principaux Seigneurs du pays qui la garderoit deux ans dans vne place forte, à compter du iour de la mort de Tiridates, & que durant ce temps, Pirocle & Mussidore se battroiēt pour Erone, contre deux autres Caualiers que nommeroit Artaxie, pour deffendre sa cause: Et que si Pirocle & Mussidore estoient vaincus, Erone seroit bruslée viue: Mais s'ils estoient victorieux qu'elle seroit incontinent deliurée. Plangus fut conseillé de consentir cét accord, & de s'asseurer en la courtoisie de ces deux vaillās Princes qui ne refuseroient pas de soustenir vne querelle si iuste : Et que les deux Caualiers d'Artaxie ne seroiēt pas suffisans pour leur resister. Artaxie aussi de sa part accorda facilement ces cōditions, car il n'y auoit pas long temps qu'elle auoit receu nouuelles de Plexirtᵒ qui les deuoit faire perir sur la mer: De sorte qu'elle se promit le bon-heur de la victoire.

Le pauvre Plangus ayant appris ce traitté, & trouuant cette condition à son aduantage, fit tant qu'il obtint de celuy qui gardoit Erone la permission de la voir. Il la trouua presqu'absorbée dans vn goulfre de miseres, depuis la mort d'Antiphilus : car elle ne vouloit rien rabattre de l'affection qu'elle auoit euë pour luy. Et ny le mauuais traitement qu'elle en auoit receu, ny son peu de merite, ny sa mort, qui faisoit veoir quelle auoit esté sa vie passée, ne pouuoient en rien diminuer de ce qu'elle croyoit deuoir à sa memoire. Elle se rendoit incapable de consolation, & sembloit tellement se plaire en la triste imagination de ses douleurs, qu'elle y receust quelque douceur qui recompēsast ses miseres, & qu'elle desirast d'estre l'object de toutes les défaueurs de la fortune. Si tost donc qu'elle veid le Prince Plangus, elle demeura aussi esperduë, comme si elle eust veu en luy la mort d'Antiphilus: Mais reprenāt en mesme temps ses esprits, elle se recognoissoit son obligée, & se dōnoit le tort: Donc priant cette pauure Dame d'escrire de son affaire à ces deux Princes. Helas! (luy respondit-elle) Monsieur, ie ne desire autre chose dans les malheurs où ie suis, qu'vne mort la plus prompte. Plangus luy baisant lors la main, prist aussi tost congé d'elle, & s'en alla vers la

Grece, où il apprit que ces deux Seigneurs s'estoiēt embarquez depuis peu: Mais il trouua par hazard sur les chemins vn Ambassadeur que la Reyne Artaxie enuoyoit vers Plexirtus, auec des lettres de creance, & charge de l'asseurer de sa part, qu'elle vouloit l'espouser: & qu'elle le prioit de croire qu'il luy auoit tousiours esté plus cher que le reste des hommes, & qu'elle l'aymeroit & l'honnoreroit toute sa vie. Mais qu'elle le prioit, s'il luy desiroit rendre quelque preuue de l'affection qu'il auoit pour elle, de faire en sorte que ces plus grands ennemis n'eussent iamais pouuoir de luy nuire, qu'il fist tout ce qu'il pourroit pour les faire mourir, & comme ayant cognoissance du dessein de Plexirtus, elle rendoit desia graces à la mer de ce qu'elle deuoit engloutir ces deux Princes. Cela fit douter Plangus que le meschant Plexirtus vouloit attenter à la vie de ces braues Heros: tellement que pour s'en esclaircir, il monta sur la mer, & vint en Laconie, où il s'enquist par tout de la fortune de ces Princes: & y apprit que la Nauire dãs laquelle ils auoiẽt entré, auoit esté submergée: & que peu de personnes en estoient eschappez: Et pour le regard de Pirocle & de Mussidore, qu'ils s'estoient jettez dans la mer, à la mercy des vagues qui les auoient engloutis. Que si cela n'eust pas esté, leur nom estoit tellement cognu dans toute la

Grece, que l'on eust entendu quelque nouuelle d'eux. Plangus s'affligea grandement de cette perte, non pas tant pour l'amitié qu'il leur portoit, que pour le regret qu'il auoit que la terre n'eust plus deux si genereux Princes, & qu'Erone eust aussi perdu deux Caualiers si heureux, & si asseurez pour deffendre sa vie : & la deliurer de sa captiuité.

Il receut encor vne lettre du Capitaine qui gardoit la belle Erone, qui fit bien augmenter son ennuy : car il luy mandoit que depuis son depart, Artaxie se voulant seruir de cette occasion, auoit assiegé son chasteau, afin de le contraindre par force à rendre la malheureuse Erone; mais qu'il ne l'auoit pas voulu faire à cause du serment solemnel qu'ils s'estoient entre-jurez: & qu'il la garderoit deux ans, iusques au iour destiné, pour sa cōdemnation, ou pour sa liberté: Partant qu'il le prioit de le venir secourir promptement, pource qu'il ne pourroit pas longuement tenir en ceste place où il n'auoit pas de prouisions. Que d'ailleurs quand il rendroit la place il ne se pouuoit imaginer qu'Artaxie vouluſt vser d'vne telle infidelité: Que ses forces augmentoient de iour en iour par le secours, que Plexirtus, nouuellement couronné Roy luy auoit enuoyé, sur l'esperāce de leur mariage. Il ne faisoit pas peu d'estat de l'inuention qu'il auoit pour perdre Pirocle, & Musſidores i-

maginant en auoir eu subiect à
cause de la mort de sa sœur Andromane, de son nepueu, & de
Zelmane sa fille : accusant ces
deux courageux Princes d'estre
seuls cause de la mort de ces
trois personnages qui luy tou-
choient de si prés. Ces nouuelles estônerent Plangus qui pensoit en luy-mesmes ce qu'il
auoit à faire : car de retourner
en Armenie, il ne le desiroit pas,
puis que tous ses amis auoient
couru fortune à son accasion.
D'aller aussi vers son pere, il
ne tenoit pas ce chemin-là bien
asseuré : Car depuis la mort
de sa belle-mere & de son frere,
il auoit essayé, mais en vain, de
se mettre aux bonnes graces de
sõ pere. Et puis ceux qui auoiẽt
pris le party d'Andromane afin

de le faire auoir en horreur à ce bon Roy, apprehendoient qu'il se vengeast du tort qu'ils luy pensoiēt auoir faict, s'il rentroit en credit. C'est pourquoy voyāt que cét affaire estoit de longue haleine, sa reconciliation trop difficile, & qu'au contraire la miserable condition d'Erone desiroit vn prompt secours, il s'aduisa d'aller vers le Roy Euarchus qu'il auoit bien seruy depuis peu : esperant que ce Prince ne refuseroit pas de luy prester quelque secours, tant pour soustenir vne cause si iuste, que pour se vēger par mesme moyen de la perfidie signalee, dont on auoit trouué les siens. M'acheminant donc à ce dessein vers Euarchus, i'eus le bien de le rencontrer:

Et ie

& ie ne vey jamais vn homme si cõblé d'ennuys qu'il eſtoit: Car il ſe repreſentoit touſiours deuant les yeux la triſte image d'Erone attachée contre vn poſteau, preſte à eſtre deuoree. Ie feis tout ce que ie pûs pour le reſoudre: mais ie ne le trouuay pas capable de conſolation. Et mes affaires ne me permettans pas de l'accompagner dauantage: ie luy donnay des gens pour le conduire ſeurement en la Cour du grand Euarchus. Il me tint vn diſcours en partant d'auec luy, qui me fut bien ſenſible. Ie vous en fey dernierement le recit en forme d'vn Dialogue, que i'auois faict ſur ce ſujet-là à mes heures perduës. Ainſi tres-excellente Dame, pour vous obeir,

T

ie vous ay voulu faire le recit de ceste victoire, afin que vous puissiez mieux remarquer les diuers effects de l'amour: Et que vous jugiez de sa puissance en faueur de l'historiē. Zelmane tesmoigna biē par ses soupirs le regret qu'elle auoit de l'infortune d'Erone, toutesfois la creāce qu'elle eut qu'Euarchus ne luy refuseroit pas son secours en vne si juste querelle (veu mesmes qu'il y estoit interessé par la mort de quelques vns des siens) la consola vn peu. Ceste Amazone ayant obtenu ce qu'elle desiroit de Basilius, & craignant qu'apres il ne se voulust estendre sur l'importun discours de ses affections, commanda aux Bergers de commencer leurs

Paſtorales, afin de recréer le Roy. Doncques la ſedition qu'on auoit n'agueres excitée, donna ſubiect à l'vne de ces petites eglogues qu'ils nommerent *le combat de la Raiſon & de la Paſſion*. Leur balet eſtoit gentiment concerté. Il ſembloit que ce fuſt vne petite eſcarmouche de ſept contre ſept autres: Car il y en auoit autant de chacun coſté. Ils portoiẽt tous quelque inſtrument de muſique en la main, qui faiſoient enſemble vne douce harmonie, que la voix qu'ils accordoient parfaictemẽt bien, auec ces inſtrumens rendoit grandement agreable: Ceux du party de la Raiſon commencerent les premiers. Voicy leurs vers.

DIALOGVE DE LA Raison & de la Passion.

LA RAISON.

Rends-toy rebelle, & mets les armes bas.

Aussi-tost vn autre Berger respondit pour ceux du party de la Passion.

LA PASSION.

Mais toy, Tyran, ne me cognois-tu pas ?

R. *Ie ne sçaurois rien d'injuste entreprendre.*

P. *Tu veux par tout la maistresse te rendre.*

R. *C'est l'equité qui nous l'ordône ainsi.*

P. *La Passion se rend plus forte aussi.*

R. *Mais à la fin si faut-il qu'on me cede.*

P. *Ma volonté seulement me possede.*
R. *Mais qui te suit a la mort pour re-
cours*
P. *N'importe pas, pourueu qu'on ayt
secours.*
R. *Auecques nous la Raison prend
naissance.*
P. *Ouy, pour apres me rendre obeis-
sance.*
R. *La Passion trouble l'entendement.*
P. *Viure sans toy, c'est viure plaisam-
ment.*
R. *Tu dois, aueugle, ignorer nos my-
steres.*
P. *Tu n'as des yeux que pour voir tes
miseres.*

Ils se teurent vn peu de temps, apres qu'ils eurent recité ces vers, puis s'approchans de plus prés: Les Bergers qui tenoient le party de la Raison recommencerent ainsi.

R. Tu ne sçaurois de mes clartez iouyr.
P. Et tu ne peux me voir sans t'esblouyr.
R. O vanité qui se destruit soy-mesme.
P. O tiltre faux, plein d'arrogance extreme.
R. Quoy! penses-tu foible me resister.
P. Et penses-tu plus long-temps subsister?
R. Vien, vien, Raison, guider nos entreprises.
P. O Passion, chasse au loing ces surprises.
R. On est par nous de soy-mesme vainqueur.
P. On sent par nous mille plaisirs au cœur.
R. Par nos combats la paix est asseuree.
P. C'est vne paix qui n'est pas de duree.

Alors ces Bergers qui faisoient comme deux batail-

lons se joignirent ensemble, &
s'embrassans les vns les autres,
au lieu de se battre, ils conti-
nuerent de reciter ces vers.

R. *Nostre Raison n'ayme point les
   debats,*
P. *Nous ne craignons nullement vos
   combats.*
R. *De nostre part nous auons la justice.*
P. *Nous-nous passons fort bien de son
   seruice.*
R. *Il faut en fin ceder à la Raison.*
P. *C'est vn erreur qui viẽt hors de saisõ.*
R. *Mais nos plaisirs sont imparfaicts
   sans elle,*
P. *Hé quels plaisirs de suiure vne bour-
   relle.*
R. *Vostre bon-heur viẽdra d'vn repẽtir.*
P. *Nous doutõs fort de iamais le sentir.*
R. *Seule ie peux ces secrets vous ap-
   prendre,*

P. Tout ton sçauoir, c'est de sçauoir reprendre.

R. Cognois-tu pas vn pouuoir souuerain?

P. Ouy, le mien seul: car tout autre m'est vain.

Apres qu'ils eurent finy ce Dialogue, les Bergers s'embrasserent encor, puis ils se representerent au Roy qui leur donna des loüages telles qu'il plût à la belle Amazone, qui eut tousiours pendant ce discours les yeux sur Philoclée. Et ceste agreable Princesse qui sçauoit bien recompenser, luy en faisoit tout autant: car ny l'vne, ny l'autre ne se pouuoit contraindre en ce doux contentement, bien que cela donnast de la jalousie à la Royne. Or le Berger Dicus qui durant ces Dialogues auoit remarqué plus de gentillesse aux actions de Dorus que d'aucun autre, desira d'esprouuer la viuacité de son esprit, encor qu'il mesprisast ces petits subiects trop raualez, ce luy sembloit. Et pour l'animer au combat, il voulut commencer par ceste Eclogue.

QVATRIESME ECLOGVE,
Dicus & Dorus.

DICVS.

DY moy Dorus, d'où vient donc que ta voix
Ne s'entend plus esclater dans ces bois?

Pourquoy si tost ont cessé tes cõplaintes,
Quoy! iusqu'icy tes larmes estoient feintes?
Donc ta Maistresse a cessé d'enflammer,
Ou bien ton cœur a cessé de l'aimer?

DORVS.

Tu voudrois bien d'un discours qui m'offence
Blasmer à tort ma fidelle constance?
Vn sainct amour me tient trop biẽ espris
Pour profaner ma foy par tes mespris,
Ces beaux Soleils qui luisent dans mon ame
Ont espuré mes defauts par leurs flammes.

DICVS.

Toy donc Berger, d'Apollon bien aimé

De ses fureurs sainctement animé,
Vien nous conter tes flammes plus se-
 crettes,
Amour se plaist d'entēdre ses Prophetes
Chanter son nom, sa force & sa gran-
 deur ;
Et le silence est tenu pour froideur.

DORVS.

Ma voix trop foible, & mon style
 champestre
D'vn tel sujet digne ne sçauroit estre:
De nos Brebis le chetif beellement
Ne peut chanter Apollon dignement,
Il me suffit d'adorer en mon ame
Le cher object des beautez de Madame,
Et de vouloir brusler, trop curieux
Aux clairs rayons qui sortent de ses
 yeux
Toute loüange auprés d'elle est petite,
Et ne sçauroit rehausser son merite.

DICVS.

Par tes discours tu me pourrois charmer,
Contre mon gré, me contraignant d'aymer,
Si de ton mal ie n'auois cognoissance,
Rendu prudent par ton experience:
Mais poursuy donc, & nous fay le discours,
Puis qu'il te plaist, de tes chastes amours.

DORVS.

Du seul regard nos ames sont blessees,
Amour se paist de nos seules pensees,
En son enfance, il est craintif & doux,
Obeissant, sans fiel, & sans couroux.
Ce qui paroist de plus doux à nostre ame,

Tire icy bas son lustre de sa flame:
En sa jeunesse il ayme les plaisirs,
Les doux apas, les jeux, & les desirs,
Puis lors qu'il est deuenu plus en aage,
Il est pensif, soucieux, & peu sage,
Les souspirs sont ses plus doux ele-
ments,
Il ne se plaist qu'aux pleurs & qu'aux
tourments,
La vanité, le luxe, la richesse
Suiuent ses pas, & l'aueugle largesse:
Mais de pouuoir dire quels sõt les traits
De ce Tyran, & par quels doux attraits
Si doucement nos ames il captiue,
C'est vne mer qui n'a ny fond ny riue.

DICVS.

Ainsi, Dorus, puissent tes chers troupeaux
Paistre le treffle aux bords de ces ruisseaux,

Et tous les ans t'enrichir de leur laine:
Ainsi ces yeux, les autheurs de ta peine,
Soient quelque jour propices à tes
vœux,
Comme m'est doux le recit de tes feux.
Mais quoy! l'Amour t'est il point fauorable?
Te paist-il point d'vn espoir desirable?

DORYS.

Ie ne me plais qu'à priser ses beautez,
Bien que ce soient autant de cruautez:
Ses beaux cheueux me sont vn doux
cordage,
Qui tient mõ cœur captif en son seruage,
Elle est mon tout, & mon bien, & mon
mieux:
Rien n'est plus cher, plus doux, plus gracieux,
Tout ce que l'art & la nature ensemble
Ont de parfait, seul en elle s'assemble:

Tout m'en est cher, & sõ œil en courroux
Tant il me plaist, encores m'est-il doux:
Et son absence, helas! m'est vn martyre
Quand ce bel astre vne heure se retire:
Mais s'il m'aduiët que ce puissant Soleil
Puisse esclairer vn seul iour à mon œil,
Alors ie croy que Venus en destresse,
Cede aux beautez de ma chere Mai-
 stresse ;
Que seule elle est, & ma vie & ma mort
De qui dépend & ma vie & mon sort.

DICVS.

Ces vains discours ; toute ceste folie
N'est qu'vn excez de ta melancholie,
Qui captiuant tes sens & ta raison,
A mis le feu dans ta propre maison.

DORVS.

Fuyez Bergers, ce traistre, qui n'aspire,

Qu'à vous prier de ce puissant empire,
Où ces douceurs, dont Amour mon vainqueur
Sceut autresfois si biē gaigner mō cœur.

DICVS.

L'accez, Berger, de ta fiebure amoureuse
Te rend ainsi la langue injurieuse:
Mais i'aime mieux te plaire en me taisant
Que mon parler te semble desplaisant:
Et seulement de bon cœur ie souhaitte
Qu'vne amitié, si chaste & si parfaite,
Puisse flechir ta Dame quelque jour,
Aux doux plaisir d'vn mutuel Amour.

DORVS.

Pource sujet, Dicus, ie te desire
De n'estre point soubmis à son empire:
Que ce

Cache ses traits pour n'en blesser son
   cœur,
Pour moy, Berger, c'est ma plus douce
   enuie,
En bien aimant passer ainsi ma vie.
Loin de ma belle vne langueur me suit,
Les plus beaux iours me semblent vne
   nuit :
Mais ces beaux yeux, ces Soleils pleins
   de flammes
Font dissiper les brouillards de son ame.
Tout m'est plaisāt, aimable & gracieux,
Au seul aspect seulement de ses yeux :
Fasse le Ciel, facent les Destinees
En son seruice escouler mes annees,
Qu'vn autre object ne me puisse char-
   mer,
Cessant de viure, en cessant de l'aimer.

Tous ceux qui les escou-
toient chanter ceste Eclogue y
prenoient vn grand plaisir particulierement. Zelmane qui

L'*Arcadie de la Comtesse* n'oublia pas de donner de veritables loüanges à son amy Dorus. Le Roy voulut en suitte de cela qu'on fist venir le Berger Lamon, parce que sa Majesté desiroit qu'il acheuast le recit des aduentures amoureuses de Strephon, & de Clajus, à cause qu'il auoit recogneu que Zelmane auoit pris du plaisir d'en ouïr le commencement. Mais d'autant qu'vne grande maladie qu'auoit ce Pasteur, l'empescha de se trouuer en l'assemblee, quoy qu'il l'eust bien desiré: son absence fit qu'Histor & Damon, deux autres jeunes Bergers, se seruirent des noms de ces deux riuaux, pour representer deuant le Roy ceste Eclogue, ou plustost ceste plainte amoureuse.

CINQVIESME ECLOGVE,
STREPHON, ET CLAIVS.

STREPHON.

Vous Deïtez de ces montagnes,
Nymphes qui sur la fin du soir
Venez visiter nos campagnes,
Et sur nos riues vous asseoir.
Et toy Dieu des pasturages
Quitte le frais de tes buissons:
Viens sous nos gracieux ombrages
Escouter nos tristes chansons.
CLAIVS.
Venez estoille aduant-couriere
Des sombres voiles de la nuit,
Et toy belle & claire lumiere
Qui viens quand ton frere s'enfuit.
Auant que l'aurore vermeille:
Nous vienne redonner le jour:
Doux astres prestez vostre oreille

L'Arcadie de la Comtesse
Aux tristes chants de mon amour.
STREPHON.
Iadis ces forests solitaires
Cognoissoient seuls ma volonté.
Ces rochers m'estoient secretaires
Et tesmoins de ma liberté:
Mais auiourd'huy que la tristesse
Me rend de moy-mesme ennuyeux,
Ie fuy toute ioye & liesse,
Et la veux bannir de mes yeux.
CLAIVS.
Exempt de l'amoureux seruage,
Ce fut mon plaisir autresfois
De guetter la beste sauuage
Tousiours auant iour dans les bois.
Le rire estoit mon ordinaire,
Autre air ne pouuant respirer,
Auiourd'huy ie ne puis rien faire
Sinon que plaindre & souspirer.
STREPHON.
I'imite le Cigne funeste,
Ie chante prochain du mourir:
Car, helas!

Ne daigne pas me secourir.
  Tousiours mes pleintes desolees
Se font entendre dans ces bois,
Les rochers, les monts, les vallees
Recognoissent ma triste voix.
CLAIVS.
Souuent les Bergers pitoyables
M'ont prié de cesser mes pleurs,
Et parmy leurs jeux agreables
Noyer l'effort de mes douleurs.
  Moy-mesme importun à moy-mesme,
Ie ne trouue rien de plus cher,
Tant mon mal-heur me semble extréme
Qu'vn antre obscur pour me cacher.
STREPHON.
Ce Dieu qui possede mon ame
Me sçait si bien charmer les yeux
Qu'absent des beautez de ma Dame
Tous objects me sont ennuyeux.
Du Rossignol le doux ramage
Que tant & tant ie chérirois,
Me semble estre la voix sauuage
Des Hiboux l'horreur de nos bois.

L'Arcadie de la Comtesse

CLAIVS.

Lors que le Soleil sort de l'onde,
Et chasse l'horreur de la nuit;
Ie pense voir sa tresse blonde
Auec vn brouillards qui luy nuit.
L'odeur des fleurs m'est ennuyeuse,
Le concert plus melodieux
Me semble la voix langoureuse
D'vn qu'on assassine à mes yeux.

STREPHON.

Ie souhaite dans ma tristesse
Qu'vn feu du Ciel puisse plouuoir,
A Dieu Soleil, en ma detresse
Ie ne desire plus te veoir.

CLAIVS.

Puis que l'aliment de ma vie
Me laisse parmy la douleur,
De viure ie n'ay plus d'enuie
Sinon pour plaindre mon mal-heur.

STREPHON.

Loin de ces viuantes lumieres
Qui me souloient donner le iour,
Comme les clartez coustumieres

De la belle Aurore d'Amour.
Loin de ces Soleils de mon ame,
Ie ne vis qu'en obscurité,
Et priué de leur saincte flamme:
Ie ne veux plus voir de clarté.

CLAIVS.

La beauté qu'en mon cœur i'adore
De qui la voix me sceut charmer,
Qui plus belle que n'est l'Aurore
Pouuoit l'Vniuers enflammer :
Laisse nos forests desolees,
Et fait luire ailleurs son flambeau,
Priuant nos monts & nos valees
De ce qu'ils auoient de plus beau.

STREPHON.

Faisons donc retentir nos plaintes
Parmy ces solitaires lieux.

CLAIVS.

Nos douleurs qui ne sont point feintes,
Ne peuuent offencer les cieux.

Or comme ce qu'ils auoient dict iusques là, n'estoit que

pour exprimer simplement leur plainte : Strephon les voulut recommencer d'vne autre sorte de vers.

STREPHON.

Ie noye mes plaisirs au fleuue d'oubliāce:
Et ne veux en mõ mal aucũ soulagemẽt:
Ie cherche desormais pour vnique alle-
   geance
*Ce qui peut augmenter ma peine & *
   mon tourment.
*Mes ennuis, mes amis, vous m'estes *
   agreables,
Et veux que nous soyons tousiours in-
   separables:
Du lieu d'où vous venez vous me sem-
   blez si doux,
Que ie me plais de viure en ma lan-
   gueur extreme,
*Et qui croit (mes ennuys) me separer *
   de vous,
Il croit me separer aysément de moy-
   mesme.

CLAIVS.

Ie benirois cent fois mes cheres destinees,
Si dãs le desespoir ou maintenãt ie suis,
Elles tranchoient la trame à mes tristes
 années,
Bornans d'un mesme coup ma vie &
 mes ennuis,
Aussi bien tout le temps que mal-heu-
 reux ie traine,
Me roule incessamment vne ennuyeuse
 peine:
Ie me suis importun, ie me suis en-
 nuieux:
O le plus malheureux d'entre les crea-
 tures,
A tout object de joye il faut fermer les
 yeux,
Et ne respirer plus que l'air des sepultures

STREPHON.

De tant & tant de maux ma fortune
 est suiuie,
Que les cruels malheurs me seruent d'a-
 liment,

L'Arcadie de la Comtesse
C'est la meilleure part auiourd'huy de ma vie.
Ce que d'autres mortels nommeroient vn tourment
Au fort de la douleur qui iour & nuict m'oppresse:
Ce m'est vn liniment que ma chere tristesse,
C'est mon doux entretien, c'est l'heur de mes mal-heurs,
Et priué de l'objet qui cause mõ martire
Si i'entame vn discours, autre que de douleurs,
Mon esprit est desert, & ne peut rien produire.

CLAIVS.

La tristesse a rẽdu mõ ame si farouche
Que par elle ie tiens tout le monde à mespris.
Il ne peut plus sortir de ma dolẽte bouche
Que des tristes accents qu'enfantent mes espris,
Il semble que mes yeux, comme infaustes Cometes

Soient de mon desespoir les sinistres Prophetes,
J'estonne par mes cris, & la terre & les Cieux
He! comment euiter vn si cruel orage?
He! comment destourner ce desastre ennuyeux?
Si moy-mesme, ie suis la nef & le naufrage?

STREPHON.

Deçà delà porté sur le dos d'vn Neptune
Ou l'estoile d'Amour me doit seruir de Nort,
Ie cours imprudēmēt vne triste fortune,
Et n'ay rien de certain qu'vne prochaine mort
Sans Pilote, sans mast, sans voile & sans cordage,
Sinon le desespoir, la tristesse, & la rage
Qui tous ont conspiré ma perte & mon trespas:
J'abhorre le secours de mon ame innocente,

L'Arcadie de la Comtesse

Et pour gauchir au coup, Chetif ie ne veux pas
En un port de salut, euiter la tourmente.

CLAIVS.

Mal-heureux que ie suis sur l'infertile arene
I'ay semé les trauaux, les cris, & les douleurs,
Et ie n'ay recueilly pour tout fruict de ma peine
Qu'une triste moisson d'ennuis, & de mal-heurs.
Le poignant souuenir d'une cruelle absence
M'est le plus grief tourment, par qui mon cœur s'offence:
C'est ce qui me contraint de plaindre & souspirer,
O vains appas d'Amour? ie vous ferme la porte?
La vanité plus grande, helas c'est d'esperer,

Alors qu'on recognoist son esperance
morte.
STREPHON.
Depuis le iour fatal que ma chere
maistresse
Voulut me confiner dans ces obscures
nuits,
Mes yeux n'ont apperceu que pleurs &
que destresse,
Que desespoirs, qu'horreurs, que tourmens, & qu'ennuis.
Helas! ie ne vis plus, ma pauure ame
s'ennuye
De vinoter chetiue, vne si pauure
vie,
Elle n'espere plus qu'vn funeste cercueil.
Ie maudis mille fois le cours de mes années,
Et plongé dans l'abisme ou preside le
dueil,
Ie sens les griefs tourmens des ames plus
damnées.

L'Arcadie de la Comtesse

CLAIVS.

Ie n'ay plus (mal-heureux) en mes tristes desastres,
Où pouuoir recourir pour demander secours,
Et voudrois que le Ciel, la Nature, & les Astres
Nous peussent peruertir leur ordinaire cours,
Ie voudrois que la terre à mes yeux importune
S'allast enseuelir dans les flots de Neptune,
Afin que la beauté que i'ayme vniquement
Congnoisse qu'aussi-tost qu'elle me fut rauie,
Ce me fut vn supplice, & i'eusse obstinément
En eternelle horreur, ma miserable vie,

STREPHON.

Ie n'ayme que mon mal, mes pleurs, & ma tristesse,

Mon esprit ne se paist que d'ennuyeux
soucis,
Ie fay soigneusement la Cour à ma dé-
tresse,
Et voy mes ennemis dessus leur Throne
assis.
Mais, Berger, c'est assez, tant de plaintes ameres,
Le foible reconfort de nos tristes miseres
Ne nous seruent de rien. Par nos plain-
tifs accens,
Les sources de nos pleurs à la fin sont
taries :
Par nos tristes chansons nous alterons
nos sens,
Et flestrissons l'honneur de nos belles
prairies.

Ces lamentables vers auoient tant de sympathie auec les Pas-sions de ceux qui les escou-toient, qu'ils les firent r'entrer en eux-mesmes pour considerer l'estat, chacun de sa propre fortune: mais cõme ils estoient tous en vn profond silence pour mieux penser là dessus. Vn vieil Berger nommé Geron leur voulut monstrer que son aage luy donnoit assez de prudence pour s'opposer à ces extrauagances amoureuses: de sorte qu'il alla s'attaquer à Philisides qui estoit vn jeune Berger, lequel n'auoit point encor esté de leur bande, & qui durant tout ce discours estoit demeuré pensif, appuyé sur son coude, & couché negligemmẽt au pied d'vn Cypres, Geron donc s'apperceuant de cela, luy frapa sur l'espaule auec toute la grace que peut auoir vn vieillard de telle humeur: & puis il commença cét Eclogue.

Geron

ECLOGVE DE GERON,
& de Philisides.

GERON.

SVs sus debout? quoy? penses-tu
 Berger
En t'affligeant tes peines soulager?
Non, nó, croy-moy, ceste amere tristesse
Dont tu te pais, & les jours & les nuis,
Meine insolente, vne troupe d'ennuis
Pour affliger l'esprit qui la caresse.

 Sans plus troubler de discordãs accors,
Le doux cõcert que peut gouster tõ corps,
Suy mon conseil. Tu me vois en vne
 aage
Où ie pourray, si tu veux m'escouter,
A tes langueurs vn remede apporter
Que ie cognois par long apprentissage.

V

Il faut chāter, nos chāsons quelquefois
Peuuent charmer par l'effort de la voix
Nos sens troublez d'vne aspre maladie:
Pour moy ie tiens qu'entre nos actions,
Ce fier tyran, maistre des passions
Se peut calmer auec la melodie.

PHILISIDES.

Celuy qui croit de chasser follement
Par des chāsons, ce rigoureux tourmēt:
Qui sās pitié viēt tourmēter nostre ame.
Comme imprudent il estime bien peu:
C'est s'efforcer de vaincre vn puissāt feu
Et d'vn peu d'huille en esteindre la fla-
me.

GERON.

Que ie me ris de tous ces vains discours,
Le tēps, Berger, peut dōner du secours:
Il est vainqueur de toutes choses nees,
Ce qu'indiscrets nous disputons souuent

Sans en tirer autre fruit que du vent,
Nous viēt sās peine aueques les annees.

PHILISIDES.

Le tēps ne peut me faire mal ny bien,
En mes mal-heurs, les ans ne peuuēt riē,
Quoy? d'aspirer où ie ne puis atteindre,
Maladuisé que ie suis? & de voir
Tous mes desirs bornez du desespoir:
N'est-ce pas vn subiect suffisant pour
    me plaindre?

GERON.

N'imitons pas ces pauures insensez
Qui contre eux-mesmes imprudens
    courroucez,
Fuyent la main qui leur vient seruir
    d'aide.
Raconte moy seulement tes douleurs,
Le Ciel propice au fort de nos malheurs,
Ou la Fortune apportent du remede.

PHILISIDES.

Quãd la fortune & la terre & les Cieux
Prendroiẽt pitié de mon mal ennuyeux,
Ce triste dueil, qui iour & nuit m'opresse
Ne se pourroit soulager nullement:
Car ie suis nay pour estre seulement,
Le but fatal où vise la tristesse.

GERON.

Ce beau discours m'aprend à ceste fois,
Que ton esprit va rendre les abois,
Fuyant, peu caut, vn conseil salutaire.
C'est s'abismer en des gouffres d'ennuis:
Ses plus beaux jours, changer en tristes
    nuits:
Et se bannir d'vn exil volontaire.

Tiendrois-tu pas l'homme bien insensé
Qui d'vn caprice, ignoramment poussé

Regarderoit le Soleil face à face?
Deuroit-il pas d'vn juste chastiment,
Estre à iamais surpris d'aueuglement,
Sãs que le Ciel luy daignast faire grace?

Ieune Berger, c'est t'efforcer en vain:
C'est te mõstrer à toy-mesme inhumain,
Ces prez, ces bois, ces deserts effroyables
Quoy! penses-tu qu'ils puissent secourir
Ce cruel mal, qui te meine au mourir,
Et qu'ils te soient quelque iour fauo-
rables?

Ha! s'ils auoient vn peu de jugement!
Comme ils riroient de nous voir en
tourment,
Nous qui faisons les Seigneurs & les
Maistres:
Qu'ils se riroient de voir nos actions
Se gouuerner selon nos passions,
Et la raison, ne se fier qu'aux trai-
stres.

V iij

D'vn tel sommeil resueille tes esprits,
Fuy, suy bien loin ce bastard de Cypris,
Ry de ses traits, & desdaigne sa flâme,
Rentre en toy-mesme, & monstre gene-
  reux,
Que seulement tu dois estre amoureux,
De la vertu seul ornement de l'ame.

C'est biē se plaindre en son aueuglemēt,
C'est bien manquer d'esprit, de iugemēt,
Bastir sur l'onde, & semer sur l'arene,
Que d'engager sa chere liberté
Dans les attraits d'vne jeune beauté,
Et perdre en vain tout son temps & sa
  peine.

Ce sexe ingrat se rit de nos douleurs,
Gausse de voir tant de cris & de pleurs,
Se rend farouche, imperieux, sauuage,
Il tient nos cœurs fierement enchaisnez,
Et pauures fols, & pauures forcenez:
Nous nous plaisons en son triste seruage.

PHILISIDES.

O puissant Dieux! O mere des amours!
Cōbien m'offēce vn si fascheux discours?
Que ce vieillard a troublé mes oreilles!
O puissans Dieux! punissez, punissez,
Ne souffrez pas ces pauures insensez
Blâmer à tort vos plus saintes merueilles.

Si nous daignons escouter ce menteur,
Cet effrōté qui faict du vieux Docteur,
Il nous dira mille & mille sottises,
Qu'en sa jeunesse il estoit des plus beaux
Que ses beaux yeux luisoient comme
   flambeaux:
Mais ce ne sont au fōds que des vātises.

Que de son tēps l'hōme aymoit la vertu,
Tenoit le vice à ses pieds abbatu,
Qu'on admiroit le courage des hommes:
Mais qu'auiourd'huy priué de jugemēt

L'hōme est à l'hōme vn cruel chastimēt,
Pour se punir en ce siecle où nous sōmes.

Voila quels sont la plus part des dis-
cours
De ces resueurs qui chantent leurs
vieux tours,
Et qui n'ont rien pour tout que leur ra-
mage :
Foibles qu'ils sont ils laissent les effects
Aux jeunes gens, & vātent leurs beaux
faicts ;
Mais à la fin ce n'est que du langage.

Ne voit-on pas preferer sagement
Aux vieux manoirs vn nouueau basti-
ment,
Les jeunes gēs sōt tousiours plus habiles,
Et nos Pasteurs separent du troupeau
Ces vieux beliers qui n'ont plus que la
peau,
Et sont laissez comme estans inutiles.

Vn bois pourry ne sert plus qu'à brusler,
Ces vieux mastins ne seruët qu'à hurler,
Les vieux renards ne sont bons qu'à
 mal-faire;
Et ces vieillards auec tout leur caquet,
Appellez-les en l'amoureux parquet,
Ils ne sçauroiët sortir d'vn bon affaire.

Si pour auoir les sourcils renfrongnez,
Si pour la barbe & les crins mal peignez
Ces bônes gens veulët que l'on les prise;
Il nous faut dôc vn viel bouc respecter,
Puis qu'on luy voit ainsi comme eux
 porter
Sous le menton la longue barbe grise.

Mais n'est-ce pas s'abuser lourdement
Que de fonder l'humain entendement
Sur vn poil blâc que leur apporte l'âge,
Vn esprit meur, les mêbres sains & forts,
Vn sens rassis dans vn robuste corps,
Ne doit-il pas s'estimer dauantage?

GERON.

Pauure ieune hôme en t'oyãt caqueter,
Et dessus nous indiscret becqueter,
Certes ie plains l'excez de ta jeunesse:
C'est t'offencer toy-mesme imprudẽmẽt,
C'est sãs rougir, vouloir impudemment
Louër le vice en blasmant la vieillesse.

Vien ça, d'y moy, que deuient la raison
Lors qu'elle entend ceste belle oraison,
Ce vain propos tout semé d'inuectiues?
Tu vieilliras, & lors sur tes vieux iours
Te souuenãt de tous ces beaux discours,
Tu sentiras des pointures bien viues.

Le corps vieillit, & sçay qu'en vieil-
  lissant,
Il va tousiours vn peu s'affoiblissant:
Mais nostre esprit de Celeste origine,
Ce grand ressort, qui par son mouuemẽt

Dõne à nos corps l'estre & le sentiment,
Ne vieillit point son essence diuine.

Ieunes cadets sãs barbe en leurs mentõs
Qui cõtrefont les renfrongnez Catons,
Blasmant le cours de nos lõgues annees,
Et cependant, ils desirent tousiours
De proloñger plus lõguement leurs iours:
Mais dãs le Ciel leurs vies sõt bornees.

Or ie pardonne à ton aage imparfaict
Ieune Berger, le tort qu'elle ma faict:
Car la raison à ce pardon m'incite,
Et si tu veux tant soit peu m'escouter,
En mes discours tu pourras bien gouster
Vne leçon qui l'oreille merite.

Aprens de moy que tant de passions
Qui prennent pied sur nos affections,
Et mesmement celle qu'Amour on nõme
Tous leurs appas, & leurs charmes
  puissans,

Qui sans respect viennent troubler nos
  sens,
Tous ces fatras sont indignes de l'hôme.

Ce traistre Amour, cet insolēt archer,
Qu'on croit des traits en nos cœurs des-
  cocher,
Et priué d'yeux, tirer si droit dãs l'ame,
Ce n'est qu'vn songe, vn fantosme vn
  erreur,
Vn vain frisson de panyque terreur,
Q'vn foible esprit, croit estre tout de fla-
  me.
Mais si tu veux t'exēpter de ses traits,
Et sagement dedaigner ses attraits:
Fuy, fuy Berger, fuy ces terres cruelles,
Fuy ce riuage, & triste & malheureux,
Et sans croupir oysif parmy ces jeux,
Que l'exercice enchante tes prunelles.

Va t'en chasser au plus espais d'vn bois,
Mets moy la Biche ou le Cerf aux abois

Tends des gluaux, va prendre à la pipée
Les oysillons de plumage diuers,
Fay des logis, & de rameaux couuerts,
Rends aysément leur simplesse trompee.

De bon matin, si tost que le Soleil
Sur l'Orison viendra monstrer son œil,
Promeine-toy dans ces belles prairies
Pour admirer tāt d'herbes & de fleurs,
De goust diuers, de vertus, de couleurs,
Que la nature a doctement fleuries.

Et quand Phebus, lassé de ses trauaux
Abreuuera chez Thetis ses cheuaux,
Va t'en te soir sur les bords d'vn riuage,
Et bien fourny de ligne & d'hameßon,
Pren finement le peu ruzé poisson:
Fay quelque embusche à la Cane sau-
　　uage.

Va ten soigneux rechercher des premiers
Quelques bons fruicts pour enter tes
　　pommiers,

Fay que tes fruits, par leurs gousts dis-
semblables,
Portent dans eux ta curiosité,
Que ton voisin par toy soit excité
D'en remarquer les effects admirables.

Apres cela comme vn present du Ciel,
Tu dois Berger cherir la mouche à miel,
Et par sur tout tes brebis camusettes.
Dãs ces trauaux ne crains plus Cupidõ:
C'est le moyen d'esteindre son brandon,
Et d'euiter ses poignantes sagettes.

PHILISIDES.

Tes lõgs discours me sẽblent ennuyeux,
Ie porte ailleurs ma pẽsee & mes yeux,
Pauure vieillard, la beauté que i'adore,
Tient mes esprits tellement occupez
Que tous mes sens innocemment trom-
pez,
Vont benissans le feu qui les deuore.

Le pauure Geron demeura si esperdu lors qu'il vid le peu d'estat que Philisides faisoit de sa Poësie, qu'il estimoit auoir prononcee auec tant de sagesse & de circonspection, qu'il porta, tout honteux qu'il estoit sa veuë sur vn de ses vieils compagnons nommé Mastix, l'homme du monde le plus superbe, & de la plus mauuaise humeur, comme pour le prier de prendre son party, & declamer vn peu contre ce jeune folastre. Il estima que Mastix s'aquiteroit dignemēt de cette charge; pource qu'il estoit d'vn naturel si reuesche, qu'il blasmoit toutes choses. Il disoit mesme aucunefois, qu'il reformeroit volōtiers tout le monde, s'il en trouuoit le moyen. Cela fit que Geron mordant ses levres, & rougissant de honte de voir sa vieille barbe ainsi méprisée, se resolut à la fin de monstrer que cette brauade l'auoit grandement offencé. Il en vid bien-tost naistre le sujet, car s'estant apperceu que ces deux chiens qui le suiuoient tousiours, (il en appelloit vn Melampe, & l'autre il le nommoit Lelaps) se houspilloient l'vn l'autre, il commença son discours là-dessus. Parlant donc à ses Mastins cóme s'il eust trouué plus d'obeyssance en eux qu'en ce jeune homme qui ne vouloit suiure que les mouuemens de sa passion, il leur tint ce discours.

ECLOGVE

ECLOGVE DE GERON
ET DE MASTIX.

GERON.

A Bas à bas Melampe, & quoy! me suiuez-vous
Pour vous faire la guerre, & donner prise aux loups?
Qui pendant vos debats, deuenus temeraires,
Voudront à nos despens auancer leurs affaires?
Ce n'est pas la raisō d'ainsi vous depiter:
Et tu deurois plutost cōme vn amy flater
Ton courageux Lelaps, qui plus jeune & plus viste
Sçait poursuiure le loup, jusqu'au fort de son giste.
Et toy mon cher Lelaps, bien qu'à cause des ans,

L'Arcadie de la Comtesse

Melampe autant que toy n'ayt les membres puissans,
Qu'il soit moins vigoureux, il a cét auantage.
Hé, simple que ie suis? Ie parle hors de saison
Auec des animaux qui n'ont point de raison:
Mais qui brutes qu'ils sont, toutesfois font paroistre
Qu'ils ont quelque raison pour nous bien recognoistre.
Mastix, c'est donc à toy que ie veux m'adresser,
Toy, dis-je, que i'ay veu genereux terrasser
Tãt de puissãs efforts, dõt vse la fortune
Alors qu'elle veut estre aux humains importune,
Et qui depuis trente ans voisins & bons amis
Auõs suiuy le train que le Ciel a permis.

He quoy, ne sens tu pas irriter ta vieillesse
Des importuns propos d'vne folle jeunesse
Escoute ce Berger, gouste vn peu son
discours,
O que si ce causeur fust venu de nos
jours
Semer sa Rhetorique, & desdaigner peu
sage
Le conseil d'vn vieillard: c'eust esté son
dommage.

MASTIX.

Ne t'estonne Geron de voir ces jeunes fous
Desdaigner la vieillesse, & se moquer
de nous,
Nous mesmes tous les jours importuns
à nous mesmes,
Des fautes nous faisons: nous disons des
blasphemes,
Ainsi que la jeunesse : & nostre esprit
souuent

L'Arcadie de la Comtesse
Se laisse trãsporter auec le premier vẽt.
C'est vne vieille erreur que tous il nous
  faut suiure.
Qui s'accommode au temps, il sçait que
  c'est de viure,
Ce qu'on fait auiourd'huy se rompt le
  lendemain,
Toute chose varie en moins d'vn tour-
  nemain,
Voila de nos Bergers vn abus ordinaire:
Car en son propre faict chacun pense
  bien faire
Sãs songer que la mort les talõne de prés,
Et doit changer vn jour leurs Myrthes
  en Cyprés.
Nous voyons tous les iours par vn
  commun vsage
Les enfans se mocquer de leur pere plus
  sage,
Et brauãs ses raisons se vouloir obstiner
Cõtre le chastimẽt qu'il entẽd leur dõner.
La candeur de nostre ame est ores per-
  uertie,

Et faut que nous cediōs à la pire partie.
GERON.
*Si tu pensois Mastix auec tes beaux
discours
Donner vn meilleur ordre, & reformer
le cours
Des erreurs de ce monde, ô que ta pau-
ure vie
Seroit de vains efforts & de peines
suiuie:
Cōme le Perroquet, c'est sās raisō causer,
Et d'inutils propos les passans abuser,
Il vaut bien mieux se taire, & refrener
son ire
Que non pas en courroux de son pro-
chain mesdire.
Ceux qui parlent souuent peuuent sou-
uent mentir,
Et n'ē reuiēt en fin qu'vn tardif repētir.
Il me souuient qu'vn iour on me fit
vn vieux conte,
Dont le Cigne auiourd'huy ressent en-
cor la honte:*

L'Arcadie de la Comtesse

Cet oyseau ne trouuoit rien si doux que sa voix
Les fredons plus mignards des oysillons des bois
Luy venoient à desdain : la pie estoit jazarde,
Le Pan vn orguilleux, & l'Oye vne criarde,
Le Faulcon, le Milan viuoient sur le commun,
Et n'auoient pour tout bien qu'vn ramage importun,
Chacun auoit son cas : mais pour sa mesdisance,
Tous les autres oyseaux firent vne ordonnance,
Que desormais le Cygne en reparant ce tort
Ne pourroit plus chanter que prochain de la mort.
Il fut ainsi puny : & nous deuõs aprẽdre
Par ce moral discours de iamais ne reprendre.

Nous controollons par tout, & dans
nos actions
Nous ne remarquons pas nos imperfe-
ctions.
Mais c'est assez parlé: car Vesper qui
s'auance
Pour sõger au retour nous impose silẽce.

Sitost que Geron eut acheué, il partit auec ses chiens, nõ sans donner sujet de rire au reste des Bergers, à qui il dit pour faire l'habille-hõme, qu'il s'en trouueroit toujours vne vingtaine entr'eux, qui ne sçauoient pas mieux leur monde que luy. Basilius qui n'auoit pas encor remarqué Philisides, quoy qu'il ne perdist gueres de telles occasions, sa Majesté luy cõmanda de cõmencer quelque Eclogue, cõme il auoit de coustu-

L'Arcadie de la Comtesse
me auec quelqu'vn de ses compagnons. Ce Berger n'en auoit veritablement pas alors beaucoup d'enuie : mais il ne laissa pourtāt pas de s'offrir d'en cōmencer vne auec Thyrsis, afin de ne priuer point le Roy de ce contentement. Mais Thyrsis l'estonna bien quād pour s'en excuser, il vint à dire qu'estāt à la vueille d'espouser la belle Kala, & de joüir de ses amours, il auoit bien d'autres chansons à dire que celles des autres Bergers. Au mesme temps le Roy voulut pour entrenir la cōpagnie que Philisides fist le recit de ses aduentures, parce que le tenant estranger, on ne les auoit point sceuës. Philisides eust tres-volontiers satisfait à la volonté de Basilius, s'il eust creu auoir assez de temps

pour faire vn recit de tant de miseres, tellement qu'il conjura le Roy de trouuer bon qu'il le fist vne autre fois. Neantmoins pour donner quelque contentement à sa Majesté, il fit vn Dialogue d'entre luy & l'Echo qui se joüoit d'ordinaire en ces campagnes. Et le fit si à propos que quand il venoit à finir les dernieres paroles, où il vouloit que l'Echo luy respondist, il haussoit plus fort sa voix. Bref, il fit si biẽ, que sans mentir chacun en demeura côtant. Encor que toutes les loüanges qu'on luy dôna ne le touchassent pas beaucoup, puis que son plus grand honneur ne dependoit que d'vne qui ne faisoit aucun compte de luy. Et tout ce qu'il pût faire alors, fût de s'en aller

L'Arcadie de la Comtesse tout seul à l'escart pour y entretenir sa melancholie, comme il auoit accoustumé. Si tost que Zelmane eut apperçeu cela, ne se pouuant plus contenir, elle commença ces vers en l'honneur de Philoclée.

CHANT DE ZELMANE.

Muse toubeau, pense-tu donc pauureté
En publiant ta langueur plus secrette
Que l'on te doiue apporter guarison,
En vain tes pleurs, tes soupirs, & tes larmes
En vain tes cris: ce sont de foibles armes
Pour me tirer dehors de ma prison.
  Ma triste voix s'ennuye de mes plaintes,
Mes yeux sont las de mes larmes non feintes,

Et tous mes sens se sentent deffaillir
Mon foible esprit se figure à toute heure
La triste mort luy pronõcer qu'il meure,
Et que ses dards me viennent assaillir.
 Quitons ces vers qui ne font que redire
En cent façons mon amoureux martire
Chãtons plutost vn Iupin tout puissant
Qui vainc l'orgueil des enfãs de la terre:
Chantons plutost ceste cruelle guerre,
Les forts rãparts de Thebes terrassant.
Chantõs plutost des Centaures la rage,
Chãtõs d'Hector la force & le courage,
Sa vie illustre ou son cruel trespas,
Si ces discours desplaisent à ton ame,
Chãtons d'amour, discourõs de sa flame,
Et faisons voir quels sont ses doux apas.
 Muse chantons l'amoureuse estincelle
Dont Adonis brusla Venus la belle,
La triste mort de ce jeune chasseur,
Ou bien disons par quel mistere estrange
Ce Dieu tõnãt se trãsforme & se chãge
Pour estre en fin d'Europe rauisseur.
 Ou biẽ chãtons ces baisers que Latone

L'Arcadie de la Comtesse
A son dormeur si mignardement donne
Quãd sur sa bouche elle descoëd la nuict,
Chantons Vulcan & sa rets preparee
Dont il surprint Mars & la Cytherée,
Et dõt il n'eut que la honte pour fruict.
Muse, toubeau faisons alte, ma belle:
Sans plus parler du mal qui me bourelle,
Voy seulement la beauté que ie sers,
D'elle depend & ma mort & ma vie:
Plus sous ses loix, mon ame est asseruie
Plus ie benis ma prison & mes fers.

Basilius tout transporté d'aise, mit vn genoüil à bas, & remercia les Dieux, de ce qu'auparauant que de l'appeller de ce monde, ils auoient daigné permettre qu'il entendist vne Musique veritablement toute celeste, & qu'il admiroit encor dauantage, parce qu'elle procedoit d'vn corps humain.

Mais parce que Dorus estoit honteux d'auoir si long-temps demeuré sans rien dire, à l'honneur de Celle dont les perfections meritoient bien d'estre vantées, son impatience l'ayant vaincu, il chanta ce peu de vers:

CHANT DE DORVS.

IE vous benis cēt fois agreable sejour,
O bien heureux repos de ces lieux so-
   litaires!
Où l'on voit les effects de ce puissant
   Amour,
Et dont les Nymphes sont fideles secre-
   taires.
  Icy ce grand Dieu Pan de nos forests
   l'honneur
A ses autels sacrez, où pour tous sacri-
   fices

L'*Arcadie de la Comtesse*

Deuots nous luy offrons la pureté de
  cœur,
Et de nos plus doux fruits les gracieux
  premices.
Vn amāt peut icy sās crainte soupirer
Les rochers & les bois se bouchent les
  oreilles,
Icy l'air de l'Amour seul se peut respirer
Mesmes iusqu'aux oyseaux y chantent
  ses merueilles.
L'on ne cognoist icy l'Enuie que de nom
Tant le Climat est doux, & douce la
  Prouince
Apres les immortels on n'y congnoist si-
  non
L'Amour demesuré que l'on porte à son
  Prince.
Tous ces vices congnus du reste des
  mortels,
Auortent en naissant dedans ceste con-
  tree,
Et la seule vertu faict fumer ses autels,

Des souëfues odeurs de la Deesse
   Astree :
Mais ce qui plaist encor dauantage à
   mes yeux,
C'est de mon cher Soleil les rayons tant
   aymables,
Si son œil n'esclairoit en ces sauuages
   lieux,
Helas! que seriez-vous que deserts ef-
   froyables?
Ainsi que ses beautez vous seruent d'or-
   nement,
Ie tiens tout mon bon-heur seulement
   de Madame,
I'ayme mieux dans ces bois viuoter
   comme Amant
Que de languir ailleurs sans amour &
   sans ame.

Les autres Bergers apres le recit de ces vers s'offrirẽt de cõtinuer leurs Pastorales. Mais le

L'Arcadie de la Comtesse

Roy qui voyoit approcher la nuict, commanda que chacun se retirast, & sa Majesté s'estāt elle-mesme dōné la peine d'accōpagner iusques en sa cabanne l'Amoureuse Amazone, qui eust bien voulu rendre cet hōneur à Philoclee : ils s'allerent tous mettre au lict, où la violence de leur passion leur ostāt le moyen de se reposer, chacun passa la nuict en l'entretien de ses pensees. Le lendemain matin, le Roy qui ne les vouloit pas incommoder, alla paracheuer ses prieres, & les ceremonies qu'il auoit commencees en l'honneur d'Appollon.

Fin du second Liure.

L'ARCADIE
DE LA COMTESSE
DE PEMBROK.

LIVRE TROISIESME.

LE danger auquel Dorus s'estoit trouué ce dernier iour fit resueiller l'amour que Pamele auoit pour luy : & luy fit ressentir quelle perte elle eust faicte, s'il eust esté tué parmy tant de tumultes. Cela la rendit tellement sensible aux atteintes de ce nouueau feu, que les flâmes

X

repoussa Dorus, puis en mesme temps, leuant les yeux au Ciel elle tesmoigna d'estre bien estonnee de se voir ainsi deceüe, & luy monstra par vn iuste mespris de ses caresses, comme il entreprenoit trop audacieusemēt ces faueurs: Retire toy (luy dit-elle) presōptueux aussi bien indigne d'aimer, cōme tu l'es d'estre aimé: & t'asseure que ie me hays moy-mesme de m'estre laissee tromper: Tu peux croire par là combien ie te veux de mal; à toy dis-je, qui m'as si malheureusement deceuë: Ie te prie donc que ie ne te voye plus: cette premiere faute me rendra plus sage, & m'empeschera d'en faire vne seconde. Dés qu'elle eut dit cela, elle appella Mopsa toute en colere qu'elle estoit, & la tança de ce qu'elle l'auoit laissée auec Dorus toute seule: mais luy qui ne pouuoit lors respondre de la bouche, ne luy parla qu'auec des larmes, qu'elle ne vouloit pas regarder seulement, ny mesmes en prendre pitié. Ce qui le mit au desespoir: Neantmoins apprehendant sa colere, il s'alla retirer dans vn bois, & s'assist au pied d'vn arbre, où il se mit à deplorer sa mal-heureuse vie, accusant la violence excessiue de son amour, puis qu'il auoit causé l'indignation de Pamele. Il fut ainsi deux iours, dedaignant de donner quelque nourriture à son corps, ny de relasche aux angoisses de son ame. Il ne luy estoit rien demeuré de luy-mesme que l'excés de sa passion, qui

proché d'vn grand feu: Car sortant de ceste glace extrême du desespoir, pour entrer en vne chaleur vehemente de contentement: il en estoit plustost incommodé que soulagé: Mais apres qu'il eut repris ses forces, & gousté la douceur d'vn bien tant inesperé, il ne fut plus capable de cõtenir sa felicité dans les bornes de la modestie. Sa passion l'emporta si auãt, qu'au lieu de promettre seulement quelques petits Royaumes à ses desirs, elle luy faisoit esperer des Empires & des Monarchies toutes entieres: Si bien que la terre luy sembloit trop basse pour soustenir vn homme esleué dans ceste beatitude, & trop glissante aussi pour son affectiõ: il ne se pouuoit plus tenir ferme parmy les excez de son contentement: & ses larmes de joye luy effaçoient en fin ceste douce imagination: Les faueurs le repaissoient d'esperance, & l'espoir encourageoit ses desirs, & luy faisoit attendre l'opportunité propre pour son amour. En fin, l'occasion s'estant presentee par l'absence de Mopsa qui fut appellee par sa mere, il demeura seul auec Pamele: de sorte que Dorus trouuant ceste heure fauorable, print Pamele entre ses bras, & la voulut baiser, comme pour establir desia les trophées de sa victoire: mais tout ainsi que si cette belle Princesse eust deub gouster à quelque excellent vin, dans lequel toutesfois il y eust eu du poison, elle

en parurent & dans ses yeux, & par les paroles qui sortirent lors de sa belle bouche. En vn mot il falut que son secret amoureux, qu'elle auoit tenu si long-temps caché dans son cœur, sortist en fin dehors comme victorieux sur l'opiniastreté de sa discretion. De sorte que ceste amoureuse Princesse ayant recogneu par les discours de Dorus, (où ce qui exprimoit ses langueurs se pouuoit aisément cognoistre) que cela le pourroit amener en fin à quelque desespoir, elle se resolut de luy tesmoigner le ressentiment qu'elle auoit de son mal. Ceste compassion fit fondre les glaçons qu'elle auoit auparauant dans l'estomach, par les puissans rayons de sa diuine beauté ; de sorte que accommandant son discours, (lors qu'il estoit necessaire) sous le nom de Mussidore comme d'vne tierce personne, elle disoit, que si elle eust esté la Dame que ce genereux Prince ainsi desguisé seruoit si vertueusement, elle eust voulu recompenser sa fidelité par vne affection reciproque: car i'ay ceste creance (disoit-elle pour authoriser son dire) que rien ne peut estre aymé constamment, que les choses qui ont la vertu pour fondement. Ces chastes paroles, & le bon-heur si longtemps attendu que Dorus goustoit lors, les rendirent tout hors de soy-mesme. Si bien qu'il ressembloit vn homme que le froid auroit gelé, & qui se seroit trop brusquement ap-

combattant contre sa melancholie, luy remonstroit que si elle estoit cause de la mort de Dorus, elle feroit quant & quãt effacer le portraict de cette beauté diuine qu'il auoit si bien graué dans le cœur. Donc la consideration de ces raisons bien pesées luy firent en fin dõner quelque trefue à sa douleur, & reprendre courage : se flattant sur l'esperance que Pamele luy remettroit cette offence en rejettant la cause sur la vehemence de son amour, plustost qu'à quelque temerité.

Il resolut donc de luy escrire, afin de luy tesmoigner le regret qu'il auoit de l'auoir irritée, & luy en demander pardon. Pour executer ce dessein, il s'aduisa de cõtrefaire son escriture, de peur que Pamele la recognoissant d'abord, mesprisast (dés la subscription) de voir plus auant ce qu'il luy manderoit. Il creut donc qu'il estoit plus à propos de luy escrire en forme d'Elegie : mais iamais plume ne fut plus craintiue à faire son office, iamais papier ne fut tāt arrousé de larmes, & iamais paroles ne furent si tristement jointes ensemble : Iamais le sçauoir des Muses ne se trouua non plus tant espuisé comme par cét escrit. Il recherchoit des conceptions en son esprit, mais où elles en estoient aussi-tost effacées, où elles luy sembloient trop basses, & trop languissantes pour exprimer la grandeur de son amour. Il apprehendoit la fin de son dis-le moins que sans me faire tant languir, le Desespoir m'apporte la responce. Vos yeux ne sçauroient-ils auoir pitié des larmes d'vn homme tout comblé de tristesse? Sera-t'il possible que vous ne vouliez pas seulement escouter les dernieres paroles d'vn miserable que vos rigueurs ont condamné de mourir? Et puis que ie dois ainsi finir mes iours, voulez-vous m'empescher de prendre cõgé au monde? ou plustost à ce contentement seul que i'y pouuois auoir? Puis que toutes sortes de remedes sont sans remede à mes playes, ne dois-ie pas dire Adieu aussi bien à ma vie, comme à mon amour? o le miracle des belles, sont-ce les triomphes de la beauté que de causer la mort? si l'extréme amour merite quelque chastiment, apprestez donc pour le moins des recompenses à la hayne. Et si on commet quelque offence en aimant, vous estes coulpable du crime, estant, comme vous estes, aymable. L'amour n'eust sceu me vaincre sans vous; & vous seule estes la cause de mon amour: Quelle raison pourroit-on auoir de blasmer l'ombre du corps, puis que le corps est la cause de l'ombre? Si vous haïssez tant qu'on vous aime? cachez donc vostre beauté? couurez vos beaux yeux d'vn voile. Mais quoy! ces beaux yeux feroient aussi bien tousiours paroistre leurs lumieres & leurs beautez au trauers des plus espoisses tenebres? Arrachez ces beaux cheueux qui font honte au Soleil, & qui m'ont pris en leurs filets, puis que vous desdaignez tant leur prise? Cachez encor ces belles mains, ce marbre viuant qui m'a tiré tant de traits dans le cœur, puis que leur veuë a causé mon amour, & cet amour ma mort. Vous deuez rendre difforme vostre beau visage auec quelque artifice, puis que vous ne voulez pas qu'on l'adore: Mais las! plustost

soy-mesme, elle desira voir ce qu'il y auoit dedans: Elle la prist donc & la leut, paliant l'enuie qu'elle auoit d'apprendre ce qu'elle contenoit, sur ce qu'elle disoit que le papier n'estoit point coulpable de la faute qu'auoit commise l'escriuain: & qu'elle ne feroit point de mal en la lisant, puis que ce n'estoit qu'afin de voir si les mains de Dorus estoient aussi hardies que sa bouche. Il y auoit quelques lignes qui luy estoient agreables: mais les autres ne luy plaisoient pas. Elle jettoit quelquesfois la lettre à terre par depit, & puis elle l'amassoit aussitost: Tellement qu'elle demeura long-temps auant que de se resoudre à la lire : mais ayant enfin resolu de se donner la patience de la veoir toute entiere, elle y trouua tels mots.

LETTRE DE DORVS à Pamele.

VN miserable captif soustenu seulement des forces de son affliction, croit que toutes sortes de consolations luy sont inutiles: Mais s'il vous plaist luy accorder vne seule de vos bienveillances, vous luy redonnerez la vie. Ne soyez pas cruelle enuers celuy que vous tenez enchaisné, & faictes que cette lettre reçoiue vn fauorable accueil de vos beaux yeux. Elle porte la viue image de mes douleurs, & vous fait voir à nud les playes que i'ay dans le cœur. Ce n'est pas que ie me promette (quand vous daignerez voir ces tristes lignes,) d'en receuoir quelque faueur: mais faictes pour

cours dés auparauant mesmes qu'il en eust tracé le commencement, sur la creance qu'il auoit que chaque mot seroit asprement censuré par sa chere Pamele. En fin pourtant il escriuit, mais à peine auoit-il fait quelque ligne, qu'il l'effaçoit en mesme temps, parce que tantost les termes luy en sembloient trop rudes, & tantost il croyoit qu'il auoit trop froidedement exageré les flammes qui brusloient son ame. Vn mot luy sembloit trop peu significatif pour bien monstrer sa langueur, & l'autre n'estoit pas bien à propos. Il fut ainsi long-temps à flotter dans l'incertitude de ses imaginatious: puis reprenant tout à coup la plume, il acheua sa lettre: Mais à peine l'eut-il escrite, qu'elle luy despleut, tellement qu'il la voulut deschirer. En fin son amour l'asseura, & luy fit esperer vne fauorable response : si bien qu'il espia l'occasion que tous les Bergers fussent allez disner en l'autre loge, & qu'il n'y auoit que Mopsa qui estoit demeurée. Il monta donc en la chambre de Pamele, & mist sa lettre dans vne grande escritoire qu'elle auoit tousiours sur sa table, & puis il s'en retourna pour entretenir ses tristes pensées. Pamele de retour, ayant trouué ceste lettre, se doutant aussi-tost qu'elle estoit de Dorus, l'a jetta contre terre, & sortit vistement de sa chambre, comme si la lettre eust esté pleine de poison: puis r'entrant tout soudain en

mourir que de desirer la mort de la Beauté, c'est à dire de Pamele : Que les tenebres Cymmeriennes soient plustost mon eternelle habitation, & que mes yeux soient arrachez deuant que ie consente à vne telle perte ! Et de peur que mes tristes pensers ne prononcent vn tel blaspheme contre vostre beauté: Ie choisis l'absence & la solitude, & fay banqueroute aux contentemens, & à toutes les chastes faueurs que i'ay receuës autrefois de vous, sans plus rien esperer que de pouuoir mourir.

Apres que Pamele eut bien consideré cette lettre, elle demeura toute esmeuë: mais comme son ame balançoit entre l'Amour, & la hayne; sa sœur & Miso l'appellerēt afin qu'elle allast entretenir Zelmane, qui les estoit venu voir, cependant que

que Gynecie lassoit & trauailloit son lict des longs accés de sa fievre melancolique. Or la venuë de l'importune Miso (come ie vous ay dit) interrompit cette belle Amazone de l'entretien de sa Philoclée: tellement que se trouuant en peine ou de ceder à la violence de cette fascheuse rencontre, ou de continuer son discours auec sa belle maistresse, ne sçeut trouuer vne plus belle excuse pour euiter le caquet de Miso & de son mary, que de s'en aller vers Pamele. Ce iour là estoit le quatriesme d'apres le tumulte appaisé, & Basilius estoit prés de sa femme pour examiner auec elle le cōseil que Philanax & les autres Seigneurs luy auoient donné, afin de remedier à cette

Y

sedition, & de laquelle ils a-
uoient trouué que Cecropie
estoit la premiere autrice. Et cōme ils en consultoient ensemble, Zelmane retourna, mais
quoy ! si elle estoit là presente de corps, son esprit suiuoit
partout sa chere Philoclée.

En mesme temps, arriuerent aux portes de la loge six belles filles habillées d'incarnadin, & dont les jupes couuertes de feuïlles bien proprement cousuës ne passoient pas les genouils. Elles auoient la jambe nuë, sinon depuis le dessous du molet iusques aux pieds: car elles auoient cela chaussé de petites bottines, mignardement semées de sonnettes d'argent. Leurs testes estoient courónees de guirlandes de fleurs, entrelassées parmy leurs beaux cheueux blonds : & leurs gorges pleines & blanches comme vn marbre poly, descouuertes à nud. Il sembloit que leurs visages voulussent faire honte au Soleil, tant ils estoient beaux &

graues tout ensemble. Leurs mignardes actions estoient bien accordantes à la gentillesse de leur habit, & portoient chacune vn luth en la main. Apres qu'elles eurent demeuré quelque temps à les mettre d'accord, on les entendit chanter, & iouër de ces luths, auec tant d'harmonie, que chacun descendit pour les voir, & pour apprendre quelles estoient ces belles Dames.

Leur concert acheué, ce fut à qui les iroit plustost accoster: Lors vne d'entr'elles prenant la parole: Tres-excellentes Princesses (dit-elle) vos beautez ont tant de pouuoir qu'ils nous ont tant attiré de nos villes en ces solitaires, mais agreables demeures, afin de recognoistre deuant vous combien nous estimons voſtre felicité. Preſtez (s'il vous plaiſt) vne fauorable audience à nos diſcours mal polis, & les excuſez comme venans de perſonnes qui ayment, & qui s'addreſſent à celles qui ſont dignes d'eſtre aymées. Les filles de cette Prouince d'Arcadie ayans appris que quelques Bergers auoient accouſtumé de venir icy à certains iours pour donner quelque recreation au Roy & à vous, ont penſé qu'elles eſtoient obligées de faire le ſemblable. Et quoy qu'elles ſçachent bien que la rudeſſe de leurs termes n'aprochera iamais de la politeſſe de ceux de ces Bergers, elles ont toutesfois cette creance que les excés de voſtre bonté vous feront excuser leurs deffauts, & prendre en bonne part l'enuie qu'elles ont de vous seruir, & de vous donner quelque contentement. C'est vn petit deffy entre ces Bergers & nous. Il nous ont enuoyé ces iours passez leur cartel, & nous ont conuiées de nous trouuer en vne place qu'ils nous ont designée dans cette forest, pour vous faire voir le plaisir de nostre combat: Vous leur ferez donc, & à nous, cette faueur, s'il vous plaist, illustres Princesses, de voir cette honnorable contention, & d'en estre les Iuges.

Cette petite harãgue acheuée, les Princesses douterẽt si elles y deuoient aller ou non: pource qu'elles craignoiẽt que Basilius ne le trouuast pas bon: Mais en fin Miso qui auoit desir de se donner ce passe-temps leur dict, qu'ils ne pouuoient s'excuser d'y aller, & qu'elle feroit en sorte que Basilius l'auroit agreable, puis qu'elles en auoient esté si courtoisement prices. Les Princesses bien ayses d'auoir l'auctorité de Miso pour leur seruir de garād s'en allerent auec elle. Comme elles estoient prestes à partir, Pamele prist garde si elle ne verroit point Dorus, qui cependant s'estoit retiré dans les bois detestant sa misere, & implorāt la misericorde de sa chere maistresse : Et encor qu'elle n'entendist point les tristes plaintes qu'il faisoit, si ne laissoit-elle pas pourtant d'en auoir le ressentiment en l'ame, s'accusant elle-mesme d'estre le seul subiect de son absence. Doncques les Princesses, & Miso s'en allerēt auec ses Nymphes, qui pour les desennuyer en chemin, continuoient tousiours leur agreable musique, la pauure Mopsa seule demeurāt toute esploree de ce que sa mere n'auoit pas voulu luy permettre d'aller prendre sa part de ses esbatemens.

Le chemin n'ennuya pas à ces Dames, tant à cause du plaisir qu'elles auoient d'entendre la douceur de leur voix, que du gentil entretien de ces six belles Nymphes, si bien qu'elles furent estonnees qu'elles se veirēt au lieu qu'elles auoient destiné pour dresser leurs aggreables jeux. La place estoit toute quaree au milieu de beaucoup d'arbres fruictiers tous plantez à la ligne, qui faisoiēt mōstre d'vne plaisante diuersité de fruicts, comme pour representer deuāt les yeux des spectateurs, les riches presens de l'Automne. Là ces belles Nymphes prierent les Dames de s'asseoir, & puis elles leur presenterēt de leurs beaux fruicts, & leur donnerent du vin qu'elles accepterent volontiers. Mais à peine la collation fut-elle acheuee, que ces Dames regardans autour d'elles pour voir quels preparatifs on faisoit pour la pastorale, furent bien estonnees, qu'au lieu de ce passe-temps, ils virent courir à toute bride vers elles quinze ou vingts Caualiers bien armez qui se saisirent d'elles, &

principalement sur Zelmane qui n'eut pas loisir de mettre la main à l'espee, pource qu'on la luy arracha des mains. Ils leur mirent à chacune vn capuchon sur la teste, leur cacherent la face, les monterent apres par force sur des cheuaux: & les enleuerent ainsi. Les deux sœurs s'efforçoient de crier au secours, mais personne n'y accouroit. Ce qui affligeoit d'autant plus Zelmane qu'elle voyoit ne pouuoir resister seule, & sans armes à ceste supercherie. Elle maudissoit sa mauuaise fortune, & eust plustost desiré de mourir que de veoir ce funeste accident. Comme ils eurent faict quelque lieuës, ils descendirent Miso de dessus son cheual, luy mirent vn baillon dans la bouche, luy lierent les pieds & les mains, & la laisserēt là au gré de sa fortune. Et la nuict qui sembloit consentir à ceste insigne trahison, s'estant aduancee plustost qu'elle ne deuoit, suruint en mesme tēps. Ils emmenerent ces trois Dames en vn chasteau qui estoit à cinq ou six lieuës des loges, où on leur auoit tenu tout prest vn basteau pour l'aborder: parce que ceste forte place qui estoit bastie sur vn roc au milieu d'vne riuiere, estoit tellement bien flanquee par la Nature mesme, qu'on la tenoit imprenable.

Quand elles furent dans cette mal-heureuse demeure, on leur descouurit le visage, & virent vn grand nombre de flambeaux qu'on auoit preparez pour les esclairer. Mais quand les deux sœurs virent qu'elles estoient tombées entre les mains de leur tante Cecropie, leur tristesse augmenta grandement: car ils n'esperoient plus rien que la mort, se voyans en sa puissance. Cecropie dissimulant son mauuais dessein, les receut auec quelque espece de courtoisie: & les pria de ne se point affliger, les asseurant qu'elles n'estoient qu'en vne place dediee pour leur seruice: Philoclee la regardant d'vn œil où les feux de son amour ne laissoiēt pas de luire au trauers d'vn grand amas de craintes, la suplia de la traicter humainement, puis qu'elle ne l'auoit iamais desobligée. Mais

Pamele qui auoit vn courage plus grād, desdaigna de luy faire aucune supplicatiō. Elle luy dit seulement: Ma tante si vous auez dessein de nous faire quelque mauuais tour, executez promptement vostre cruauté sans nous faire dauantage languir: Car pour moy ie n'espere point d'autre courtoisie de vous, puis que ie ne remarque plus que de la violence en vos actions. Cecropie ne leur repartit rien : elle les fit seulement conduire chacune dans vne chambre à part. Quant à Zelmane, elle ne pût dire vn mot, tant elle auoit de courroux & de depit. Cecropie donc commanda qu'on les traitast à la Royale, & que rien ne leur manquast ; mais elle leur fit oster tout ce dont elles se pouuoient deffendre, ou s'offencer, iusques à leurs couteaux. Ainsi auoient-elles tout ce qu'elles pouuoient desirer, excepté la liberté, & de la consolation. Cecropie aussi-tost s'en alla trouuer son fils, qui depuis auoir esté blessé de Zelmane n'auoit peu sortir du lict. Elle luy raconta ce traict, & comme elle auoit en sa puissance les deux Princesses, & l'Amazone. Amphialus qui n'eust iamais voulu consentir à ce meschant dessein (parce qu'il auoit le courage trop grand, & que c'estoit vn bon fruit produit d'vne mauuaise plante) aussi estonné d'entendre ceste perfidie comme si on luy eût rapporté que le Soleil fust tombé sur la terre, pria

pria sa mere de luy descouurir seulement son dessein, & de quelle façon elle estoit venuë à bout d'vne telle entreprise. Mon fils (dit Cecropie:) Ie vous le diray volontiers, puis que ie n'ay rien faict en cecy que pour l'amour de vous: mais ie n'en voudrois pas parler à d'autre, de peur qu'il en pensast mal. Vous sçaurez donc que ce vieil fol de Basilius qui regne maintenant, ayant vescu prés de soixante ans sans estre marié, & nous asseurant tousiours par ses paroles qu'il ne le seroit iamais, auoit faict que les yeux de tous ses subiects adoroient son jeune frere comme vn Soleil Leuant. Ce Prince estoit moins aagé que luy de trente ans, & le successeur asseuré de sa courone, digne veritablemēt de regner si la vertu merite les Sceptres. Il auoit si bien captiué la bien-veillāce de tous les Roys ses voisins, que ie luy fus accordée en mariage par celuy d'Argos mon pere : à quoy mesme, son aisné cōsentit, le declarant premier Prince de son sang, & le plus prochain heritier de sa couronne. Si tost que ie fus en la Cour, on me vint saluër en qualité de Princesse du Pays, & toutes les autres Dames à l'enuy me deferoient, & les honneurs & les premiers rāgs. Mon port, ma grace & ma douce majesté me faisoient assez recognoistre pour la fille du Roy d'Argos. Lors que ie me laissois voir à ces peuples, ils ne faisoient autre chose que m'admirer, & leurs langues estoient changees en oreilles, & leurs oreilles captiuées par ma langue. Lors que i'allois dans leurs temples, il leur sembloit que i'estois leur vnique Deesse, & que les autres Dieux retardoient leurs ceremonies & leurs seruices ordinaires iusques à ce que i'y fusse arriuée. Quand i'allois aux pourmenades, tout chacun me suiuoit & se plaisoit à me plaire. Dés que i'estois esueillée ce n'estoient que complimens, que les plus grands du Royaume m'enuoyoient faire, & ma maison estoit tousiours pleine de presens que chacun me faisoit. Or (mon fils) tu as esté conçeu en ceste felicité, la terre se soubsmettant elle-mesme à toy, & se glorifiant d'estre foulee du pied de son legitime Prince: La douce memoire qu'ils auoient des vertus de ton pere, & l'ayde que mon industrie y apportoit, te causoient ce bon-heur: & sembloit que toutes choses ne concurrassent qu'afin de t'esleuer dans le throsne de Basilius, sans qu'il eust esté besoin d'attendre la fin de ses longues années. Mon mauuais Destin enuieux de ma felicité me rauit ton pere d'entre les bras, en l'aage le plus florissant de sa vie. Et quoy que ie fusse demeurée jeune veufue, & toy plus jeune orphelin, nous n'auons pas esté depourueuz des contentemés de cette vie, qui ont toutesfois esté restraincts aux bornes de l'honneur: mais auant que tu ayes peu recognoistre le lieu de ta naissance, & l'authorité que cela te donnoit: cét animal dont ie ne puis parler qu'en colere, espousa Gynecie. Cette jeune Dame voulut deslors emporter le dessus, par tout où elle & moy nous nous trouuions ensemble. Et veritablement cela ne m'eust pas semblé si mauuais d'vne autre que d'elle qui m'estoit alliée. La cheute m'estoit plus sensible, faite du premier au second, que si elle eust esté du second au dernier. Cela me toucha tellement le courage, que mes regards, mes paroles, & mes gestes le tesmoignoiēt assez: mais ce qui me fascha le plus, fut lors que ie vey naistre ces deux filles, qui sont maintenant tes prisonnieres,

& qui t'oſtēt l'eſperance de cette ample & glorieuſe ſucceſſiō. Et, ce qui m'eſtoit le plus inſupportable eſtoit devoir que vous & moy deuions paſſer nos iours en cette miſere: & que le Soleil viſt mon fils aiſné priué de cette principauté. Ce fut lors voyāt ma maiſon cōme deſerte, & chacun s'embarquer ſous les fauorables auſpices de ces nouuelles eſtoiles, que la rage, le deſpit & la vēgeance prirent poſſeſſion de mes ſens. Ie repris donc courage, & penſay qu'encor que la fortune m'euſt manqué, ie ne deuois pas pourtant m'abandonner moy-meſme. Ie m'aduiſay donc de nourrir des beſtes ſauuage aſſez proche des loges de Baſilius, & de les laiſſer quelqueſfois trois ou quatre iours sans manger, afin que quand ie verrois l'occasion, ie les fisse lascher sur ces belles Princesses pour les faire deuorer: mais cette inuention ne m'a point reussy comme i'esperois. Apres cela i'ay prattiqué mon eloquent & fidele Clinias, pour faire sousleuer le peuple contre ce Roy fayneant: & i'ay trouué par l'euenement que toutes ces inuentions grossieres ne m'ont de rien seruy pour ton establissement. Apres cela i'ay sollicité des Princes mes voisins, & leur ay donné d'assez pernicieux desseins, pour faire bouleuerser vn plus puissant estat que celuy de Basilius: mais tous ces efforts m'ont esté vains: Ayant donc eu aduis que Philanax informoit de ce dernier tumulte:

que la plufpart des Seigneurs du Royaume l'affiftoient à cela, & qu'on defcouuriroit infailliblement que ie fuis l'auctrice de ce defordre, i'ay voulu iouer à quitte ou double. I'ay donc ce matin enuoyé Artefie l'vne des Damoifelles de ma fuitte, auec celles que i'ay peu choifir d'entre les plus belles filles d'Arcadie, qui ont fi bien ioué le perfonnage que ie leur auois appris, que voila les Princeffes en noftre pouuoir. Te voila maintenant l'vnique heritier d'vn fi beau Royaume. Il eft vray que i'euffe bien defiré d'attraper tout de mefme le vieil Bafilius, mais il y auoit crainte que leur trop lõg fejour n'euft fait defcouurir l'entreprife: Ioinct qu'au pis aller ce pauure radoteux n'est plus pour te garder longuement ta place.

Quoy! ma mere (dit Amphialus) me parlez-vous de faire mal à ces Princesses, & pouuez-vous bien penser que i'y veuille iamais prester mon consentement? Non non, leur vie m'est plus chere que la mienne. Ie mourray plustost cent fois que de leur voir souffrir la moindre douleur du monde. Au contraire, ie m'estimeray tousiours bien-heureux d'estre tenu de Philoclée pour l'vn de ses plus fideles seruiteurs.

Si vostre volonté se fust rapportee à la mienne, mon fils, luy dict lors Cecropie, vous n'eussiez iamais attaché vos affections en si bas lieu : mais puis que vous estes attrapé dans les reths de cét amour, ce seroit folie à moy de vous en vouloir tirer. Viuez donc satisfaict & content en ce bon-heur imaginaire : Helas ! (respõdit Amphialus) ma mere : si mon cœur pouuoit aussi bien que ma bouche tesmoigner ses amoureuses cõceptions, il vous rendroit mille actions de graces de ce peu de paroles. Mais quoy ! lors que l'amour que ie porte à Philoclee me promet quelque faueur, le mauuais office que vous luy auez rendu ne me peut plus faire esperer d'elle que des rigoureux mespris. Elle m'accusera peut-estre encor de ceste trahison, & m'en croira l'autheur. Bien, bien, repartit Cecropie; puis que vous auez si peu de ressentiment du bien que ie vous ay procuré, ie r'enuoyeray Philoclée le plus promptement que ie pourray, afin qu'elle retourne dans le contentement que vous luy desirez. Non non (luy dict Amphialus) puis qu'elle est icy, ie ne puis consentir que vous me priuiez si tost de sa belle presence. Voila de sottes resolutions, dict Cecropie : mais puis que vous le voulez ainsi, allez la visiter en sa chambre, cependant que i'iray voir sa sœur : faictes vos excuses, mettez toute la faute sur moy, & voyez quel estat elle fera de vostre bel amour : & selon ce que vous apprendrez de leurs discours nous mettrõs ordre à nos affaires afin de resister à Basilius, s'il nous vient assieger. Comme ils se vouloient separer Cecropie le chargea de visiter aussi Zelmane, & de sçauoir la raison qu'elle auoit euë de le blesser comme elle auoit faict: Ie n'ay autre raison à luy en demander, luy dit Amphialus, sinon de luy protester que ie l'honore pour sa valeur, & que ie l'aime, pource qu'elle est grandement cherie de ma chere Philoclée. C'est pourquoy ie vous prie de leur donner vne mesme chambre, Non, non, respódit Cecropie il s'en faut bien garder: ie craindrois qu'estans ensemble elles ne prissent quelque resolution qui nous preiudiciast, où au contraire la solitude nous rend irresolus, qui nous faict lasser du trop long entretien de nos pensees: si bien que nous acceptons plus facilement le premier party qu'on nous presente. Comme Cecropie tenoit ce discours à Amphialus. Ce Prince recognut à sa mere le cousteau de Philoclee qu'il luy osta pour le garder comme vne precieuse relique. Il fut donc de ce pas s'habiller en sa chambre, où il demeura long-temps à resoudre quel habit il prendroit: mais en fin il se fit apporter par son valet de chambre, le plus riche de ceux qui estoient en ses coffres, ne pouuant à son aduis paroistre deuant sa maistresse trop richement couuert. L'vn ne luy sembloit pas assez beau, l'autre n'estoit pas bien faict à son gré: l'autre encor, disoit-il, estoit d'vne couleur si haute que sa

Maistresse eust pensé qu'il voulust s'esiouyr de sa captiuité: Que d'en vestir aussi vn d'vne couleur trop triste, elle tiẽdroit cela pour vn mauuais presage: Apres auoir ainsi longuement combatu, il resolut enfin d'en prendre vn de velours noir en broderie d'or & de semence de perles, auec vne chaisne d'or esmaillée de blanc la plus artistement faicte du monde, à l'entour de son col: Il auoit vn cordon de diamant à son chapeau qu'il auoit garny d'vn beau grand pannache noir de plumes de Heron. Ce Prince ainsi paré alla dans la chambre de Philoclee qu'il trouua sur son lict auec les bras croisez, toute assoupie de tristesse: Ses vitres estoient à demy fermées,

& les rideaux de son lict seulement entr'ouuerts. Elle auoit tant de grace en ceste posture qu'il sembloit que ce fust vne autre Venus qui fist ses tristes plaintes sur le corps mort de son cher Adonis. Et quoy que ses afflictions deussent auoir terny l'esclat de sa belle face, si paroissoit-elle pourtant tousjours parfaicte comme vn Soleil au trauers des plus espois nuages. Il fut long-temps à la considerer auparauant que d'oser l'aprocher, de peur d'interrompre son repos : mais en fin elle se reueilla au simple bruit que firent ses habits, & se jetta hors du lict, le regardant d'vn œil triste & grandemēt fasché. Amphialus à qui l'estonnement & le respect auoient osté la voix, fut assez long-temps sans luy pouuoir dire mot : mais reprenant en fin ses esprits, il l'approcha pour baiser le bas de sa robe auec autant de crainte comme d'humilité : puis luy prenant la main, il luy dict qu'il la supplioit d'auoir sa visite agreable: & qu'il ne venoit vers elle que pour l'asseurer du desir qu'il auoit de luy rendre l'honneur & le seruice qu'il luy auoit voüé. Philoclee l'interrompant par la violence de ses soupirs, luy dict que ses paroles estoient bien esloignees des effects, & que sa bouche parloit vn autre langage que celuy de son cœur. Amphialus pour l'asseurer de la candeur de son ame, ayant mis le genouil en tetre luy baisa plusieurs fois la main,

main, comme pour vn fidele hommage de son affection: Ceste Princesse affligee souffrit contre son gré ceste hardiesse d'Amphialus, considerāt qu'elle estoit sa captiue. Ce Seigneur sās bouger de ses pieds, pour marque d'vne plus grande submission, la supplia de croire qu'il l'aimoit beaucoup plus que tout le reste du monde ensemble : Que sa vie & sa mort estoient entre ses mains, & qu'il la suplioit humblement d'auoir pitié de sō amour. Qu'il venoit franchement se rendre son esclaue : Qu'elle seule pouuoit le rēdre heureux, ou malheureux, & qu'elle luy fist l'honneur de luy parler aussi bien qu'elle l'auoit escouté, Helas! dit-elle, mō cousin : Quel discours asseuré

Aa

vous peut faire ma langue, puis que mes oreilles n'entédent que de la douceur de vous, & que mes yeux au côtraire n'y voyēt rien que de la cruauté? Vous me priez d'auoir pitié de vous, & vous n'en auez pas de moy, ny de celles à qui vous deuez toute forte d'honneur & de respect. Vous dictes que vous m'aimez, & cependant vous joüez en mon endroit le personnage du plus cruel ennemy que i'eusse point deu craindre. Que vostre mort est en mes mains: & ie l'attens à tous momens des vostres telle qu'il vous plaira l'ordonner. Que ie suis maistresse de vostre vie : & ie ne la suis pas de la mienne. Vous dictes que vous estes mon esclaue: mais c'est bien moy qui suis indignement la voſtre : puis que vous m'auez rauy la liberté. Que ſi vous auez de l'inclination pour moy, & ſi vous auez quelque reſſentimēt de ma douleur, ne permettez pas que le luſtre de ma grandeur ſoit terny par cét infame nom de priſonniere : & que noſtre miſerable fortune ſoit cauſe d'auancer les iours de nos pauures parens. Rendez-moy donc la vie & la liberté : & puis ie cōfeſſeray que ie la tiens de vous. Ie ne vous fais pas ceſte priere-là pour moy ſeule, faiĉtes, s'il vous plaiſt, la meſme grace à ma ſœur & à ma bien aymée Zelmane : car ie veux qu'ils ayent part à mon bon-heur, ſi i'en puis eſperer quelqu'vn : puis qu'elles ont couru vn meſme mal-heur que le mien: en disant ces paroles elle ietta tant de pleurs qu'il sembloit qu'ils voulussent noyer les lys de son visage.

Amphialus dans ces extremitez ressembloit à cette bône femme qui auoit esleué vn faon de biche si cherement & si familierement qu'elle le nourrissoit des mesmes viandes & du mesme pain qu'elle mangeoit d'ordinaire, & prenoit ses repas dans le giron de cette bône & chere nourrice: mais la famine estãt venuë si grande, que cette femme n'auoit plus rien à manger que sa biche, elle fut lõg-temps à resoudre si elle deuoit tuer vn si gentil animal: & comme elle auoit le cousteau tout prest pour en faire le sacrifice, aussi-tost le regret & la pitié luy faisoit tomber des mains. De mesme Amphialus affamé par les excés de sa passion, ne sçauoit à quoy se resoudre, & n'osoit refuser ny accorder la liberté que sa Dame luy demandoit: Chere maistresse (luy dit-il) ie vous proteste & vous jure que ie n'ay point consenty à la trahisõ que l'on vous a faite. I'en apelle les Cieux à tesmoins, & les prie, si ie ments, de vouloir lancer leurs foudres pour m'escraser le chef. I'aymerois mieux que mes yeux n'eussent iamais veu le iour que d'estre cause de faire tant verser de larmes aux vostres. Ie vous prie de me croire, tres-excellente Princesse, & que ie n'auray iamais autre desir que de vous aymer, & de vous seruir toute ma vie: Mais pardonnez à la vehemēce de mon amour, qui me deffend estroittement auec iuste raison de vous accorder ce que vous desirez de moy. C'est l'amour, chere maistresse de mon ame, c'est l'amour qui m'oblige à vous desobeyr, & qui me contrainct de vous desnier la liberté que vous demandez: Accusez-en donc l'Amour, & vous en prenez à vous mesmes. Vostre beauté seule est cause que ce Chasteau vous detient prisonniere. Vos beaux yeux ont esté les seuls autheurs de cette disgrace, & n'auez plus d'autres liberateurs que les cōtentemens & la promesse que vous me ferez, de satisfaire à la vehemence de mon amour qui procede de vos merites. Or puis que ce remede ne depend que de vous, & qu'il procede aussi de vous seule; deuez-vous pas apporter pour nostre bien commun toute l'assistance que vous demandez en moy seul?

Philoclée oyant ce discours se sentit saisir d'vn soudain trēblement, & les roses de son beau teint se peindre en mesme temps de la couleur d'vn mort. Amphialus s'en estant apperceu, craignant que ce fust quelque esuanoüyssement qui la prist, taschant par tous moyens de r'appeller ses sens, la prist par les mains, & l'asseura de moyenner sa liberté. Cette promesse ayant fait resueiller les esprits de Philoclée, elle commença de le regarder d'vn œil languissant, & luy dit qu'il l'obligeroit grandement s'il luy rendoit sa chere liberté. Que c'estoit l'vnique moyen de s'acquerir ses bonnes graces: mais que s'il ne le faisoit aussi, son nom tant seulement, luy seroit en horreur. Et encor que sa mere luy eust osté le cousteau qu'elle auoit, pour l'empescher de la faire mourir, que la maisõ de la mort auoit tant de portes qu'elle en trouueroit facilement l'entrée, si elle voyoit son honneur courir fortune dans le naufrage de sa liberté.

Amphialus ayant couuert les viues flammes de son Amour, des froides cendres de cette apprehension: appella les Damoiselles de sa mere pour faire cõpagnie à la belle Philoclée, se rendant ainsi luy-mesmes prisonnier de sa captiue, & deposant toute son authorité aux pieds du respect que son affection portoit à cette Princesse. Il print aussi-tost congé d'elle, & s'en alla trouuer sa mere, à laquelle il fit tout le discours que Philoclée & luy, auoient eu ensemble, & la pria de l'aller trouuer, pour voir si ses persuasions auroient plus de force, cependant qu'il donneroit ordre d'asseurer le chasteau contre les efforts que le Roy Basilius y pourroit faire. Sa mere luy respondit qu'il ne deuoit pas auoir tant d'inquietudes que le temps ameneroit du changement en cette affaire, & qu'il la falloit laisser meurir sa colere. Lors appellant Clinias, & quelqu'autres de ses Conseillers, elle leur proposa le faict, & les pria de luy en donner leur aduis : Apres qu'ils eurent deliberé là dessus, ils resolurēt qu'il falloit escrire aux principaux d'entre la Noblesse du Royaume, qui par alliance, par deuoir ou par amitié estoient obligez de les secourir. Et que le principal subiect de ses lettres deuoit estre de les semondre à leur deuoir : & inciter ceux que la jeunesse & l'ambition portoient à des desseins vn peu releuez, de se ioindre auec eux afin de secouër le joug de Basilius. Qu'il faloit promettre des grādeurs aux ambitieux : aux auares, & aux necessiteux des richesses : & ainsi flatter les vns & les autres d'esperances chacun selon leur inclination.

Il enuoya donc vn Ambassadeur vers le Roy d'Argos, frere de Cecropie pour le prier de les assister de ses forces en vn si grand besoin : mais il estoit tellement empesché luy-mesme en d'autres affaires qu'il n'en pût esperer aucun secours. Cognoissant donc que les peuples enflent aisément les voiles de leurs reuoltes, au premier vent fauorable qui les veut esbrâler, & qu'il y a peu de gens qui puissent bien recognoistre le vray d'auec le faux, il fit faire vn manifeste qu'il enuoya de tous côtez pour se iustifier de ses actions, afin qu'il pûst sous vne belle entresuitte de paroles, cacher l'enormité de sa trahison, employant plusieurs fauces maximes pour prouuer que son procedé ne tendoit qu'à bonne fin, & qu'il auoit eu raison de faire tout ce qu'il auoit faict. Il remonstroit par cét escrit que l'obligation que l'on doit à sa patrie passe tout autre deuoir: & que tous les autres deuoirs dependoient de celuy-là. Que chacun estoit obligé à la deffence de son pays, tant pour son interest particulier que pour le respect de ses parens & de ses amis qui respiroient cét air commun. Que les bons Polytiques ont tousiours faict plus d'estat du bien de leur chere patrie, que de tous les Princes & Magistrats qui leur estoient donnez. Que ce respect marchoit tousiours le premier: Que ce luy estoit particulierement la premiere loy qu'il desiroit toujours de suiure: & qu'encor qu'il fust parent fort proche de Basilius, & qu'il semblast à beaucoup qu'il deust affectionner sa domination: le repos de son pays estoit mieux graué neantmoins dans son cœur que tout autre respect de parentelle. Qu'il auoit donc pitié de tant de milliers d'hommes, à qui commandoit Basilius: Que sa nõchalance luy faisoit preuoir la ruine de ce Royaume: Qu'il la falloit preuenir & s'vnir tous en vn mesme courage pour empescher sa decadence: Que au deffaut de ce Roy peu soigneux de ses peuples, les officiers de la Couronne, & les Magistrats du Royaume doiuent seruir d'arcs-boutãs, afin de tenir tousiours ferme, & s'y employer vertueusement sans craindre l'esclat d'vn Diademe inutile. Que si ce genereux soin deuoit entrer dans l'esprit des moindres subjects du pays, à plus forte raison en deuoit-il desirer la grandeur & le bien, luy que la nature en auoit faict le premier Prince ? Que si tost que ses yeux veirent le Soleil, il eut ce bon-heur que tous ceux des Arcadiens se tournerent vers luy, comme vers l'astre fauorable qui les deuoit vn iour sauuer du naufrage, où la molesse de leur Roy les alloit precipiter. Qu'il voyoit en fin que son oncle auoit negligé son Estat, & confié tout le soin du Royaume à la personne de Philanax, homme de peu, qui n'estoit pas sorty d'vne grande famille, & de qui les actions meritoient pluftoft du blafme que de la loüange. I'ay veu (difoit-il) toutes ces chofes à regret, & fi i'ay de l'apprehẽfion qu'il nous arriue pis : & que fes filles qui font les prefomptiues heritieres de ce Royaume, foient enleuees en quelque Prouince eftrãgere, comme vn gage que l'on peut garder afin d'vfurper vn iour ces pays, ou comme vn leuain propre pour faire naiftre le defir de nous commander à quelqu'vn de nos voifins. C'eft donc pourquoy i'ay aduifé auec mon confeil de preuenir cette defolatiõ, & d'amener ces deux Princeffes en quelque chafteau où ie puiffe refpondre d'elles. I'entends qu'elles y foient feruies & honnorées comme leur grandeur le merite, iusques à ce qu'vne assemblée generale des Estats du Royaume, ait arresté ce qu'il sera besoin de faire pour le mieux. Si quelques vns trouuoient estrange cette façon de proceder : Qu'il supplioit ceux-là de considerer qu'en la necessité des affaires, & au danger que couroit l'Estat, il estoit besoin d'vser de ces remedes violens, & desesperez, quand on voyoit le salut desesperé. Au reste il protestoit que la hayne particuliere qu'il eust peu porter à ce bon-homme de Roy où à ses filles, n'estoit point ce qui l'auoit poussé d'en venir à ses extremitez : mais que l'amour seul de son pays, & l'apprehension qu'il auoit

auoit qu'elle tombast dans les mains de Philanax, cela seul luy auoit bouché les oreilles à toutes les persuasions, & fermé les yeux aux objets les plus agreables qu'on eust peu luy representer au contraire du bien de son pays. Il embellit son discours, & l'enrichit si bien d'exēples & d'argumens si viuement rehaussez des couleurs de retorique, que chacun souscriuit à son opinion, & fit consentir la plus-part des peuples à suiure sa fortune. Il y disposa principalement bien-tost ceux qui auoiēt l'esprit plus prompt que bien timbré : mais pour le regard de ceux qui auoient du iugement, ils se monstrerent plus froids & plus timides pour authoriser tels caprices, desirans plustost

Bb

de luy nuire que de luy ayder: mais à la fin ils se rendirent neutres, sans espouser plustost l'vn que l'autre party : & attendirent auec patience la fin tragique d'vne si dangereuse entreprise. Mais quoy! le torrent de ses ambitieux desseins ne se pouuant plus retenir par les digues de la raison, il fallut faire de necessité vertu. Or ce Prince qui n'auoit pas de forces assez pour batre la campagne, se resolut de tenir dans son chasteau, & de fortifier par les reigles de l'art, ce que la nature elle-mesme auoit desja si bien flanqué. Il n'oublia rien de ce qui leur estoit necessaire pour defendre la place, & leurs propres personnes. Il fit prouision d'armes & de viures pour souftenir vn long fiege, ordonnant que l'on mangeaft le premier ce qui eftoit le plus subject à corruption. Il mit bōne garnifon dedans, & choifit des foldats determinez, & que les longues guerres auoiēt accouftumez à souffrir les fatigues. Il commit à la diftribution des viures, celuy qu'il iugea le meilleur œconome: & diftribua par apres fes commiffions, non pas felon la faueur, mais felon les merites, leur faifant de petites harangues militaires pour monftrer fon eloquence auffi bien que fa valeur, les encourageāt tous à faire leur deuoir. Quand au poltron de Clinias, il luy donna charge de pofer les sētinelles, iugeāt tresbien que fa timidité naturelle le rendroit vn surueillant perpetuel, sur la nonchalance des autres.

Il fit donner plusieurs fausses alarmes à ses gens, auparauant qu'on assiegeast son chasteau, afin de les tenir tousiours en ceruelle. Il fit mesmes courir quelques petits libelles contre luy: mais toutesfois plus remplis de malice que de sages persuasions, & faisoit toutes ces ruses de guerre afin qu'il pûst mieux recognoistre l'affection que ses gens luy portoiēt, & principalement aussi afin qu'ils ne pussent, en cas de necessité, recognoistre si les stratagemes estoient veritables, ou il les auoit inuentez. Auant donc que les ennemis parussent, il faisoit faire l'exercice à ses gens de guerre, leur donnans soy-mesme des leçons, afin de les rendre par ce moyen plus adroits, & plus capables de bien faire leurs charges: ne s'espargnant pas luy-mesme à la fatigue, & ne desdaignant pas les plus viles factions, ny les plus penibles coruées, auec autant d'ardeur & de promptitude, comme si le danger eust desja fait voir l'image de la mort à ce genereux courage. Mais quoy qu'il eust l'esprit occupé en ses exercices militaires, Amour ne laissoit pas pourtant de luy mettre à toute heure deuant les yeux l'agreable object de sa belle Princesse, si biē qu'il s'arrestoit quelquesfois tout court au milieu de ses discours pour penser à sa maistresse, &

puis il le racheuoit. Ce qui estōnoit grandement ceux qui estoient auprés de luy. Quelquesfois que sa main estoit leuee pour faire quelque action, il demeuroit immobile cōme si la veuë de quelque Gorgone l'eust transformé en pierre. Ainsi l'ambitiō & l'amour, ces deux passions estranges, trauailloient si fort ce jeune Prince, qu'ils le reduisoient bien souuent en tel estat, qu'il estoit priué de toute action, iusques à ce qu'il fust rentré dans soymesme: & lors cette insensibilité le rendoit si honteux, qu'il regardoit tout autour de soy, si personne n'auoit remarqué ce defaut. Il démentoit ceux qui vouloient soustenir que l'Amour est vne occupation de ceux qui ne sont point occupez. O (disoit-il) ingrats, qui tenez que c'est vne sagesse de mespriser ce bel ornement de nature, la Beauté: Voyez-moy, & prenez exemple à mes actiõs. Vn perpetuel soucy d'affaires qui m'importent, & de la vie, & de l'honneur, ne peut pas m'empescher que le doux soin de mon amour, & l'agreable idole que i'adore incessammēt en mon cœur, ne soit tousiours presente aux yeux de mon esprit. Plus ie trauaille mõ corps, & plus mes affections surmontent mon labeur & mes peines. Plus ie suis en action dans les affaires importantes que i'ay sur les bras, & tant plus il semble que l'esbranlement de mon corps agite l'air & les vents, pour allumer les braziers de mõ feu: plus i'exerce mes pensees, & plus cét exercice accroist mes desirs: ô chere Philoclée! Disant ces mots, il leua ses yeux au Ciel: mais ils estoient aussi degouttans de larmes, cõme s'il eust voulu lauer sa face auant que de voir sa maistresse. Vostre visage celeste (luy dit-il) est ma plus belle Astrologie, & vos rares vertus, ma plus douce Philosophie. Permettez donc que ie profite en ceste aggreable science, & que ie donne congé à toutes autres pensees: toutefois c'est me trõper moymesmes: car vos astres promettent vne influence contraire à mes esperances qu'ils menacẽt de ruïner entierement. Mais quoy? mal-aduisé que ie suis, dois-je donc apprehender que la mort mesle ses dards mortels parmy les agreables sagettes du Cupidon. O chere Philoclée, encor que tu me haïsses, se pourra-t'il faire que ton bō naturel si enclin à la pitié, ne me prēne à mercy? Ouy: car c'est mon mauuais Destin qui veut que la pitié soit cruelle enuers moy, & qu'elle soit cōuertie par la cōtagiō de mō mal-heur, en mauuaises humeurs pour aduācer ma mort comme vne douce liqueur qui se tourne en amertume dās vn vaisseau corrompu. Amphialus exerçoit ainsi en luy-mesme son eloquēce iusques a ce qu'il fust deuāt-elle, & qu'il luy pût raconter ses ennuis. Or ce Prince ne trouuāt personne que sa miere pour luy dōner aduis, & pour le consoler, puis qu'elle estoit exempte de ceste passion qui le boureloit, l'alla supplier de vouloir disposer Philoclee à luy vouloir du bien. Cecropie voyant que le repos de son fils ne dependoit que de là, quoy que son orgueil, & le pouuoir qu'elle auoit luy deussent faire mépriser ceste priere, prist toutesfois la charge de parler à ceste Princesse, sur la creance qu'elle se donnoit de contenter sō fils en si peu de chose: car ayant par son ambition desreiglee, & par son impudence effrontee, eu le pouuoir d'esbrāler les plus fermes apuis d'vn Estat, que ne se pouuoit-elle point promettre de faire à l'endroit d'vne jeune & credule

Princesse? Et quelle vertu se promettoit-elle aux doux apas qu'elle esperoit luy faire gouster? Sur ceste asseurāce dōc elle fut en la chābre de Philoclee, qu'elle trouua sur vn oreiller cōme vne personne absorbee dans la melancolie, & qui ne cherchoit que le silēce & la solitude. Ses larmes tōboient sur son beau visage cōme la douce rosee, lors que le Soleil vient lentement plier les voiles de la nuict. Il sembloit que se fussent de petites perles qui rouloient sur des cerises. Elle estoit habillee à la negligence, comme vne personne qui mesprisoit le monde, & neantmoins sa beauté ne laissoit pas de paroistre tousiours en son lustre parmy les broüillars de sa melancholie, comme vn dé, qui bien qu'on le jette tantost deçà, tantost delà, toutesfois ne pert point sa quadrature, & se trouue tousiours sur son plan. Cecropie l'ayant assez lōguement contēplee en cette lamentable action, luy demanda comment elle se portoit : Et puis. Quoy ! (luy dit-elle) belle Philoclee, voulez-vous ainsi ternir vos yeux à force de plorer ? Voulez-vous effacer par vos larmes tant de beautez que la Nature a estallees comme à l'enuy sur vostre beau visage. Tant de beautez, dis-je, que les fēmes d'Arcadie souhaiteroiēt auec impatience, & qui font si doucement languir tant d'hōmes. Faites banqueroute à la tristesse, qui n'est pas bien-seāte à celles de voſtre aage. Ce n'eſt pas à vous d'auoir du meſcontentement en l'ame. Iettez les yeux ſur les perfections de voſtre corps, & conſiderez en vo²-meſmes s'il merite la rude penitence que vous luy impoſez, & les triſteſſes que vous luy faites ſouffrir: Voulez-vous que vos belles mains ſoient ſans faire des bleſſures? Diſant cela, elle priſt vne de celles de Philoclée, qu'elle baiſa comme ſi elle en euſt eſté amoureuſe. Et puis cõtinuãt; voulez-vous donc, dit-elle laiſſer perdre tãt de beautez, que la nature vous a ſi liberalement dõnées? Penſez-vous gaigner quelque choſe à ce changement de viure? Conſultez voſtre miroir, & voyez ſi ces larmes donnent quelque grace à vos yeux: Encor que ie confesse que vos yeux leur peuuent donner de la grace?

Helas! Madame, respondit Philoclée ie ne sçay si mes larmes donnent quelque lustre à mes yeux : mais ie sçay bien qu'eux & mes pleurs correspondent à ma mauuaise fortune. Vostre fortune (dict Cecropie pensant l'attirer) ne fut iamais meilleure qu'elle est à present, si vous le considerez bien. Et c'est auec regret que ie recognois que vous la voulez negliger : Car vous croyez que ce que l'on a fait pour l'amour de vous prouient de l'inimitié qu'on vous porte: Vous pensez qu'on vous offence, & l'on vous veut defẽdre: Vous vous croyez prisõniere, & vous estes maistresse de tous ceux de ceās. Vous estimez d'estre haye, & vº estes beaucoup plus aimee que nous-mesmes. Ie n'estois veritablement venuë icy qu'à dessein de vous dire quelque chose pour vostre cōtentemēt: mais ie le veux encor taire, puis que vous nourrissez toujours ceste humeur melancholique qui vous fera mourir. Ayant dit cela elle se teut, cōme de peur que Philoclée n'entrast en trop de cognaissance de leurs affaires. Mais elle qui desiroit plutost luy tesmoigner qu'elle n'en desiroit pas sçauoit dauātage, que le sçachant repaistre son esprit de vaines esperāces, la pria seulement, que si elle n'auoit dōc pas dessein de leur faire courir vne mauuaise fortune, de leur donner la liberté, autrement qu'elle la pouuoit bien asseurer que ses ennuis, & sa douleur comme de cruels bourreaux la feroiēt bien-tost sortir de ses mains. Foy de Princesse (dict Cecropie) ie vous promets de vous mettre en liberté dés que ie recognoistray qu'elle m'asseureta d'vn danger qui me menace, & que ie crains plus que la mort: Car vous n'auez esté amenee en ce lieu que pour preuenir les miseres qui vous sont encor incogneues. Mais si vous voulez tant gaigner sur moy que i'aye soin de vous cōme de ma propre fille, prenez la peine de m'écouter, & ne me desobligez pas. Si ie parle auec quelque raison, donnez lieu à la raison, & vous

& vous imaginez ie vous prie (ma chere Niepce) que parmy toutes ces bourrasques que la Fortune semble exciter contre vous: Au milieu de toutes ces tepestes, dis-ie que vous croyez ne s'estre leuées qu'afin de vous faire faire vn triste naufrage: vous trouuerez vn port asseuré où vous rencontrerez tous les contentemens & les respects qui sont deubs à vostre grandeur & à vostre beauté. Vous reuerrez vos parens, & leur apporterez de la ioye, pourueu que par vne opiniastreté messeante, vous ne preniez pas vous-mesmes les armes contre vous, & ne couriez pas inconsiderément à vostre propre ruine. Vous auez trop de prudence, ma belle niepce, pour refuser vn bien lors qu'il se presente à vous : & ie ne veux appeller pour Iuge entre mes raisons & celles que vous pourriez alleguer, sinó vostre propre sagesse. Ie ne puis souffrir d'auātage que vostre bel esprit s'afflige : & ne sçaurois non plus endurer qu'il sorte tant de souspirs de vostre belle bouche : Imaginez-vous que ie suis vostre bon demon qui s'afflige de vostre ennuy, & qui cherche le moyen de finir toutes vos angoisses. Ie viens non pas pour vous apporter cette felicité imaginaire que vous desirez, mais bien pour vous en offrir vne veritablemēt asseurée. Ie viens non pas pour vous offrir seulement vne liberté telle que vous la demandez : mais pour vous la don-

ner auec de la gloire & de l'authorité. Croyez-moy ma chere
niepce, que ie vous veux conduire en vn iardin parsemé des
plaisirs les plus doux que l'on
puisse gouster en cette vie, &
qui font qu'en viuant, l'on desire de viure. Vous sçauez donc
que ie suis fille d'vn grand Roy,
que mon fils est nepueu de vostre pere, & vostre parent proche. L'extrême amour qu'il
vous porte, excedant toutes les
bornes que ceste parenté vous
peut auoir prescrit à tous deux,
il vous adore, il vous honore,
& vous desire auec tãt d'impatience que si vous n'auez aggreable qu'il vous espouse, il
faut indubitablement desef-
perer de sa vie. Mais, si foi-
gneuse de sa conseruatiõ, vous

Cc ij

luy donnez, & à moy, ce cōtentement là de le prendre pour voſtre mary, ce ſera l'obliger de cherir voſtre vie plus que la ſienne propre, & le ſeul moyen non ſeulement de recouurer la liberté que vous deſirez tant: mais encor de vous rendre la plus heureuſe & la plus contente Princeſſe du monde. Voila le preſent que ie vous fais de ſa part, & l'amour qu'il vous a ſainctement iuré. Il ne vous offre pas ſeulement cela (ma chere Niepce) car c'eſt à la verité trop peu de choſe pour la grandeur de voſtre merite: mais auec luy ie me donne encor à vous, & ce qui nous appartient. Si vous me faictes l'honneur de prendre ces offres pour vn teſmoignage de la bonne volōté que nous auōs pour vous, vous n'obligerez pas moins que de la vie, vn pauure amant que vos rigueurs feroient mourir. Apres qu'elle eut acheué de parler, Philoclée la regarda doucement, puis baiſſant auſſi-toſt la veuë: Helas! (luy dit-elle) ma tante, ie voudrois bien auoir tāt de puiſſance ſur moy, que ie peuſſe donner ce cōtentement à mon couſin: mais le vœu que i'ay faict aux Dieux de viure chaſtemēt le reſte de mes iours, eſt contraire à cela. Ie me le ſuis promis à moy-meſme, & m'y ſuis obligée par vn ſerment ſi ſolemnel, que ſans doute le Ciel puniroit mon parjure ſi i'y contreuenois. Au contraire ce vœu (luy reſpond Cecropie) eſt contre l'intention du Ciel, qui

Cc iij

vous ayant faict naistre enfant d'vne mere, veut aussi que vous soyez mere d'vn autre enfant : Elle vous a fait belle, afin que vous fussiez aymée : Elle vous a donné du iugement afin que vous eussiez plus de cognoissance de l'amour, & vous a donné des merites & des graces pour le recompenser. Et ceste recōpense est elle-mesme payée d'vne parfaicte felicité. Car comme elle oblige celuy qui reçoit, elle rend aussi celle qui donne heureuse. Et ce qui en est de plus rare, est que tāt s'en faut que celuy qui donne en soit plus pauure pour donner, qu'au contraire il en deuient plus riche. Et puis, ô que le nom de mere est rauissant & doux, c'est la consolation de toutes les consolations, de voir de ses enfans. Nous reuiuons en eux vne longue suitte d'annees, & paruenons iusques à l'eternité. Si vous pouuiez vous imaginer le contentement qu'on reçoit de voir ces petites creatures, nous flatter de leurs gestes enfantins, & nous representer à toute heure à nous, comme vn agreable tableau de nous mesmes, vous blasmeriez bien tost ces vœux & ces volontez que vous alleguez pour vous dénier les plaisirs de ce lien sacré. Mais peut-estre pensez-vous que ie vous veuille chanter tous ces Epitalames, comme vn Capitaine qui vante le triomphe d'vne victoire à ses soldats, sans leur parler du hazard qu'ils ont à l'acquerir : non non ma Niepce s'il estoit ainsi, ie ne vous conseillerois pas de vous marier : ie vous veux mener par vn chemin où vous ne trouuerez que des delices & du contentement.

Ie ne sçay pas quel peut estre le contentement dont vous me parlez, dit Philoclée, (elle voulut repartir ce peu de paroles au long discours de sa tante, de crainte qu'elle prist son silence pour vn consentement à ses belles raisons :) mais ie croy que vous entendez me parler du mariage qui me semble plustost vn fascheux ioug qu'vn contentement asseuré. Vous estes grandement trompée (repartit Cecropie) car si vous appellez cela vn ioug, nous sommes'obligez de le porter dés la fondation du monde: Il n'est point accreu par le mariage, mais pluftoft il est fecouru, voire diminué, en ce que vous auez vn compagnon qui vous ayde à fupporter les trauerfes que la bonne ou la mauuaife fortune vous veut enuoyer. Les nuicts de mon vefuage feront fideles tefmoins auec moy de cette differēce; Combien de fois, helas! ay-je embraffé la moitié de mon lict, où repofoit auparauant le corps bien aymé de mon mary? Auec combien de larmes ay-je fait comparaifon de ma trifte, fortune à celle d'vn banny qui n'efpere iamais refpirer le doux air de fa patrie: Ie reffemble la veufue tourterelle, qui priuée de fa lumiere est ayſément attrapée des Fauconniers. Croyez-moy (ma chere niepce) que l'œil plus clair-voyant des femmes c'eſt l'experience des hommes. Ne veiſtes-vous iamais quelque belle fleur, precieuſement gardée dans vn vaiſſeau de criſtal, cōme elle eſt agreable à la veuë, & comme elle ſent bon, cependant que ce beau verre l'empriſonne: mais ſi vous rōpez la priſon, & laiſſez reſpandre l'eau, ne voyez vous pas qu'elle perd auſſi toſt ſa douceur & ſon luſtre? Il en eſt ainſi de nous, quād noſtre malheur fait rompre le ſacré nœud qui nous retenoit dans les douces priſons du mariage, nous fleſtriſſons à veuë d'œil, & toutes les graces & les beautez ſe deperiſſent en nous.

Mon cœur se fond tout en pleurs, lors que ie repasse en mon esprit les consolations que ie receuois en cette heureuse saison: Ie n'auois aucun subiect de melancholie, où s'il s'en presentoit quelqu'vn, ie voyois deuant mes yeux vn agreable Secours qui s'offroit d'en porter la moitié. Et lors que i'auois d'autre-part quelque occasion de joye, ie voyois mon contentement redoubler dans le cœur de mon mary, & les tesmoignages qu'il en rendoit par la gayeté de ces yeux me faisoient redoubler mon ayse. La vie solitaire peut-elle auoir autant de douceurs? Vn luth seul peut-il rendre autant d'harmonie côme tout vn concert? Et peut-on faire vn beau tableau d'vne seule couleur? Mais, peut-estre que les considerations du mariage en general vous sont desagreables: Venons au particulier, i'entends vous parler de celuy de mon fils, que le bruict de sa vertu oblige assez d'estre aimé: ce n'est pas pource que ie suis sa mere que ie vous dis cela, car quand ie ne la serois pas, ce que la renommée publie de luy par tout me forcetoit tousiours à faire de mesme elle. Et puis il est de belle taille, d'vne maison illustre, & qui a force bien. Et, ce qui nous doit estre plus cher que tout cela, c'est qu'il a de l'amour pour vous, & qu'il est aymé de nos peuples. Ne mesprisez donc pas ses affectiõs, belle Princesse, & ne permettez pas qu'vne autre que vous se vante de posseder vn si fidele seruiteur, & face gloire de vous dérober vne si chere proye.

Philoclée escouta ce discours auec autāt de peine, que quand nous entendons vn grand parleur, de qui toutesfois le langage deplaist aux auditeurs, ou bien comme nous oyons quelquesfois vne bonne Musique; mais qui nous est interrōpuë par quelqu'importun causeur. Car ses pensees estoient ailleurs, aussi bien que ses oreilles qui auoiēt tenu compagnie à tant de douces imaginations qu'elle auoit pour sa chere Zelmane, de laquelle si Cecropie eust parlé, ses discours eussent esté mieux receus : C'est pourquoy ne voulant point disputer contre la resolution qu'elle auoit prinse en elle-mesme ; elle fit veoir que les persuasions de sa tante luy estoient indifferentes : Elle luy dit seulement que n'estant pas en liberté, elle ne pouuoit disposer d'elle : & qu'elle ne pouuoit non plus entendre à ce qu'elle luy auoit proposé, puis qu'elle estoit ainsi cõtrainte en ses actions: Elle eust bien desiré changer ainsi la force des argumens de Cecropie, afin de les employer pour obtenir sa liberté : car aussi bien ne seruoient-ils de rien pour effacer les vœux qu'elle auoit si religieusement grauez dans son cœur, en faueur de Zelmane. Tellement que leurs desirs estans si discordans, & leurs desseins si desvnis, ils rompirent ceste conference sans faire d'autre fruict. Cecropie pensa creuer de dépit se voyant esconduite, neantmoins dissimulant ce mescontentement pour l'amour de son fils, elle couurit ce desplaisir sous vn faux masque de bienveillance, sans rien laisser derriere de ce qui pouuoit tesmoigner à ceste fiere beauté, combiẽ elle estoit cheremẽt aymee d'Amphialus: Car tout ce qu'elle s'imaginoit estre capable de donner du contentement à Philoclée, estoit aussi tost faict. Elle luy enuoyoit tous les soirs de la musique à ses fenestres, & sembloit que le son des instruments eust quelque ressentimẽt des peines d'Amphialus : Les airs en estoient tristes, & les vers ne representoient nõ plus, que les passions vehementes de ce Prince; Luy de sa part luy enuoyoit tous les iours des presens, comme autant de victimes pour appaiser quelque deité courroucée. Et ces presens estoient tellement precieux, qu'il sembloit que l'ouurage ne voulust rien ceder à la valeur du metal : Les disgraces de ce genereux Amant seruoient de corps & de deüise à toutes ces magnificēces: où les rares beautez de Philoclée estoient appliquées parmy comme des perles, pour y seruir de parure & d'enrichissement : Si l'inuention les faisoit admirer, la façon contentoit la veuë de ceux qui prenoient la peine de les considerer : & tout cela vouloit seulement

lement faire veoir à cette belle que si elle estoit prisonniere, elle n'estoit pourtant arrestée qu'auec des liens d'amour & de respect: Mais elle ne prenoit point de goust à toutes ces douceurs, & ses oreilles estoient sourdes à toute musique, sinon à vne. En vn mot toutes sortes de complimens luy estoiēt desagreables, puis qu'ils venoient de la part d'Amphialus. Que si elle estoit obligée de faire mine qu'elle les acceptoit de bon cœur, elle faignoit qu'ils venoient de la part de sa chere Zelmane: Donc tant plus le miserable Amphialus se monstroit officieux en son endroict, & tant plus luy estoit-il odieux: L'affront qu'il luy auoit fait luy serroit trop le cœur, pour y laisser quelque place à l'amour : & sa condition luy sembloit trop inesgale, pour se persuader qu'il la pûst meriter. Ioinct que celuy qui luy auoit offert ses affections, estant nay pour commander à Amphialus, elle se croyoit malheureuse si elle estoit reduite sous sa captiuité. Ce Prince ne laissoit pourtant pas d'esperer de la reduire à la raison, & par sa longue perseuerance la ranger sous les drapeaux de l'Amour : si bien qu'ils se flattoient tous deux en leurs esperances, ressemblans en cela ces mauuais archers, qui visent bien, mais ne peuuent frapper le blanc. Le Prince Amphialus voyant qu'ils ne pouuoient s'accorder en leurs desirs, ne faisoit que languir dans les inquietudes, & les angoisses de son amour. Cette meschante femme neantmoins estoit si courageuse, qu'elle s'en fust vangée sur sa niepce, si la vie d'Amphialus n'eust point couru de risque parmy cette vengeance. Elle aduisa donc d'essayer si elle pourroit gaigner Pamele, & la renger à son party, s'imaginant qu'il valoit mieux que son fils se resolust d'aymer vne beauté traitable, que de s'aheurter ainsi contre vn superbe rocher : Tellement que redoublant le courage à ses mauuais desseins, & vsant de plus d'industrie qu'auparauant, pource qu'elle s'estoit ainsi trouuée au bout de ses finesses, elle fut la trouuer, mais vsant de ses respects ordinaires, elle ne voulut pas entrer dans la chambre où estoit cette belle Princesse, sans auoir premierement escouté de quels discours, elle s'entretenoit en sa triste solitude: Elle recognut donc que Pamele se promenoit lentement, & que sa contenance & sa veuë estoient sans esmotion: mais qu'en fin comme se resueillant du profond sommeil, ou bien comme se voulant fortifier contre ses ennuys, elle commença de parler. C'est pour le mieux (disoit-elle,) ie suis certaine au moins que ceux qui me font tort ne peuuent s'opposer à la volonté de Dieu: qu'il n'y a point de tenebres qui luy puissent offusquer les yeux: & qu'il n'y a point de prison qui le puisse enfermer. En qui dois-je donc esperer qu'en luy? Disant cela, elle se mit à genoux, & fit cette priere. O lumiere des lumieres & l'eternelle vie de toutes choses, à qui rien ne peut resister quelque grand qu'il puisse estre; Regarde en pitié ma misere, & me deliure par ton pouuoir infiny de l'injuste captiuité où ie me voy reduite, si c'est chose qui me soit necessaire. Ne permets pas Seigneur que mes ennemis triomphent ainsi de moy, mais que ie sois punie de mes fautes seulement par tes mains. Ne souffres pas que ceux qui me hayssent injustement, soient les Bourreaux de ta Iustice: Toutesfois ô mon Dieu, si tu cognois que cette penitence doiue expier mes fautes

& me remettre en ta grace : Si la misere de ceste captiuité est necessaire pour reprimer mes desirs trop releuez : Si mon audace doit estre chastiée par ceste sorte de supplice, ie me soubsmet à ta volonté, Seigneur : & veux embrasser auec contentement les afflictiõs qu'il te plaist m'enuoyer : Ie requiers seulement de toy mon Dieu, qu'il te plaise escouter ma priere, puis que ton amour seul me l'a dictée, & que ce que ie demande depend de toy seulement. Ne me rejette donc point, puis que le titre plus honorable que ie desire prendre parmy tous mes mal-heurs est de me dire ton humble creature. Ie conjure aussi ta bonté, grand Dieu qu'elle daigne tousiours illuminer mon entendement, afin qu'il n'aye point d'autre esperance qu'en toy: Que ma vertu soit seulement exercée, & non pas accablée par la calamité. Que mon afflictiō adoucisse la cruauté de mes ennemis. Et que i'aye tousiours vne ame pure dans vn corps pur & non soüillé de pechez.

Apres qu'elle eut finy cette oraison, elle s'arresta quelque temps, & puis elle recommença ainsi: Mais ô mon Dieu quelque chose que tu vueilles ordonner de moy conserue tousjours, s'il te plaist, l'illustre Prince Mussidore. Cecropie entendit toute sa priere, excepté ceste derniere qu'elle fit pour Mussidore, où elle cessa comme vne chose de trop grād prix : Et dont elle n'osoit quasi se fier en ses propres levres. Mais ceste requeste estant addressee au ciel par vne ame toute Celeste, & d'vn zele tellement puissant, qu'il sembloit que la Deuotion eust emprunté vn corps si parfaict pour se representer, tousiours les yeux leuez au Ciel : De sorte qu'il sembloit qu'ils youlussent y prendre leur place entre les autres Astres : Ses belles mains nuës estoient esleuées en haut, comme si la droicte eust voulu depeindre le Zele, & la gauche l'Humilité. Elles estoiēt jointes ensemble comme pour se baiser d'vne saincte affection, afin que leur requeste en fust plus agreable : & tous ses sens seruans plustost de tesmoings que

d'instrumens aux doux rauisse-
mens de son ame. En fin tout
cela joint ensemble eut le pouuoir d'emousser le courage de
Cecropie. Et encor que ce ne
fust point par quelque loüable
remords de conscience, toutesfois elle changea sa premiere resolution, recognoissant bien
qu'il n'y auoit point d'autre
moyen de dompter ces grands
courages que par quelque fauce image de vertu, puis qu'elle
n'en auoit point de vraye. Elle
ne voulut pas pourtant du premier coup negliger ceste con-
queste, pretextant tousiours ses
desseins du sacré lien de mariage, & luy mettant deuant les
yeux les merites de l'Amant, &
sa fortune presente, qui quelque iour ne receuroit pas seule-

ment de l'accroissement en sa grandeur: mais qui plus est de la felicité: luy faisant croire faussement que sa sœur se sentiroit bien-heureuse de posseder vn qu'elle dedaignoit. Et au contraire luy remonstroit ce notable interest qu'elle auroit, si sa sœur espousoit ce Prince Amphialus. Elle disoit cecy d'vne vehemente action y adioustant des sermens pour persuader à Pamele que son fils l'aimoit veritablement, & des excuses les plus vray-semblables qu'elle peust forger pour luy faire croire que le peu d'apparence qu'il luy monstroit de son amour, ne procedoit que du respect qu'il portoit à sa grandeur, & d'vne certaine crainte qu'ont toujours les sainctes amitiez, la priant de remettre toute la faute là-dessus. Et comme elle auoit faict des presens à Philoclée elle voulut tanter les mesmes moyens, & vser de semblables gratifications à Pamele, afin d'en attirer l'vn ou l'autre en ses lacs. Il sembloit que la prison fauorisast ce dessein : car estans comme elles estoient separées les vnes des autres, elles ne pouuoient descouurir les stratagemes que l'on joüoit au preiudice de leur fidelité & de la candeur de leurs affections: Mais comme Philoclée les auoit vaincus par son humilité, sa sœur les surmonta de mesme par les puissans efforts de sa seule vertu. Comme ils estoient sur ces contraires desseins, celuy qui faisoit senti-

sentinelle, vint rapporter qu'il auoit aperceu s'éleuer vne grosse poussiere, & qu'il sembloit que la terre se vouluft comme le ciel couurir de quelque espois nuage. Que le vent chassant ceste poudre en l'air, il auoit descouuert la lueur de tãt d'armes, qu'il sembloit que ce fuft des esclairs de tonnerres que les orages conçoiuẽt quelquefois dans les nuës, sans pouuoir les faire creuer : & que les rayons du Soleil frappans à plomb sur ces aciers brillans donnoient vn agreable plaisir à ceux qui aiment la guerre, & qui sont capables d'en souffrir la terreur. Cét aduis ayant donné l'alarme dans le chasteau, on tint le conseil de guerre, où il fut resolu de faire vne sortie, pour descouurir que c'estoit : auec tel ordre toutesfois, que chacun se tiedroit dans le rang qui luy auoit esté ordonné. Amphialus & Clinias seuls passerent les bornes de la mediocrité, l'vn par sa naturelle poltronnerie, & l'autre par son trop de chaleur, & de temerité: Car Clinias qui n'estoit hardy qu'en paroles, & qui n'auoit iamais appliqué son esprit qu'à des flateries, & à escouter toutes sortes de nouuelles, fit le danger bien plus grād qu'il n'estoit. Son espouuante estonna les foibles courages de quelques-vns de leurs gens : & quoy que ses yeux ne vissent rien qui luy en peust donner sujet, & que ses oreilles n'entēdissent aucun bruit d'armes, sa frayeur naturelle ne laiſſoit pas de s'en figurer. Il n'auoit pas meſme laiſſé auparauāt l'arriuee des ennemis de reſſentir les mortelles apprehēſions de leur venuë dās ſō ame timide. Il ſe repreſentoit que la mort de Baſilius, & le diſcort de la nobleſſe luy auoient tous deux māqué, & que l'emotion populaire ne luy auoit de rien ſeruy, bien qu'elle euſt eſté induſtrieuſement pratiquée par ſon inuention: mais que le danger preſent paroiſſant à ſa veuë faiſoit deſployer toutes les enſeignes de ſa crainte ordinaire, aux yeux de ſon eſprit.

Au contraire Amphialus auāt que les ennemis paruſſent, s'eſtoit rendu ſoigneux de bien pourueoir à tout. Il redoutoit les moindres occaſiōs de crainte, & luy sembloit que le danger estoit comme le ver-luisant qui bien qu'il soit petit, ne laisse pas pourtant de donner de la lumiere, & quelquesfois mesme de la peur. Le peril qui le menaçoit augmentoit son courage, & luy donnoit de l'impatience de voir desja l'ennemy en face. Donc sur le bruict de ces approches, il prit vn batteau, & auec vn bon nombre de soldats determinez qu'il mena, de l'autre costé de l'eau dãs vne forteresse, qu'il estimoit deuoir estre la premiere attaquée, pource qu'elle estoit sur les aduenuës de l'ennemy, & qu'elle commande à tout le pays d'alentour. Cette place luy estoit d'importance, comme celle qui pouuoit donner ou empescher le passage aux viures qu'il falloit conduire au chasteau: Il auoit mis vne forte garnison dans cette place, d'où il sortit auec deux cens cheuaux, & cinq cens hommes de pied; qu'il mit en embuscade dans vn vallon au pied d'vne montagne, couuerte d'vn petit bois, & luy auec son infanterie fut vn quart de lieuë plus loing. Il descouurit aisément de là l'ennemy qui venoit recognoistre la place pour sçauoir où ils pourroient se camper. Mais comme si la veuë de ces troupes luy eust seruy d'vne pierre de touche, pour esprouuer la bonté de son courage, son audace le porta de s'aduancer tout seul hors le gros, faisant par cette genereuse action

action deux differents effects, en denonçant la guerre aux vns, & encourageant les autres, qui se mirent aussi tost en deuoir de suiure vn si vaillant Capitaine. S'estans ioincts, ils faisoient de l'horreur. Il sembloit mesmes que la terre se plaignist de porter vn si pesant fardeau. Et la rencōtre des Soldats d'Amphialus fit que ses ennemis se preparerent à l'escarmouche. Or ils auoient en leur armée vn jeune gentil-homme cadet de Philanax si beau par dessus tous les autres: qu'il sembloit que son visage voulut démentir son sexe. Agenor (c'estoit le nom de ce ieune Seigneur) poussé des fougues d'vne indiscrete jeunesse, sortit incontinent des rangs, & sans cō-

E e

gé de son Capitaine, vint temerairement affronter Amphialus, qu'il défia de tirer vn coup de lance, comme si tous les soldats eussent esté autant de Dames pour iuger de son adresse. Amphialus receuant ce deffy, ils coururēt l'vn contre l'autre : & Amphialus luy donna vn grand coup sur la teste : mais lors qu'il apperceut ce beau visage qu'Agenor (ce sembloit) n'auoit tenu descouuert, qu'afin que les armes eussent quelque respect pour luy, la compassion qu'il eut de cette ieunesse, esmoussa la pointe de sa premiere colere. Voulant donc espargner le beau visage d'Agenor, il laissa glisser sa lance sur la cuisse de ce gentil-homme, comme s'ils n'eussent voulu tous deux se battre, que pour s'esbattre, & non pour se blesser: mais l'impitoyable lance d'Amphialus, comme faschée d'auoir esté mise en pieces sans se vanger, frappa de l'vn de ses esclats le visage du Cheualier, plus propre aux assauts de la belle Venus, qu'à ceux du vailllant Mars. Bien que ce coup ne fust pas premedité, si ne laissa-t'il point de faire perir la beauté & la vie tout ensemble de ce jeune Cadet. Vn autre Caualier nommé Leontius qui l'aymoit grandement, voulut entreprendre Amphialus afin de vāger sur luy la mort de son amy : mais il fut aussi mal-heureux que l'autre. Tout le bon-heur qu'il eut en ce cōbat, fut de finir sa vie & son

E e ij

amitié en mesme temps, & en la mesme place que son cher Agenor.

Durant ce particulier combat, les deux armées se choquoient furieusement à leur premiere salue, que si peu de personnes essuyoient, qu'il ne se donnoit pas vn coup qui ne portast la mort auec soy, tant ils estoient eschauffez & animez les vns contre les autres.

Vn escadron se faisoit iour dans vn autre escadron à coups de lances, dont les esclats voloient en l'air, si dru qu'ils sembloient menacer le Ciel. Vne trouppe auec l'espéee qui est la Reyne des armes, ou bien auec des haches & des massuës portoit la terreur & l'horreur dans les trouppes ennemies. Ainsi chacun taschoit de preuenir sa mort par celle du premier qui se presentoit à luy. Le bruit des armes, le branslement des picques, les cris des blessez, & le ressentiment des coups composoient les quatre parties de leur effroyable musique. On ne voyoit qu'vne grosse poussiere qui sembloit vouloir cacher l'horreur des playes qu'ils s'entrefaisoient : & n'entendoit-on que les gemissemens des soldats qui mouroient. Bref on ne recognoissoit par tout qu'vne horrible image de la mort. Les cheuaux mesmes sembloient s'animer à la defence de leurs maistres, tant ils se monstroiēt pleins de fougue en ce dernier deuoir qu'ils estoiēt obligez de leur rendre. Voire il sembloit qu'ils pretēdissent quelque part au triomphe de la victoire. On en voyoit quelques-vns tōbez morts dessous leurs maistres chargez aussi de playes mortelles, ayās receu pour recompense de leur fidele seruice, ces injustes blessures : Quelqu'autres estoient aussi tombez par messme accidēt sur ces Caualiers, & en mourant auoient l'honneur d'estre portez de ceux qu'ils auoient porté durant leur vie. Les autres ayans perdu le courageux fardeau qui leur commādoit, comme honteux de la rage des hommes s'en fuyoient par la campagne chercher leur premiere liberté. La terre de qui la coustume est de couurir les morts, estoit lors toute couuerte d'hommes que la mort auoit marquez de differentes façons. D'aucunes places estoient pleines de testes depossedées de leurs naturelles seigneuries : Et d'autres endroits, estoiét couuerts de corps entiers, dont les cœurs autres fois pleins de generosité estoiét vuides de sang, & de chaleur naturelle. Aucuns par vne affreuse & pitoyable mort, auoient les entrailles hors de leur ventre: Icy l'on voyoit des bras coupez, dont les doigts mouuoient encores, comme s'ils eussent voulu rentrer dans la meslée. De là se trouuoient des iambes deschargées de leurs fardeaux, qui toutesfois en estoient contre raison deuenuës plus pesantes. Bref tout cela n'estoit qu'horreur & pitié.

Or le Prince Amphialus, que l'Amour, la Ialousie, & la Valeur, comme trois furies infernales animoient au combat, sembloit vn tygre irrité sur vne troupe de loups, qui luy vouloient rauir sa chere proye nouuellement conquise, remettant deuant les yeux de son courroux, que toutes ces forces estoient leuées pour luy oster sa belle Philoclée: Il s'irritoit luy-mesme, afin que sa force & son courage respondissent à la grãdeur de son amour: En cette fougue guerriere, il tua de sa main vn vieil Caualier nommé Eschylus, qui eust à peine trouué des tesmoins qu'il auoit autresfois esté jeune, & qui pouuoit estre plus propre à donner du conseil, qu'à frapper luy-mesme des coups : Et qui toutesfois estant encor robuste, & d'vn genereux courage, vouloit auoir part à la gloire des belles actions, sans penser à sa vieillesse. Ce qui l'enhardissoit encor d'auantage, estoit la creance qu'il auoit en vne certaine Prophetie qui luy auoit predit, qu'il ne mourroit iamais qu'entre les bras de son fils : (ce qui l'empeschoit aussi de craindre ceux de ses ennemis:) & lors qu'il sentit l'espée d'Amphialus luy percer la gorge d'outre en outre, il croyoit estre trompé : mais auant que de mourir, son fils le voyant par terre, le prist entre ses bras, iusques à ce qu'vn Soldat de l'autre party luy dōna d'vne massuë sur la teste: tellement qu'accomplissant la prophetie, il fit mourir le fils, le pere estant desia mort dãs ses bras: Et pour le regard de Drialus, de Memnon, de Nisus & de Policrates, le premier eut les yeux creuez, le secõd qui auoit parlé au mesme Astrologue qu'Eschylus, pource qu'il l'auoit trouué quelquefois bien rencontrer, croyoit n'estre iamais tué que par ses compagnons: aussi se presentoit-il hardiment à ses ennemis, & se défioit de ses amis. Il ne s'estimoit pas estre en plus grande seureté que lors qu'il estoit au milieu des batailles, & se croyoit au contraire en danger lors qu'il s'en alloit coucher. Il mettoit des gardes à l'entour de son lict: mais encor croignoit-il qu'ils ne le tuassent. Amphialus aydant à luy oster ces doubtes de l'esprit, le renuersa bien blessé de dessus son cheual, & lors ses propres cōpagnons accoururēt vers luy pour le secourir : mais ce fut en si grande foule qu'ils l'estoufferent sous eux. Quant à Nisus il vint aux mains auec Amphialus qui le tua d'vn poignard qu'il portoit ordinairemēt. Et pour Policrates, sa fortune ne fut guere meilleure : Car comme il se tenoit serré dans son rang, Amphialus y arriua, qui d'vn memorable coup luy mit la teste à bas : Et dans les agonies de la mort, il picqua son cheual, qui le porta dans le gros de ses ennemis, si bien que cela leur donna de l'espouuante. Ce qui fit tourner en prouerbe que c'estoit vn courage de Policrates qui se battoit encor apres sa mort. Bref il n'y en eut pas vn qui eschapast plus heureusement des mains d'Amphialus, que Phebilus, qui auoit long temps aymé Philoclée, mais à cause de l'inesgalité de sa condition, il ne l'auoit iamais osé faire paroistre.

Ce Caualier donc ioignant le juste dépit d'vn riual, à la generosité d'vn courage ennemy, se defendit vaillamment contre Amphialus. Et comme ce Prince auoit desia fracassé toutes ses armes, & qu'il leuoit l'espée pour luy fendre la teste, ô Philoclée, dit lors le vaillant Phebilus, ie meurs content, puis que ie meurs pour vous. Ce nom de Philoclée fit arrester Amphialus, & quoy que la rencontre de ce riual euſt d'auantage enflammé ſa colere, & qu'il euſt plus de ſubject de le hayr qu'auparauant, il ne voulut pas neantmoins qu'il euſt cét hōneur de mourir pour Philoclée: Au contraire il tourna ſon eſpée d'vn autre coſté, ſans le vouloir offencer, quelque haine qu'il luy portaſt: mais que ſeruit cela au pauure Phebilus, puis que ſon mal-heur fut ſi grand, qu'eſtant eſchappé de mourir de la main d'vn vaillant homme, il fut tué par vn laſche ſoldat, qui le voyant ainſi deſarmé, le perça d'outre en outre.

Voila quelle fut la valeur d'Amphialus, qui alloit mettre les ennemis en déroute, quād Philanax auec de nouuelles forces, vint releuer les courages abbatus de ses troupes: Car leur ayant demandé de tant loing qu'ils le peurent ouyr, lequel des deux ils tenoient plus honnorable, ou de combattre ou de fuir, s'alla luy-mesme ietter dans la plus forte meslée des gens d'Amphialu, & comme Capitaine, experimenté qu'il estoit, joignant la force, & la discretion tout ensemble à son courage, il paroissoit tel qu'vn genereux lion qui veut apprendre ses petits lionceaux à joindre le courage & la ruse à leurs forces, pour bien attraper la proye. La fortune donc comme lasse d'auoir si long temps ioué en l'vn des costez de ce jeu de paume sanglant, s'en alla de l'autre part, & fit qu'il en cheut autant par terre du costé d'Amphialus, cōme il en estoit demeuré du party de Philanax: De sorte qu'ils furent contraincts de reculer, & perdirent bien tost autant de terre comme ils en auoient gaigné, la laissant garder seulement à ceux qui s'estoient eux mesmes perdus en la gardant. En fin vne effroyable mort faisoit là coucher paisiblement ensemble ceux qui durant leur vie estoient si mortels ennemis.

Ce qui restoit de consolation parmy tous ces desordres à quelques vns de ceux qui respiroiēt encor, c'estoit de voir courir les premiers à la barque de Caron, ceux qui faisoient nagueres dessein de les y enuoyer eux-mesmes. Les genereux guerriers Codrus, Ctesiphon & Milo perdirent la vie en ce combat par les mains de Philanax : mais il n'y en eut pas vn dont on pleignist d'auantage l'infortune que celle d'vn Escuyer d'Amphialus. Ce jeune gentilhomme qui s'appelloit Ismenus n'abandonnoit iamais son maistre, & faisoit en sa premiere ieunesse, des actions aussi genereuses, que pas vn des plus vieux & robustes soldats. Cét Ismenus donc voyant que les troupes d'Amphialus s'esbranloient, que la seule valeur de ce genereux Seigneur, empeschoit qu'ils ne prissent vne honteuse fuitte ; & que son cheual auoit esté tué sous luy : il descendit à bas du sien, sans consulter que son courage & sa fidelité. Cela faict

faict il l'ayda à remonter dessus ; cependant qu'vn bon nombre de soldats d'élite soustenoient toufiours le combat. Cela n'empescha pas que parmy les trouppes qui accouroient, les vns pour secourir, & les autres pour deffaire Amphialus, ce gentil Ismenus ne tombast entre les mains du vaillant Philanax. Ce braue gentil-homme recognoissant que c'estoit le chef des ennemis, & mesprisant de perdre la vie pour s'acquerir de la gloire, commença de luy decsharger vn grand coup sur les iambes.

Philanax se sentant frapper se tourna deuers luy : mais le voyant si jeune, & de si bonne mine, il eut pitié de luy, & sans le punir autrement, il se contente de le faire son prisonnier esperant de le dōner à son frere Agenor, dont cettuy-cy auoit beaucoup de resemblāce à cause de sa jeunesse, & de sa grace mesmes. Mais comme il estoit en ceste pensée, le malheur voulut pour luy qu'il aduisa le pauure Prince Agenor estendu sur la place auec son amy Leontius, tous deux si proches d'Ismenus qu'il les fouloit presqu'aux pieds. Ce triste aspect affligea grandement Philanax tant pour la perte qu'il faisoit en son particulier qu'à cause du desplaisir qu'il sçauoit bien que leur mere en auroit lors qu'elle apprendroit ces tristes nouuelles, puis qu'elle ne luy auoit permis qu'à regret, & les larmes aux yeux de s'en aller à la guerre auec son frere aisné. Ces considerations bannirent la Pitié du cœur de Philanax qui voulant descendre de cheual, fut frappé par Ismenus qui luy porta quelques coups, mais plus courageusemēt que fortement donnez: car ils ne firent autre effort que d'irriter dauātage ce Seigneur cōtre luy. De sorte qu'en disant ces paroles en colere: *Il faut que d'autres meres, aussi bien que la mienne, pleurent la mort aduancée de leurs jeunes enfans,* il passa son espée dans le corps d'Ismenus, qui sembloit mesme en mourant vouloir brauer la mort. Car tant que son ame y pust resister, il luy dict des injures, & fit des menaces contre elle. Philanax eut du regret en luy-mesme d'auoir donné ce coup, lors qu'il le vid tōber ainsi qu'on void cheoir vne belle pomme que quelque indiscrette main rompant ses branches, auroit abbatuë auant qu'elle soit bōne. Toutesfois la mort de sō frere l'animoit tellemēt à la vēgeance; qu'il ne perdit pas seulement la memoire d'Ismenus: mais il s'oublia soy-mesme & le soin de son propre salut. Il pressa dōc ses ennemis de trop prés: car s'estant precipité sur eux, pensant qu'ils fissent retraicte, il leur fit tourner teste, si bien qu'auparauant qu'il y pûst prendre garde, il fut enuelopé de tous costez des gens d'Amphialus qui fondirent sur luy, sans pouuoir estre secouru. Il recognut lors, mais trop tard, la faute qu'il auoit faicte. Amphialus se voulant preualoir de cét aduantage, soustint l'effort de ses ennemis, pendant que quelques-vns des siens, emmenerent Philanax prisonnier. La perte de ce Capitaine donna l'alarme à ceux de son party qui s'enfuyoient desia quand il suruint vn Cheualier armé fort simplement d'armes noires sans estre suiuy de personne qui merite qu'on en parle. Il couroit comme vn foudre sur vn cheual fougueux, & qui craignoit plus l'esperon que son maistre les coups d'espée: On veid bien que c'estoit vn homme qui n'auoit point de commandement en l'armée, & qu'il estoit comme estranger : mais sa vertu pourtant le faisant admirer, le fit bien-tost cognoistre : & luy donna tant d'auctorité parmy ceux de ce party, qu'ils le suiuirent tous comme quelque demon que les Dieux auoiēt enuoyé pour les encourager, & les sauuer tout ensemble. Les plus courageux se rangerent à luy, & sa valeur, mesme attira les plus poltrons à combatre sous luy. S'estans donc ainsi rejoints il fit de la broderie, & des ornemens à ses armes, & aux caparassons de son cheual, auec le sang de ceux du party d'Amphialus. Autant de coups qu'il donnoit estoient autant de playes, & toutes ces playes autant de morts. Il estoit si prompt, & si adroit qu'encor que son espée fûst plus viste que ses yeux, son iugement ne laissoit pourtant pas de marcher tousiours deuant son espée. Il tua Sarpedon, Plistonax Strophilus & Hippolitus (braues & genereux Caualiers) dés la premiere rencontre, & de sa propre main. Ces braues Gentils-hômes auoiēt entrepris la garde d'Amphialus ce iour-là. Mais cependant qu'ils estoiēt en ceste faction, ils furent eux-mesmes emportez par ce Cheualier estranger, qui les laissa fouler des pieds de leurs cheuaux, & fut entreprendre Megalus qui se glorifioit en luy-mesme d'auoir eu ses armes tachées du sang des ennemis: mais lors qu'il veid le sien propre meslé parmy le leur: il recogneut à ses despens que la cruauté n'eut iamais vne heureuse victoire. A ce dernier succeda Palemon, qui auoit imprudemment iuré de ne se point retirer du Combat qu'il n'eust de sa propre main tué dix Caualiers ennemis. Il en auoit desia fait mourir neuf qui accomplissoient par ce moyen la plus grande partie de son vœu quand le Cheualier aux armes noires l'enuoya faire le dixiesme. Voila ce qui se passa iusques-là dãs ceste belle meslée. Mais l'inconstante Fortune, pour son plaisir chãgea bien-tost la face du cõbat: car bien qu'il fust effroyable dés son commencement,

& que l'esclat & la beauté des harnois, la dorure des espées des lances & des riches caparassons des cheuaux, cachassent l'horreur de cette rebellion aux yeux de ceux qui en consideroient le visage: Le sang respandu, les habillemēts de teste rompus, la poussiere esleuée, & l'horreur de tant de corps morts sur le champ de bataille faisoit toutesfois assez recognoistre le desastre & la pitié que ces tristes sousleuemens amenoient auec eux. Mais tout cela ne pouuoit diminuer le courage d'Amphialus: parce qu'il estoit charmé des beautez de Philoclée, qui cachoiēt à ses yeux toutes ces deformitez, & enflāmoit son çouroux plustost que de le refroidir par l'aspect de tous ces dangers. Si bien que desirant trouuer quelque obiect digne de sa valeur, il alla chercher ce cheualier armé à noir. Il le recognut aisément: car luy comme vn riche voluptueux qui faict abbatre la maison de son voisin, afin de se donner plus de jour, auoit terrassé tant d'ennemis, qu'il restoit seul en veuë, personne n'osant plus l'approcher. De sorte qu'Amphialus eut plus de sujet de s'étonner de ce qu'il le trouuoit, qu'il n'eut de peine à le rencõtrer. Que si le dommage qu'il faisoit parmy les siens luy donnoit d'vn costé quelque subjet de le haïr, de l'autre cela luy seruoit d'vne loüable emulation à le repousser vaillamment. S'approchans donc hardiment auec le desir de se joindre, ils mirent leurs corps à l'espreuue de leurs courages, & commencerent entr'eux vn combat, où la Discretion & la Valeur les accompagnoient tous deux. Tous ceux qui les voyoient iugerent aussi-tost que le desir de vaincre ne leur faisoit rien oublier pour se dóner la victoire. Pour moy ie ne croy pas que le plus fort homme du monde se pûst mieux ayder d'vn fleau (quand il bat la moisson) qu'ils se seruoient de leurs espées aux coups qu'ils se portoient. L'vn picquoit son cheual d'vn talon : de l'autre, il repoussoit celuy de son ennemy : & tous deux tenoient leurs cheuaux en obeïssance, par le moyen de la bride, comme le Pilote tient sa nauire en estat par le moyen du gouuernail: mais plus ils combatoient, & plus leurs courages s'animoient au combat: Plus ils receuoient de playes, & moins leur colere leur permettoit de ressentir la douleur de leurs blessures, comme voulans faire espreuue lequel des deux à la fin pourroit emporter la victoire, ou la Fortune ou la Valeur. Mais voicy qu'en mesme tẽps, il suruint vn vieil Cheualier qui auoit esté gouuerneur d'Amphialus, & qui poussé d'vn glorieux desir de faire encor cete charge alors que ce Prince en auoit besoin, courut droit au Cheualier aux armes noires, quand il y pensoit le moins: Il le blessa d'vn grand coup d'espée qu'il luy donna dans la cuisse, puis luy reportant vn autre coup, il tua son cheual dessous luy. Amphialus s'en estãt apperçeu le reprist aigrement. Arrestez-vous (luy cria-t'il) Cheualier, si vous ne voulez que vostre secours ne me tourne à des-honneur : Vous auez bonne raison (luy respondit le vieux Cheualier:) Cependant que vous faictes icy l'action d'vn simple soldat, vous battant seul à seul, vous laissez à vostre grand des-honneur, la campagne libre à Basilius qui vous vient inuestir, & vous & vostre ville. Amphialus jettant la veuë de ce costé là, recognut que son Gouuerneur disoit vray, & que Basilius taschoit de luy fermer le passage de toutes parts, pour l'empescher de se retirer.

Ayant donc commandé qu'on sonnast la retraitte, son gouuerneur prist le soin de conduire ses gens au Chasteau, durant que luy-mesme marchoit tousiours en queuë, comme s'il eust tenu la bonde de quelque escluse, pour lascher l'eau, plus ou moins, selõ qu'il le iugeoit necessaire. Aussi s'acquitta-t'il de cette entreprise si dignement, que sans mentir, encores que cette retraitte ne se pûst faire qu'auec la perte de plusieurs de ses gens, si est-ce qu'il se rendit dans le Chasteau sans estre blessé, apres auoir fait sentir à ses ennemis ce que pouuoit vne lance qui ne trenchoit que pour le seruice de Philoclée.

Toute l'armée de Basilius prit le dueil, à cause de la mort de Philanax, & ce qui redoubla leur fascherie encor, fut qu'on ne peust apprendre que deuint le Cheualier aux armes noires, qui se sentant blessé, & trouuant vn cheual qui n'auoit point de maistre, s'en estoit accommodé pour s'en aller, cependant que les ennemis faisoient leur retraitte. La blessure de sa cuisse ne luy estoit point si fascheuse, comme le regret qu'il auoit de ne s'estre peu vanger de ce coup. Basilius qui n'auoit peu faire qu'Amphialus ne gaignast sa forteresse, l'inuestit du mieux qu'il pût, cependant qu'il entēdoit malgré luy les resiouissances que faisoient là dedans ses propres subiects à la loüange d'Amphialus, qu'ils aimoiēt passionnémēt: comme vn Seigneur dont les actions genereuses donnoient encor plus de lustre à son extraction, que la noblesse de son sang ne leur en pouuoit dōner. La premiere chose que fit Amphialus lors qu'il fut entré dans le Chasteau, ce fut d'aller visiter Philoclée, & de luy faire chanter par vn de ses pages qui auoit la voix fort excellente, quelques vers qu'il auoit cōposez sur vn songe qu'il auoit faict la nuict d'auparauāt qu'il aymast Philoclée. Les vers estoiēt tels:

CHANT

CHANT, OU SONGE
d'Amphialus,

Recité par vn de ses Pages deuant la belle Philoclée.

LA celeste voûte azuree
Se cachoit de son voile noir,
Et sembloit ainsi mal paree
N'oser quasi se faire voir.

Le Soleil à la tresse blonde
Laissoit reposer ses cheuaux,
Et se delassoit dedans l'onde,
De tant de iournaliers trauaux.

Tout estoit en profond silence,
Le sommeil parmy l'vniuers,
Charmoit la dure violence
De maints & maints soucis diuers.

La terre d'vn estrange marque
Grauoit dans les sens des mortels
La triste image de la Parque,
Dont ils abhorrent les autels.

Alors que libre & sans enuie
Ie goustay ce doux liniment,
Le repos, qui de nostre vie
Se peut dire vn autre element.

Mon cœur exempt de ces detresses
Que nous donne l'ambition,
Goustoit les douceurs charmeresses
d'vn homme franc de passion.

Les tristes chagrins ordinaires,
Qui reueillent à tout propos
Les sens des pauures mercenaires,
Ne pouuoit troubler mon repos.

Mes pensers loin de ces vacarmes
Dont les humains sont accueillis,

Se mocquoient de ces foibles charmes
Qui les rend si tost enuieillis.

Parmy ce calme tant extréme,
Ie ressemblois ces belles fleurs
Dont le chef penchant de soy-mesme
S'abaisse durant les chaleurs.

I'estois comme la Tourterelle,
Qui dedans son nid bocager,
Cachant sa teste sous son aisle,
S'endort sans crainte du danger.

Ainsi despouillé de tristesse,
Et des soucis plus ennuieux,
Ie reposois plein d'allegresse,
Le Sommeil me fermant les yeux.

Mon esprit libre & volontaire
Erroit par les champs asurez,
Et d'vn extase salutaire
Tous mes sens estoient épurez.

Mon ame alors fut emportée
Sous les ombrages gracieux,
Dans la forest de Samothée,
Autrefois agreable aux Cieux.

De là ie voyois la structure
De tant & tant de corps diuers,
Et l'admirable architecture
Des voûtes de cet vniuers.

Là d'vne recherche importune,
Curieux ie voulois sçauoir
Que c'est ce qu'on nomme Fortune,
Et iusqu'où s'estend son pouuoir.

Que c'est des fieres destinees,
S'il est impossible aux humains,
Durant le cours de leurs annees,
De pouuoir sortir de leurs mains.

D'où vient cette viuante flame
Qui peut donner l'estre à nos corps,

Et que c'est ce qu'on appelle ame,
Qui fait mouuoir tant de ressors?

D'où vient que la cruelle absence
De ce feu si sainct & si beau,
Par vne estrange violence
En fin nous entraine au tombeau?

Durant ces pensers agreables,
Doux apas d'vn songe trompeur,
I'entendis des bruits effroyables,
Qui me glacerent tout de peur.

Comme si les vents pesle-mesle,
D'vn mutuel consentement,
Auec le tonnerre & la gresle
Eussent destruit vn bastiment.

Ie vis la Lune courroucée,
Qui par morceaux se deschira,
Et d'vn juste disdain poussee
Loin de mes yeux se retira.

Gg iij

Les Cieux à ce bruit s'entrouurirent,
Et i'entreuis mille clartez,
Qui tout à coup me descouurirent
Dans vn char deux jeunes beautez.

L'vne auoit son habit modeste,
Et l'œil ensemble graue & doux;
Sa jupe estoit d'vn bleu celeste,
Qui luy tomboit sous les genoux.

Cette aymable & belle Deesse,
Vestuë assez negligemment,
Ressentoit bien sa chasseresse,
De nos bocages l'ornement.

Elle portoit en sa main d'extre
Et les fleches & l'arc Turquois,
Vne escharpe au costé senextre
Portoit son redouté carquois.

Mais l'autre estoit bien mieux parée,
Elle auoit l'œil doux & mignard,

Sa mine estoit plus asseuree,
Et son geste vn peu plus gaillard.

Au milieu de ces deux Deesses
Estoit vne jeune beauté,
De qui les graces charmeresses
Pouuoient rauir la liberté.

Ie restay confus en moy-mesme
Lors que ie vis ces Deitez,
Et iugeay que leur grace extreme
Surpassoit les autres beautez.

L'vne estoit Cyprine la belle,
Mere de tous contentemens,
Et l'autre Diane rebelle
Aux amoureux esbatemens.

Lors cette derniere Deesse,
Auec vn gracieux sourcy,
Baisant sa Nymphe Chasseresse,
Me sembla luy parler ainsi.

Nymphe, des Cieux le cher ouurage,
Belle, dont les perfections
Sur les beautez ont l'auantage,
Object de mes affections.

Tu n'as iamais senty la flame,
Sinon pour aymer chastement;
Car le seul ornement de l'ame
Est ton plus aymable ornement.

Il semble que par où tu passes,
Les ris, les jeux, & les apas,
Les mignardises & les graces,
Cheminent tout d'vn mesme pas.

Vien donc, chere Mira, dit-elle,
Et reçoy mon commandement,
Ie te recognois pour fidele,
Escouste, & te tais seullement.

La Nymphe alors haussa la veuë,
Et soudain ce Tyran des cœurs

Blessa mon ame à l'impourueuë,
Et fit que pour elle ie meurs.

Mon ame encores peu rusee
Soudain se sentit emflammer,
Tant c'estoit chose mal-aysee
De la voir sans pouuoir l'aymer.

Or Diane toute irritee,
Auec vn dedaigneux mépris,
Voulut premiere estre escoutee,
Parlant à la belle Cypris,

Vous sçauez, belle Cytheree,
Et n'en puis parler qu'auec pleurs,
Combien nostre haine juree
Nous cause de tristes mal-heurs.

Le Ciel, qui de nous faisoit conte,
Et benissoit nos actions,
Aujourd'huy nous voit auec honte
Le jouët de nos passions.

Hé quoy? voyõs-nous pas nos Tẽples,
Nos mysteres, & nos autels,
Porter tesmoignages bien amples
Du peu de respect des mortels?

Cette ingrate & cruelle engeance,
Peu s'en faut, nous va menassant,
Nous qui venons de la semence
De Iupiter le Tout-puissant.

Nos honneurs leur sont en risees,
Nos noms leur semblent odieux,
En fin nous voila mesprisees
Des hommes mesmes, & des Dieux.

Nos discords sont la seule cause
Du mespris que chacun nous fait,
Et quant à moy ie me propose
De reparer un tel mesfait.

Nostre aage à cela nous conuie;
Car le temps qui peut tout dompter,

Le fit recognoistre en la vie
Du geniteur de Iupiter.

Apaisons nos vieilles querelles,
Et n'attendons point de secours,
Ny qu'Apollon comme aux mortelles
Vueille renoueller nos iours.

Il faut que l'vne à l'autre cede,
Et terminons là ce discord,
S'il faut que Venus me precede,
Quant à moy i'en seray d'accord.

Il me sembla que ces Deesses
Ietterent lors sur moy les yeux,
Et que leurs graces flateresses
Me rauirent iusques aux Cieux.

Ce ieune homme est assez capable,
Dit lors Diane, & fay serment,
Que comme d'vn Iuge equitable
Ie veux suiure son jugement.

Celle qui merite la gloire,
Et sur l'autre emporte l'honneur,
Qu'elle ait pour signe de victoire
Cette couronne de valeur.

I'en veux croire aussi ce jeune hôme,
Dit Venus, comme par mépris:
Si jadis i'emportay la pomme,
I'espere encor cet autre prix.

Qu'il nous iuge en sa conscience
Par les eaux du Stix ie promets
De subir à cette sentence,
Et de n'en appeller iamais.

M'ayans donné leur foy pour gage,
Sans respect, & sans passion,
Ie leur tins ce libre langage,
Pour terminer cette action.

Iuges en vostre cause mesme,
Vous deuriez vous donner la loy,

Sans que d'vne insolence extreme
Vous puissiez vous en croire à moy.

Et puis ie ne voy sur vos faces
Rien qui me semble precieux,
Et cette Nymphe a plus de graces
Que vous, seulement dans ses yeux.

Elle que l'honneur enuironne,
La sagesse, & la chasteté,
Doit emporter cette couronne
Pardessus toute autre beauté.

O Dieu! que deuindrent ces Dames?
Leurs yeux colerez & jaloux
Furent alors tous pleins de flames,
Mais c'estoient flames de couroux.

Tu sentiras, Iuge peu sage,
Dit lors la mere des Amours,
Combien m'offence vn tel outrage,
Auant qu'il soit bien peu de iours.

Non, ie ne seray point parjure,
Bien qu'en mon cœur ie m'en repens,
Mais ie vengeray cette injure,
Ingrat, à tes propres despens.

Puis que cette ieune pucelle
T'a peu si doucement charmer,
Ie veux que tu brusles pour elle,
Te consommant par trop l'aymer.

Que cette ingrate & desdaigneuse
Ne fasse cas de tes amours,
Et que dans ta flame amoureuse
Tu traisnes tes mal-heureux iours.

Et moy, ce dit l'autre Deesse,
I'entends qu'auec la chasteté,
Et les dedains, & la rudesse,
Soient compagnons de sa beauté.

Que tu luy sois desagreable,
Que ton nom luy soit odieux,

Et qu'enfin comme un miserable
Tu languisses loin de ses yeux.

Qu'au lieu de gouster des delices,
Parmy tes feux infortunez,
Ce ne soient qu'horreurs, que suplices,
Pareils à ceux-là des damnez.

Lors au Ciel elles s'envolerent,
Me presageant mille mal-heurs,
Mes sens au reueil me trouuerent
L'ame triste & l'œil plein de pleurs.

O songe par trop veritable,
Ie cognois que les doux apas
De cette beauté redoutable
Causeront en fin mon trespas.

Et toy sommeil qui deuois estre
De nos trauaux l'alegement,
D'où vient ce la que tu fais naistre
Dans mon esprit tant de tourment?

Au milieu de tes doux silences,
Lors que le corps va sommeillant,
Tu fais sentir des violences
Qu'on peut éuiter en veillant.

En vain donc la race des hommes
T'honore & te fait des presens,
Hé! mal-aduisez que nous sommes,
Tu ne fais que troubler nos sens.

Et puis chantez-moy la vaillance
D'Amour cet enfant renommé,
Qui me prend lors que moins i'y pense,
Endormy, foible, & desarmé.

Ainsi par des efforts contraires
Ie suis trauaillé nuict & iour,
Ayant pour mes fiers aduersaires,
Le Sommeil, le Songe, & l'Amour.

Voyla comme Amphialus de retour voulut saluer sa belle.
Il ne

Il ne deposa pas seulement ses lauriers aux pieds de sa belle Philoclée: mais il y mit aussi son cœur: quoy qu'il recognust bien à sa cōtenance aussi froide qu'elle auoit accoustumé d'estre, que l'heureux succés de ses armes ne luy seroit qu'vn glorieux cercueil pour le conduire au tōbeau. Cela le contraignit d'auoir recours à sa mere, qu'il pria de persuader de rechef ceste desdaigneuse beauté de luy vouloir du biē. Il enuoya aussi querir Philanax, qu'il auoit tousiours hay, & qu'il hayssoit encor plus que iamais, à cause de la mort d'Ismenus. Ce Seigneur estant deuant luy, il luy reprocha que c'estoit luy qui l'auoit principalement fait sousleuer

Hh

contre Basilius, & qui auoit le premier esmeu cette rebellion : tellement qu'il estimoit que cela estoit suffisant de luy faire trencher la teste. La mere d'Amphialus & quelques autres auoient encor apporté leur authorité, & leurs raisons auec luy, pour luy faire cognoistre qu'il meritoit la mort. Comme ils en estoient là dessus, Philoclée ayant appris le danger que couroit Philanax, enuoya vne de ses Damoiselles dire de sa part à Amphialus que s'il desiroit faire quelque chose pour elle, elle supplioit que Philanax n'eust point d'autre mal que celuy de la prison : Cette fille arriua justement comme on luy alloit prononcer l'iniuste arrest de sa mort. Philanax escouta cette ambassade, auec vne merueilleuse constance: car il tenoit à grand faueur de mourir pour vne si iuste cause. Amphialus changeant lors de face au discours qu'il auoit premedité, remercia Philanax de ce qu'il estoit cause de la faueur qu'il receuoit de sa Maistresse, qui auoit pris la peine de luy enuoyer faire ce commandemét là: luy donnant liberté sur le champ de s'en retourner où il voudroit. Il luy remit encor la rançon qu'on eust peu pretendre de luy, & luy iura particuliere amitié, l'asseurant qu'il le seruiroit par tout : & qu'il ne desiroit autre chose, sinon qu'il luy donnast aduis du dessein de Basilius. Philanax estonné de cette injuste deman-de: Sans mentir (luy respondit-il) genereux Prince, si i'auois l'honneur de participer aux secrets de mon Roy, i'aymerois mieux choisir les plus enormes supplices, que l'on me pûst seulement vn iour reprocher, ou aux miens, ce detestable nom de traistre. Mais puis que mon maistre n'a point vsé de secrettes prattiques enuers vous, & que ses actions paroissent à la veuë de tous les peuples de la terre, ie vous en feray bien la declaration, & vous diray l'estonnement où la Royne sa femme & luy, se trouuerent lors qu'ils sceurent la prise de leurs filles, & de Zelmane. Ils en accusoient quelquesfois cette Amazone, parce qu'elle

est estrangere:& puis aussi-tost
ils se mettoient en l'esprit que
c'estoit quelques restes de la
sedition derniere qu'ils pensoient plustost estre accreuë
qu'appaisée, suiuant le rap-
port que leur en auoit peu faire Miso, lors que deliurée de la
faim & du baaillon qu'on luy
auoit mis; elle fut de retour
aux loges. Le Roy en apprit les
plus certaines nouuelles de la
bouche de quelques villa-
geois qui auoient veu le stratagesme, dont on auoit vsé
pour leur rauissement, & le reste de tout ce procedé: mais
cecy ne pût encor donner iour
à leurs opinions, iusques à ce
que quelques Gentils-hom-
mes du pays asseurerent que
c'estoit vne partie que vous

auiez prattiquée de longue main.

Basilius ayāt ouy cela, protesta solemnellement de se ressentir de ceste injure, & d'en tirer la reparation: conjurant tous ses subiets de vanger cette offence faicte à la dignité Royale: les asseurant de ne leuer iamais le siege de deuant cette place, qu'il n'eust premieremēt effacé par le sang des traistres autheurs d'vne si malheureuse perfidie, la tache faicte à leur Roy & à leur pays: mais il resolut de l'auoir plustost par famine que par la force, pource disoit-il, qu'il cognoissoit assez, & la valeur & le desespoir de ceux qui la gardoient.

guerre pour l'inuestir, & quantité de Pionniers pour trauailler aux retranchemēts, & à faire des mines, s'il en estoit besoin. Et qu'il auoit mis ordre qu'on amenast tous les iours au camp les choses necessaires en ces occasions. Ie vous supplie donc, (dit Philanax) Monseigneur, de permettre, puis que vous m'auez rendu la vie, que ie vous donne vn moyen de conseruer la vôtre auec vostre honneur: vous asseurant que ie vous cheris & vous honore à cause que vous estes Nepueu du Roy mon Maistre. Vous n'ignorez pas la bonté de son naturel, qu'il est aussi prest à pardonner

bats que doux en la victoire. Voſtre faute paſſée, eſt remiſſible, pource que l'amour & la jeuneſſe vous ont ſollicité de la commettre. N'aigriſſez dõc point ſon courage benin, & taſchez d'obtenir de ſa clemence, ce que vous n'aurez iamais de luy par la force. On recognoiſſoit ayſément à la contenance d'Amphialus, que le dépit & la colere, euſſent volõtiers prins la parole pour luy: mais le reſſouuenir qu'il auoit de Philoclée ſeruoit d'vne forte barriere entre ce dépit, & les effects de ſa colere. Philanax rompit là ſon diſcours, & ne pourſuiuit pas dauantage, pource qu'il recogneut que ce conſeil ne plaiſoit pas au Prince Amphialus, qui luy dit ce qu'il ſe pouuoit

retirer en toute seureté. Philanax accepta volontiers ceste
grace, puis qu'il receuoit sa liberté sans faire breche à son
honneur, & sans offenser sa fidelité. Il ne voulut pas visiter les Princesses, de peur
de donner quelque ombrage à
Amphialus: Ioint que ce sage
Seigneur recognoissoit assez
que cela ne leur pouuoit de rié
seruir, & qu'il n'y auoit que la
force qui les pûst tirer de là.
Ces pauures Dames n'auoient
pas le bien de se parler,
& toutes celles qui les seruoient seulement estoient les
confidentes de Cecropie, qui
ne laissoit pas passer vn seul
iour sans téter quelque moyé
pour faire reüssir les desseins
de son fils, & faire changer

leurs resolutions, employant les mesmes raisons côtre l'vne que celles qu'elle auoit desia inutilement essayées contre l'autre: resoluë qu'elle estoit, en ayant gaigné l'vne, de faire au desceu de son fils, empoisonner l'autre. Elle n'vsoit neantmoins de ces persuasions qu'auec discretion, & selon qu'elle voyoit l'humeur de l'vne plus timide que l'autre, ou moins subiecte à craindre le danger. Elle auoit ce iour-là long-temps entretenu Philoclée, & n'auoit pas oublié de luy bien faire valoir la grace que son fils auoit faicte à Philanax en sa consideration: mais elle n'en tira point d'autre responce qu'vn silence retenu dans les bornes de la modestie, & qui faisoit recognoistre sa constance, & son humilité. Cecropie s'offença grandement de ce mespris, qui ne seruit que pour augmenter le desir qu'elle auoit de luy nuire: Elle s'en alla du mesme pas trouuer sa sœur Pamele qui s'estoit occupée à lire : son grand courage ne luy permettant point de s'entretenir auec pas vne des Damoiselles que Cecropie luy auoit données, à cause qu'elles luy estoient plustost geolieres que seruantes. Mais pource qu'elle auoit quitté sa lecture qui l'auoit ennuyée, Cecropie la trouua qui faisoit vne bourse de fleurs. L'on eust dit en la voyāt d'abord que son esprit ne cherchoit qu'à se desennuyer, quoy que toutesfois elle ne peust cacher les marques de sa tristesse qui se descouuroient trop dedans sa belle face. Elle traçoit sur cette bourse, des lis & des roses, si bien faites au naturel, que le Peintre le plus habile, se fust trouué bien empesché d'en faire de si belles auec son pinceau : voire ie croy qu'il eust esté biē aise de les imiter seulemēt. Elle trauailloit si proprement, & auec tant d'adresse, que l'œil ne se fust iamais lassé de la voir. Les roses qu'elle faisoit ressembloient à celles de ses levres, & les lis sēbloient ne tenir leur blācheur que de la main qui les traçoit, & non pas de l'argent dont elle les faisoit. Ses yeux fichez sur son ouurage ressembloiēt à deux Soleils, & les souspirs qu'elle exaloit sans y penser, pouuoiēt bien estre comparez aux doux Zephirs qui conseruent le bel esmail des fleurs, au Printemps. Auec cela les couleurs estoient si bien choisies pour le fonds de cét ouurage, qu'elles ne paroissent ny trop brunes, ny trop esclatantes non plus : Toutes ces choses ensēble le releuoient tellemēt qu'on ne pouuoit ietter sa veuë dessus, & ne s'estonner pas de ce que son esprit capable de resister aux coups de la fortune, auoit la patience de s'amuser à des choses si basses.

Cette Princesse estoit bien plus resoluë en son affliction, que n'estoit pas Philoclée : Il sembloit plustost qu'elle fust à la veille de ses nopces, que parmy les rigueurs d'vne captiuité: aymant mieux se representer sa grandeur accoustumée, que le party qu'on luy offroit, qu'elle estimoit moins qu'elle. Il sembloit mesmes qu'elle eust pris plaisir ce iour là de consulter plus curieusement sa glace, pour se mieux coiffer que de coustume, au lieu de se negliger: Ses mains aussi luy auoient encor rendu plus de seruice à la parer, que toutes les autres fois.

Cecropie la voyāt ainsi gentille, & d'vne humeur si contraire à celle de sa sœur, qui se negligeoit tellement qu'elle ne daignoit pas s'habiller, ny quasi parler seulement, se fit accroire d'abord qu'elle auroit bien moins de peine à la gaigner que l'autre : Laissant donc deslors le dessein qu'elle auoit sur Philoclée, elle s'assit prés de Pamele, & comme ayant desia quelque familiarité ensemble, elle porta sa main sur son ouurage: O que celuy à qui vous ferez l'honneur de presenter cette bourse se doit estimer heureux, puis qu'elle est façonnée d'vne si belle main : il en pourra sans mentir faire estat, non pas comme d'vne bourse à mettre des tresors, mais comme d'vn tresor mesme : digne, non pas d'estre portée, mais d'estre gardée dans le cabinet de son cœur. Pensez-vous dict Pamele (en sousriant) Madame, que ie la fasse pour donner ? nenny certainement, ie ne m'amuſe à petit ouurage, que pour me deſennuyer, & n'en fais pas plus d'eſtime que d'vne choſe vulgaire. C'eſt (repartit Cecropie) le propre d'vn bel eſprit, comme le voſtre, de faire toujours quelque action digne d'eſtre eſtimée, encor qu'il le croye pas. Veritablement, dict Pamele, Madame, ie ne trouue rien d'excelent en cela, ſinon que les couleurs qui ſont aſſez bien nuées, peuuent donner quelque contentement aux yeux; comme la diuerſité des tons en la muſique donne du plaiſir aux oreilles. Et voila tout l'aduantage qu'on en peut tirer, puis que c'eſt vne qualité auſſi bien cōmune aux beſtes, qu'aux pierres, &

res & aux arbres, parmy lesquels il s'en trouue quelques-vns, plus excellents que les autres. Ie veux bien, respondit Cecropie, vous aduoüer que la beauté se peut trouuer aux choses inanimées, aussi bien qu'aux creatures viuantes, si vous m'accordez aussi que le tiltre de beau, qu'on donne aux pierres & aux arbres, n'en diminuë point la valeur, au contraire qu'il en augmente le prix. Ce n'est pas qu'il ne faille preferer la beauté à l'esclat de toutes les autres choses, puisqu'elle se trouue aux personnes raisonnables, & qu'il n'appartient qu'à elles de la bien discerner. Or parce qu'il semble que nostre sexe soit le plus noble d'entre ceux qui sont capables de raison, la nature a voulu que parmy les dons qu'elle luy a si liberalement distribuez, la beauté le rendit plus recommandable que toute autre chose: ce qui rend veritablement ses faueurs grandement signalées. Les hommes font tousiours ce qu'ils peuuent pour s'acquerir de l'honneur. Que s'ils y peuuent vne fois paruenir, c'est ou pour auoir reduit leurs semblables à leurs volontez, par la force: ou par vn long estude, & par de belles harangues, persuadé le prix des choses, pour lesquelles ils ont de la passion. Il n'en est pas ainsi des femmes: car le moindre trait de leur beauté suffit pour leur acquerir vn Empire souuerain sur autruy. Tellement que le seul tiltre de Belle les peut faire commander sans authorité, & persuader sans parole. Vne belle femme n'a pas besoin d'eloquence, pour se biē faire oüyr. Ses yeux sont comme des chaisnons, qui attirent par les oreilles, ceux qui les osent escouter. Les hōmes mettent leurs vies en hazard pour vaincre, & les femmes font des cōquestes sans s'exposer aux dangers. Il n'y a personne qui ne fasse vanité de les seruir, non pource que la Loy le commande, (ce qui est le plus remarquable :) mais plutost à cause que leurs attraits sont autant de loix qui portent à l'obeyssance. Ce n'est pas non plus pour leur extraction : mais seulement pour l'amour d'elles. La femme n'a pas besoin de s'informer, si elle se fera craindre ou non : C'est assez qu'elle soit belle : car sa beauté produira tout aussi-tost la crainte, & fortifiera l'amour qu'on aura pour elle. Si elle a de l'esprit, elle ne cherchera point de force autre part qu'en ses propres levres pour assaillir, & pour se deffendre. Elles seruiront autant que cent mille boucliers. Que si elle manque de traits, elle en trouuera vne infinité dans ses yeux, dont les coups seront ineuitables. Il n'est que d'estre belle, ma niepce, la gloire d'vne femme ne peut iamais estre mieux releuée que par sa Beauté. Celles que le Ciel a liberalement pourueuës de ce don, sont obligées de n'en abuser pas, & de ne s'en seruir que pour la fin à laquelle il leur en a fait present. Sans mentir, respondit Pamele, Madame, ie crains bien qu'en me faisant si belle, vous ne me vouliez persuader que ma beauté me donne du merite, quoy que ie n'aye iamais eu tant de vanité que de le penser seulemēt. Car i'ay encore ceste mesme creance, en laquelle i'ay vescu iusqu'à present, que ces conquestes dont vous parlez procedēt pluſtoſt de la foibleſſe de celuy qui se laiſſe vaincre, que de la force du vainqueur. A propos de cela: i'ay oüy dire autresfois que les gruës renuersent des escadrons de Pigmées tous entiers, plus par l'aduantage qu'elles ont sur ces foibles canailles, que par leur courage de gruë. Nous voyōs aussi que les petits enfans ne cherissent rien tant que leurs Poupées, qui pourtant ne sont que de jouets qui seruēt à leur faire passer le temps. Mais puis que vous trouuez en l'aage où vous estes, la beauté digne des loüanges que vous luy venez de donner ; vous ne permettrez pas qu'elle soit soüillée, non plus que vous, ne souffririez pas qu'on vous gastast quelque chose dont vous fissiez estat. En vn mot vous ne deuriez pas permetre que les belles fussent trōpées. Cecropie s'estendoit dauantage en discours, non seulemēt sur les loüanges de la bourse : mais encor sur celles de la beauté de Pamele, ne laissant rien derriere, de ce que l'industrie de son malicieux esprit pouuoit inuenter pour se gaigner les bonnes graces de ceste Princesse qu'elle vouloit prendre en ses filets. Mais elle l'interrompant luy repartit: certainemét (luy dict-elle) ma tante, puis que vous faictes tant d'estat des belles, vous deuez donc empescher que la beauté ne coure de mauuaise fortune, & que les belles ne soient point trompées. Trompées! dict Cecropie, à Dieu ne plaise que mes discours tendent iamais à de si mauuais desseins: ô que ie meriterois d'estre blasmée! mon intention est seulement de persuader vostre beauté d'aymer, & vostre jeunesse à prendre du plaisir. Car comme les couleurs ne seruiroient de rien, s'il ny auoit des yeux pour en admirer la diuersité: la beauté seroit tout de mesme inutile, si elle n'estoit regardée par les yeux de l'amour. C'est pourquoy si ie parle à la beauté, & que ie m'efforce de luy persuader qu'elle doit aimer quelqu'vn. C'est pour luy faire de l'honneur, & non pas pour la tromper. La beauté se ternit par le temps & l'Amour qui est eternel, ne peut mourir dans le cœur d'vn Amant, cōme est le genereux Amphialus, mon fils: car s'il y eut iamais quelqu'vn qui meritast qu'on l'aime, ce ne peut eſtre que luy. Ses affections ſont ſi ſolidement fondées, que s'il penſoit vous offencer en vous voyant, il ne leueroit iamais l'œil ſur vous : Il n'y a point d'effects de ſon amour qui me plaiſe plus que cela (dit Pamele:) Mais comme ie vous ay dit autrefois, ie ne puis me reſoudre à trouuer bonne la recherche qu'il faict de moy ſans qu'il parle à mon pere, & qu'il n'ait ſon conſentement. Il faut qu'il commence par là ; c'eſt l'vnique moyen d'aſſeurer ſes deſſeins : autrement c'eſt offencer le Ciel, qui ne permettra iamais qu'il ait du contentement, s'il s'obſtine en la vanité de ſes deſirs. Ma chere niepce, ou pour mieux dire ma chere fille (dit Cecropie) ſi mes souhaits auoient lieu, que i'aurois de cét heureux mariage, s'accroistroit grandement, si ie voyois vos amours liez ensemble du zele, de la deuotion, & de la bien-veillance de vos parens! Mais nous n'en sommes pas là dessus: Il vous possede, & l'excés de son amour luy deffend de prendre aduis, ny consentement de personne, que de son amour mesme: C'est pourquoy vous deuez me donner quelque bonne parole, sans vser de tant de remises, & faire ces difficultez. Vostre contentement doit estre preferé à leur consentement. Les iours s'escoulent. Le Ciel fauorise tousiours celles qui entreprennent courageusement les choses difficiles.

Prenez donc l'occasion, sans penser dauantage, car le delay ne vous peut qu'apporter vn tardif repentir, quand consultant, voſtre miroir il vous reprochera le tort que vo⁹ auez.

Le Printemps ſe plaiſt dans les fleurs qui l'embelliſſent, ſans penſer aux fruicts de l'Automne. Cela vous apprend, qu'eſtant comme vous eſtes au Printemps de voſtre aage, vous deuez gouſter les delices de cette belle ſaiſon. Ne vous amuſez point aux vieux contes de ceux qui ſe voyant vn pied dans la foſſe, vous enuient vn bon-heur dont elles ne ſçauroient ioüyr. Ie vous conuie derechef de vous ſeruir de l'Occaſion, puis qu'elle s'offre à vous ſi volontairement. Car estant vne fois eschappée, il est bien difficile apres d'y pouuoir reüenir. Vous n'ignorez pas vous-mesmes que vostre pere ait refusé plusieurs grands Princes qui vous ont demandées à luy. Cela estant, permettriez-vous bien que vostre beauté se flestrist insensiblement pour cõtenter son humeur bizarre? Quelque fascheux que soit mon pere, respondit lors Pamele, si faut-il que ie recognoisse qu'il m'a dõnée la vie, & qu'il est cause que ie voy le Soleil: Ioinct que ce n'est pas à moy à iuger de ses imperfections s'il en a, & qu'il y a là haut vn Dieu, qui m'a soubmise à luy.

Cecropie vouloit passer outre en ce discours plein d'impieté, quand la vertueuse Pamele qui ne les pouuoit plus souffrir, commença de luy dire toute pleine de colere & de feu, c'est pour neant que vous m'importunez: Taisez vous meschante & mal-heureuse femme, indigne de viure, puis que vous ne recognoissez pas celuy qui vous donna la vie: indigne d'auoir vne langue, puis que vostre effronterie l'employe contre l'auctorité de celuy qui vous donne le benefice de parler. Gardez vos argumés en vous-mesmes, & ne ressemblez pas au chien qui se sert du mouuemét de sa queuë, pour tesmoigner sa flaterie: Vous distes que les iours passent legerement. Vous estes donc bien fole, puis que vous n'employez vostre esprit qu'en des folies. A quoy tant de raisons, puis que nous ne pouuons rien faire sans le plaisir de Dieu? Voudriez-vous faire Dieu inconstant: (Ce qui n'aduienne iamais,) puis que nous estimõs fols, ceux qui sont inconstans. Vous ne voyez pas ce grand Dieu, dittes-vous? Aussi ne veut-il pas estre veu par des yeux aussi meschans que les vostres : mais les siens tout-voyans, ne laissent pas d'apperceuoir iusques à la moindre de vos actions & de vos pensées. Or quoy que ie parle à vous sans esperance d'en tirer aucun fruit, pour n'y auoir icy personne qui puisse iuger de vos artificieuses paroles, non plus que de la candeur des miennes: I'atteste ma captiuité, que mes oreilles ne seront iamais volontairement souillées pour entendre blasphemer contre la Toute-puissance de Dieu qui me donne la vie. Pamele finit ceste reprimende auec vne si bonne grace qu'il sembloit que la Captiuité eust pouuoir sur la Tyrannie, tant l'horreur de l'impieté estoit hors de son lustre, auprés l'innocēce & la cādeur de l'ame de Pamele. Ce discours estonna tellement Cecropie, qu'elle creut que Pamele estoit assistée de quelque diuinité, qui luy seruoit à faire mieux cognoistre le merite de ses perfections : Elle fit comme la chauuefouris, qui encor qu'elle ait des yeux ne pouuant toutesfois souffrir la clarté du leil ; s'enfuit dans les obfcuritez, & ne s'efgaye que parmy les tenebres. Mais Pamele la voulant tout à fait manier pēdāt qu'elle la tenoit cōtinua fon difcours. Vous penfez donc (reprit-elle) que la crainte eftce qui fait naiftre en nous la fuperftition, à caufe, dictes vous que nous ne cognoiffons point les caufes des chofes; Et cependant vous ne voyez pas que chaque effect a fa caufe particuliere, & que c'eft ce qui produit en nous vne veritable deuotion. Car cefte belle ouurage dans lequel nous fommes, & où nous viuons, n'a pas efté fortuitement

tuitement, comme vous voulez que ie le croye; opinion si absurde, que c'est vne merueille qui surpasse l'imagination, de voir côme il s'est trouué des esprits si foibles, que d'auoir chopé la dessus. Si le monde est eternel, selon vostre opinion il faut que le hazard, & l'eternité soient choses incompatibles. Ce qui aduient fortuitement est sujet aux reuolutions. Or est-il qu'auparauant qu'il aduint il falloit de necessité qu'il y eust vn temps, lors qu'il pouuoit n'estre pas aduenu ; ou bien l'euenement n'en s'en fust point ensuiuy, & partant ce qui arriue accidentellement ne peut estre eternel. De dire aussi que le monde ait esté fortuitement fait, c'est

K k

vne opinion aussi ridicule que l'autre : Car le hazard n'eust iamais peu produire toutes choses de rien. Que si l'on me dit encor qu'il y auoit auparauant des rencontres de quelques substances qui se choquoient pesle-mesle pour faire ce grand ouurage, c'est d'où s'ensuit encore vn autre abysme d'absurditez. Car cela supposé, il falloit que ces substances fussent de toute eternité. Cela estant, vouloir dire que des causes eternelles deussent produire des effets fortuits, il y a aussi peu d'apparence qu'à faire le Soleil autheur de l'obscurité. I'adjouste encor à cela que si telle chose dependoit du hazard, elle n'estoit donc pas necesfaire, & par ainsi priuée de toutes consequences. Or il n'y a rien plus vray que chasque chose doit auoir vne necessité de consequence, tellement qu'il falloit que les causes en fussent necessaires. En fin le hazard est changeant, autrement il ne sera plus hazard : & au contraire nous voyõs qu'il n'y a rien qui ne subsiste. S'il n'y eust eu que le hazard qui eust joint les belles parties de cet Vniuers, les plus lourdes fussent allées en bas infiniment, & les legeres de mesme en haut, iusqu'à l'infiny. Ce qu'estant, elles ne se fussent iamais rencontrees, & par consequent elles n'eussent pas formé ce beau corps. Car deuant que le Ciel ou la terre fussent, il n'y auoit point de Ciel pour retenir la hauteur de ce globe, ny point de terre, qui deuint comme vn centre à comparaison de la rondeur des cieux. Que s'il estoit ainsi qu'vne parfaite beauté, vn bel ordre, & vne parfaite constance fussent les effects du hazard, il faudroit que la prouidence fust la racine de toute meschanceté. Si l'on m'obiecte à cela que ces choses se font ainsi naturellement, ie responds que ce n'est rien dire, & que quand mesme cela s'entendroit de plusieurs qui agiroient ensemble, comme en vne Republique pour establir cet estat, de mesme que si les parties elementaires se terminoient chacune dans ses limites pour y faire leur office; Ie dis qu'il s'en enſuiuroit vn grand deſordre, & qu'il faut qu'il y ait vne Prouidence eternelle qui les faſſe agir enſemble. Car eſtans comme ils ſont de contraires natures, ils chercheroient pluſtoſt à ſe ruiner qu'à maintenir ce temperament neceſſaire pour en former la perfection. Si ce n'eſt que vous mainteniez ce que vous auez deſ-ja ſouſtenu, touchāt le hazard que vous dictes operer tout à faict en cecy: Mais vous affirmeriez peut eſtre qu'vne nature vniuerſelle, & qui eſt de toute eternité, tient ces diuerſes parties liées, & les maintient en vne excellente vnité. Si cela eſt, & que vous entendiez parler d'vne nature de Sageſſe, de Bonté, & de Prouidence, qui ne fait rien qu'à dessein : Consentez donc à ce que ie veux de vous, au lieu de faire tant d'horribles blasphemes, qui ne font qu'offenser mes oreilles, & souiller voſtre bouche. Ou si vous parlez d'vne nature telle que peut eſtre celle du feu, qui tẽd en haut sans sçauoir pourquoy, ou celle de la mer qui dans son flus & reflus, semble obseruer vne cadance ; c'eſt touſiours tomber dans la meſme abſurdité. Car ce mot *Vn* eſtãt donné au *Tout* n'eſt qu'vn meſlãge de pluſieurs *Vns*. C'eſt ainſi que nous diſons en choſe moins importante, qu'en vn Royaume il y a pluſieurs villes, & en ces villes pluſieurs ſujets particuliers, qui (s'ils ne ſõt cõmandez par la prudence d'vn Souuerain) ne peuuët naturellement auoir soin de cóseruer persône qu'eux-mesmes. Et de faict cela n'est que trop clair, puis que l'eau esteint volontairement le feu, & noye la terre. Ce qui fait assez veoir combien ils sont par ce moyen éloignez d'vne vraye vnion, si ce n'est qu'vne nature diuine les retenant leur oste, s'il faut ainsi parler, ce qui est de leur nature. C'est encor vne aussi grande extrauagance d'alleguer que plusieurs contraires tirez d'vn mesme *Vn* puissent *tousiours* demeurer en vne mutuelle vnion, ou encor proceder de l'vnité, dont ie viens de parler. Et ce qui est le plus remarquable en cela, est que i'v-

Kk iiij

se du mot de *tousiours*. Que si vous leur ostez la singularité & pluralité de iugement, voyez apres cela s'il y a de l'apparence qu'vne chose à qui vous donnez le plus excellent tiltre de preeminence, qui est l'eternité soit rabaissée à vn tel degré d'estre, voire presqu'au non estre, qui n'est pas autre, que si elle ne iouyssoient point du siē propre? Ie ne m'en veux pas rapporter à tous vos sentimēs, qui ne peuuēt riē voir, ny rien en entēdre qui ne soit vne tres-aparēte marque de ceste incomprehēsible sagesse, puis que tout ce qu'on void icy se rapporte à vn, & ceste fin à vne cōseruation, & tout cela aussi propre au iugemēt, que le parler & le rire le sont aux creatures raisonnables. Mais sommes nous bien si perdus d'esprit, de penser que ce bel Vniuers soit priué de raison, puisque nous en auons, nous qui n'en composons que les simples parties. C'est comme si l'on soustenoit que l'vn des pieds pust-estre sage, & que celuy qui en auroit l'vsage seroit vn insensé? Il me souuient d'auoir autresfois oüy dire cecy contre vne Impie comme vous, Que se voyant reduit à recognoistre ceste brutale ineptie, Que nos corps seroient meilleurs que tout le monde ensemble, s'ils cognoissoient ce que les autres n'ont pas. Or voyant qu'il ne pouuoit respondre à cela, il dit seulement, Que par cette mesme raison il faudroit inferer que le monde deuroit auoir en soy vn esprit grandement sçauant, puis que les sciences nous font recommander. Ce qui monstroit apertemét son ignorance brutale, ne considerant pas que les liures ne seruent d'autre chose que pour suppléer au defaut de nos esprits, & pour nous donner aussi la cognoissance des choses que nous ne sçauons pas; Mais cela n'a rien de commun auec ceste intelligence eternelle, qui n'a que faire de liures pour confirmer son sçauoir infiny, non plus que le Soleil n'a besoin ny de cire ny de pas vne autre matiere pour entretenir sa naturelle lumiere. Ce qu'estant il faut necessairement conclure que ce monde ne peut subsister que par vn Esprit tout puissant qui le gouuerne. Que si vous demeurez d'accord auec moy, qu'il a fait cét Vniuers, comme il est tres-certain; il est vray que sõ pouuoir est par dessus toutes les choses qu'il gouuerne, & par consequent qu'il est infiny, puis qu'il n'y a rien au dessus de luy qui le puisse limiter. Car il faut de necessité que ce qui n'a rien au dalà de soy soit sans bornes, & infiny. Si bien que sa puissance estant infinie, sa cognoissance l'est aussi, autrement il y auroit vne proportion infinie de puissance, dont il ne pourroit vser. Ce que vous auoüerez vous-mesmes entierement absurde. Et pourtant si son sçauoir est infiny, il faut qu'il ait vne parfaicte cognoissance de tout: voire mesme de l'estat des abeilles, dont vous disiez tantost des choses aussi ridicules que pleines d'impieté. Qu'au contraire si sa cognoissance estoit limitée, elle ne pourroit estre infinie. Estant donc veritable que son sçauoir & sa puissance soient infinis, sa iustice & sa bonté le seront tout de mesme. Car sans ceste infinité ces choses ne pourroient produire autre chose que le desordre & la ruine, au lieu de seruir d'ornement & de perfection. Puis qu'il est donc vray qu'il y a vn Dieu qui penetre dans le plus secret de la Nature qui est le cœur de l'homme, où il void les plus profondes pensées auparauāt mesmes qu'elles soiēt conceuës. Puis qu'il est iuste en son pouuoir, & puissant en l'accomplissement de sa iustice, tenez pour asseuré (dit ceste sage Princesse à Cecropie) meschante femme, dont l'esprit est si contagieux, qu'il ne se cōtente pas s'il ne corrompt salement les autres de son venin. Asseurez-vous dis-je que ie ne dis rien qui ne depēde des causes eternelles, & qu'il viendra vn iour que vous sentirez les effects de ceste puissance que vous voulez nier l'autheur de l'estre, & de la vie dont vous joüissez.

Elle finit ce discours auec vne action si pleine majesté, que sa vertu sembloit mesmes defier la malice de Cecropie, dans le mauuais traictement qu'elle receuoit d'elle. Ce qui fut cause que ceste desloyale mesme recognoissant son impieté descouuerte par la sagesse de sa captiue, en eut mille remords, & creut à mesme temps, qu'il falloit, comme i'ay dit, que quelque lumiere surnaturelle, fist parler la Princesse. Neātmoins quelque cognoissance qu'en eust cette meschante vieille, elle ne pouuoit toutefois l'embrasser, ny souffrir la lumiere. Semblable en cela à cet oyseau nocturne, dont ie vous ay parlé. Au contraire elle faisoit, comme les Tyrans qui plus ils font de mal, & plus ils en veulent faire. Cecropie voyant en fin que ses raisons ne pouuoient rien sur l'esprit de ceste Princesse, elle augmenta sa haine, & le desir qu'elle auoit de venger sa rage sur elles. Il est bien vray que l'iniustice qu'elle couuoit la faisoit plustost gronder que parler: & que sans partir d'vne place elle jettoit des regards, comme fait quelque cheual fougueux, qui voudroit mordre à l'estrieu. Son teint jaunastre & plombé tesmoignoit outre cela qu'elle dissimuloit auec grande contrainte quelque grande malice. Car la rage qu'elle auoit de ne pouuoir faire reüssir ses desseins, la rendoit si superbe & si malicieuse qu'elle mesprisoit seulement de luy resister. Dissimulant donc la haine qu'elle portoit à ceste belle Princesse, elle luy dit en s'en allant sans faire paroistre aucun signe de fascherie, qu'elle auroit vne autrefois plus de loisir de penser à elle, qu'elle n'auoit fait par le passé. Puis ne sçachant à qui se reprendre, elle rejetta toute la faute sur Amphialus qu'elle accusoit de foiblesse d'esprit de se tant raualer deuant la sage Pamele. Elle fit donc son compte de le porter à se seruir de sa force, & de l'authorité qu'il auoit sur ces Princesses captiues, afin qu'Amour, ce puissant ennemy ne le détournast point de mettre ordre aux grandes affaires qu'il auoit sur les bras. Si bien que ce que la Majesté & la vertu faisoient en l'vne des

des Princesses, le silence & le respect l'accomplissoient en l'autre. Neantmoins apres auoir cõsideré tous les euenements qui s'en pourroient ensuiure, elle trouua que son fils n'estoit pas de l'humeur de les vouloir offenser. Au contraire que si elle luy disoit le moindre mot de leur rigueur, cela ne seruiroit encor qu'à l'attrister dauantage.

Elle creut donc qu'il estoit plus à propos d'adoucir vn peu ses ennuis par quelque feinte esperance que d'accroistre sa douleur, en luy racontant le peu de bonne volonté qu'elles auoient pour luy. Si l'amour cepẽdant donnoit de secrettes atteintes au Prince Amphialus : il estoit marry d'autre part, de ne pouuoir exercer sa valeur contre ses capitaux ennemis.

Basilius ayant recogneu par l'espreuue qu'il en auoit faicte le dernier iour, les dangereux effects de tant de courages inuincibles, ayma mieux se seruir des pioches que de l'espée, pour incōmoder le chasteau. Il fit faire force retranchements par les pionniers qu'il auoit fait amener, & fit bastir des forts qui se respondoient, & se defendoient si bien l'vn l'autre, que c'estoit vne chose grandement considerable en la discipline de la guerre, & selō les reigles qu'elle inuente pour la ruine des villes. Il sembloit mesmement que ceux qui assiegeoient fussent eux-mesmes assiegez. Amphialus fit cependant plusieurs sorties pour empescher leur trauail. Cela n'empeschoit pourtāt pas que les assiegeans ne luy fissent sentir, que si le peu de gens qu'ils auoiēt en la place estoient capables de la defendre contre vn plus grand nombre, à cause de sa situatiō, il falloit aussi qu'ils eussent le pouuoir de resister au courage & à la valeur du peu de gēs qui les assiegeoient. Il se faisoit neantmoins tousiours quelques legeres escarmouches de tous les deux costez. Et comme les vns & les autres auoient de fortes places de retraitte, ils combattoient seulemēt pour matter l'ennemy : Mais tout cela ne faisoit qu'augmenter l'impatience d'Amphialus, qui ne pouuoit attaquer ses ennemis si tost qu'il eust desiré. Le bruit de ce siege s'estant espandu dans les Prouinces estrangeres, attira plusieurs Princes & Cheualiers qui vindrēt ioindre leurs armes à celles de Basilius. Vn des plus signalez d'entr'eux estoit nommé Phalantus, qui desirant seruir le Roy, qu'il estoit bien aise d'obliger à cause de l'honneur qu'il auoit autrefois reçeu de sa Majesté, quitta toutes sortes d'affaires pour luy venir offrir son espée. Il demeura quelques temps sans se faire cognoistre, pour considerer seulement en quoy consistoit la discipline des peuples d'Arcadie. Il apprit donc en quoy l'ordre de leur Milice diferoit de celle des estrangers, soit qu'il fût questiõ de marcher en bataille, ou qu'il falust cãper, & quelle methode ils auoient d'attaquer & de se deffendre. Cête genereuse curiosité l'ayãt rendu sçauant en tout cela, il desira de se faire signaler par quelque action particuliere de valeur, puis que les reigles de la guerre deffendoient encor le combat general, joint qu'il auoit enuie de faire veoir à sa Maistresse le peu de raison qu'elle auoit eu de le quitter si legerement. S'addressant dõc à Basilius, il luy demanda congé de se battre ; Le Roy luy ayant permis le Combat, il enuoya vn Heraut d'armes de sa part aux portes de la ville, pour demander Amphialus: Ce Prince l'ayant fait amener deuant luy, le receut auec toute sorte de courtoisie. Le Heraut pour s'acquitter de sa charge, luy presenta sa lettre, & le pria que si elle contenoit quelque chose qui luy desplûst, de considerer qu'il ne l'auoit pas faicte, & qu'il n'en estoit que le simple porteur. Amphialus luy respondit auec tant d'honneur & de courtoisie qu'il pût, luy faisant paroistre par là, qu'il sçauroit bien s'en reuancher aux occasions. Ce Prince Ayant ouuert la lettre, il y trouua tels mots:

PHALANTVS DE Corinthe, à Amphialus d'Arcadie.

LE contentement que i'ay tousiours pris dãs les occasiõs de la guerre m'a insensiblement porté au camp de vos ennemis lors qu'ils y pensoient le moins: Ce n'est pas la mauuaise volonté que i'aye pour vous, qui m'y ait faict venir: mais seulemẽt afin de veoir ce qui s'y passe, & pour auoir l'honneur de m'esprouuer cõtre quelqu'vn de vos Caualiers. Ie vous supplie donc trouuer bon, Mõsieur, que ie vous die que s'il y a quelqu'vn qui touché de l'amour de l'Hõneur, ou pour l'honneur de l'Amour se vueille battre à cheual, à la lance, & à l'espee, à ceste condition que celuy qui sera vaincu demeurera prisonnier à la discretion du vainqueur: Ie m'offre de l'attendre demain du matin dans l'isle du Lac, qui est auprés de vostre place, auec vn trompette, & vn Escuyer seulement. Ceste isle m'a semblé la plus propre à cela, parce qu'on la descouure aisément de vostre Chasteau, d'où les Dames pourront auoir le plaisir de nostre duel. Encores que le champ soit en vostre puissance, & que vous y soyez le plus fort: Ie ne veux pourtant point d'autres asseurances que celles que ie me suis moy-mesme promises, de vostre vertu. I'attens vostre responce, & souhaitte que vos desseins reussissent à vostre honneur plustost en vous accordant ce qui est iuste, qu'en soustenant le tort par la violence.

Amphialus leut ceste lettre auec beaucoup de contentment: & dés qu'il l'eut acheuée, s'estant fait apporter du papier & de l'ancre, il y respondit ainsi.

AMPHIALVS D'ARcadie, à Phalantus de Corinthe.

IL n'est point de prosperité que ie ne vous aye desirée, mais ie vous en ay encor souhaité dauantage quand i'ay veu la lettre que vous m'auez faict l'honneur de m'escrire. Le style en est si releué, il tesmoigne tant de courage, & le procedé en en est tellement honneste, que ie confesse ingenuëment que ce me seroit le plus grand honneur que ie pusse attendre, si ie m'osois promettre d'acquerir vn si honorable ennemy, ou plustost vn si vaillant & courageux amy. Vostre deffy est accepté au lieu, à l'heure, auec les armes, & aux conditions que vous auez proposées. Pour le regard de vostre asseurance, vous receurez ma parole: C'est le plus digne ostage que ie vous puisse enuoyer. Preparez-vous donc à combattre, & vous imaginez que la valeur n'est excitee que par le desir de gaigner de l'honneur.

Amphialus ayant escrit & cacheté cette responce, la mit entre les mains du Heraut, auec la chaisne d'or qu'il portoit à son col, & vn sauf conduit pour sortir de la ville. Dés qu'il en fut sorty, Amphialus alla trouuer sa mere, & fit assembler le Cōseil. Leur ayant fait voir la lettre qu'on luy auoit apportee, auec la copie de la responce qu'il y auoit faite, il leur dit qu'il auoit reſolu de s'eſprouuer luy-meſme auec ce Cheualier qui luy venoit d'enuoyer le Heraut.

Cecropie qui n'apprehendoit rien tant que cela, employa toutes les raiſons qu'elle pût, voire elle vſa meſme de ſon authorité afin de l'en deſtourner : ſon vieil gouuerneur tout de meſme, taſcha de luy remonſtrer le peu d'apparence qu'il y auoit qu'vn grand Prince comme il eſtoit preferaſt pluſtoſt la ſimple gloire de combattre ſeul à ſeul, aux honorables lauriers qu'il s'acquerroit en commandant comme Chef à tout vn corps d'armee. Clinias faiſant touſiours voir ſa poltronnerie, ſe meit auſſi à genoux, non pas pour le prier qu'il le prist pour second, mais bien pour le conjurer de ne se vouloir point battre; parce, luy disoit ce coüard, que de la conseruation de sa vie, dependoit celle de tous les autres.

Mais Amphialus qui auoit le courage trop bon, pour faire estat de ces discours, qui n'auoient esté forgez que par des ames timides, leur dit en vn mot, qu'il estoit resolu de combattre: Et sans vser d'autre replique, leur prescriuit l'ordre qu'il vouloit estre tenu dans le Chasteau iusques à son retour: Recommandant sur tout à sa mere, si par malheur ses armes luy succedoiēt mal, de rendre la liberté aux Princesses, la priant par mesme moyen de mettre Philoclee en quelque feneſtre d'où elle pûſt commodément voir le plaiſir de ce duel.

Le lendemain auparauant que le Soleil euſt attiré les petits yeux que l'Aurore donne tous les matins à chaque brin d'herbe, il fut en ſon eſcurie, & choiſit luy-meſme vn cheual, dont il pûſt tirer le ſeruice neceſſaire en ces occaſions : car quoy qu'il y en euſt biē de plus jeunes, ſi eſt-ce qu'eſtant bien aſſeuré de ce qu'il ſçauoit faire, quoy qu'il euſt prés de vingt ans, il l'ayma mieux qu'vn autre. Il auoit le poil bay brun, auec quelques taches noires, & le front marqué d'vne eſtoile blanche, n'ayant au reſte que le ſeul pied de deuant du montouër qui fuſt de pareille couleur que le corps: Pour le regard du crin, il l'auoit fort long & noir, auſſi bien que la queuë, qu'il auoit parfaitement belle. Il luy fit mettre vne ſelle de veloux tanné, enrichie d'or & de pierreries d'vn ouurage tres-beau, & qui repreſentoit les branches d'vn arbre dont les fueilles tōbent: En quoy l'artiſte main de l'Ouurier auoit tellement excellé que quand le cheual remuoit, les feüilles ſembloient ſe remuer de meſme, comme quand le vent s'en jouë; Ioint qu'elles eſtoient brodées d'vne ſi belle feüille-morte, qu'elles monſtroient auoir perdu leur verdure. Ses armes eſtoient auſſi tannées, mignardement ſciſelées, en quelques endroits, & enrichies d'vne belle dorure, où paroiſſoient des flammes dans de l'obſcurité, comme quand elles ſortent de quelque fournaiſe, où elles ſont reſerrées: & auoit vn fort bel eſcu, ſur lequel il auoit fait peindre le poiſſon appellé *Torpedo*. Il ſortit donc ainſi couuert, accompagné de ſon Eſcuyer & d'vn trompette, & s'alla rendre en l'Iſle du Lac où le combat eſtoit aſſigné. Le lieu ne pouuoit veritablemēt eſtre mieux choiſi: car la pleine en eſtoit ſi belle & grande qu'on y euſt à peine remarqué vn buiſſon, ny la moindre mōtagne qui l'euſt renduë raboteuſe. Auecque cela la carriere en eſtoit belle, tant à cauſe de sa longueur que de sa largeur. L'vn des bouts regardoit le costé du Chasteau, & l'autre s'estendoit peu à peu vers le camp, sans qu'on y pûst aborder autrement que par eau. Tellement qu'il estoit difficile d'y vser de supercherie; ou si l'on eust voulu faire quelque violance, il y eust eu assez de temps aux vns & aux autres pour secourir ceux de leur party.

Amphialus n'y fut pas le premier: Il y trouua desia Phalantus qui l'attendoit monté sur vn cheual blanc marqueté de petites marques rouges qui ressembloient à des fraises meslées dans du laict. Il auoit faict peindre le crain & la queuë d'incarnat, & ouurager
les

resnes de la bride en forme de branches de vignes mignardement entre-lassées. Les bossettes du mords estoient faictes comme des grappes de raisin si bien representées au naturel, que quand le Cheual mordoit son frein, l'on eust dit qu'il maschoit les grappes mesmes, & qu'il en faisoit sortir de l'escume qu'il jettoit par la bouche. Son caparasson estoit aussi tout brodé de grapes de raisins & de fueilles de vignes, qui sembloient ombrager le cheual : & des deux costez pendoient encor pour seruir d'ornements, de longues bandes pleines de grains de raisin faits de rubis. Ses armes estoient de bleu celeste, sur lesquelles on voyoit vn beau

Soleil qui sembloit les dorer toutes. Il portoit peint sur son escu vn Levrier gris, qui deuançant ses compagnons, attrapoit vn grand Lievre: sans pourtant luy faire de mal; Le mot de ceste deuise estoit *Pour la gloire & non pas la proye.*

Aussi-tost qu'Amphialus fut passé en ceste Isle, il enuoya son Escuyer vers Phalantus l'aduertir de sa part que le Caualier qui auoit accepté le cõbat estoit prest, & qu'il regardast s'il auoit quelque chose à luy dire, à quoy Phalantus respondit seulement, qu'il ne luy pouuoit parler que la lance à la main. De sorte qu'ils se tindrent prests à picquer au premier son de trõpette. Les Iuges se mirent à leur partager la terre & le Soleil, cependant que le Cheual de Phalantus qui eſtoit jeune & plein de fougues, manioit dextrement à courbettes dans la main de ſon Eſcuyer. Quant à celuy d'Amphialus, le battement qu'il faiſoit du pied de deuant teſmoignoit aſſez ſon impatience. En fin ils animoient tous deux leurs Maiſtres au combat, quand les trompettes leur firent ſçauoir qu'il eſtoit temps de chocquer: Ils firent donc partir leurs cheuaux, & mirent leur lance en arreſt auec la meilleure grace du monde, & coururent l'vn contre l'autre auec tant de viſteſſe & d'egalité, qu'ils ne ſe firent que peu de mal: car la lance de Phalantus paſ-

passa sous le bras d'Amphialus, & Amphialus porta la sienne si fort dans l'estomac de Phalantus, qu'il luy fit presque toucher de la teste la crouppe de son cheual. A mesme temps ayans finy leur carriere, ils arresterent leurs cheuaux, jetterent les tronçons de leurs lances, & reprindrent haleine: puis mettans l'espee à la main, & repiquãs à toute bride, ils se rejoignirent de plus prés: Amphialus ayant plus d'asseurance en la force de son cheual qu'en sa legereté, vint heurter furieusement celuy de Phalantus, & porta vn si grand coup d'espée sur la teste de ce Cheualier, qu'il en demeura tout esblouy; il en perdit mesmes l'oüye pour vn temps. Luy qui ne desiroit rien retenir de ce qu'on luy auoit presté, frappa si rudement le visage d'Amphialus, que ce Prince pensoit auoir la iouë fenduë en deux. Et de faict, si la bonté de son habillement de teste n'eust empesché la force du coup, il couroit quelque fortune. Ils s'arresterent vn peu là-dessus, plustost faschez de combattre, que poussez de colere. En fin le cheual d'Amphialus plein de force se manioit tousiours, &, par mal-heur, celuy de Phalantus moins aduantageux que l'autre, s'estant dressé sur ses pieds de derriere, renuersa son maistre sous luy. Amphialus voyant cela mit pied à terre pour luy ayder à se releuer: mais le cheual de Phalantus qui s'estoit plustost renuersé faute d'addresse qu'autremēt, fut bien-tost releué. Tellement que ce Caualier s'estant desgagé de l'estrieu le mieux qu'il luy auoit esté possible, se leua tout debout, quoy qu'il eust la jambe meurtrie ; & voyant Amphialus auprés de luy, il le pria de luy dire, si au lieu de s'estre seruy de l'aduantage que luy auoit donné sa fortune, qui luy auoit mis sa vie en ses mains, il ne luy auoit pas aidé à se releuer de terre. Le genereux Amphialus ayant respōdu que non : Phalātus le cōjura de le luy dire franchemēt, parce qu'il ne vouloit pas dauantage combattre contre vn homme, qui auroit pû luy donner la vie. Et puis il le pria de luy dire son nom. Amphialus ne desirant pas lors se faire dauantage cognoistre, luy dit qu'il estoit vn Gentilhôme des amis d'Amphialus qui l'auoit prié d'esprouuer son courage; & que ce qu'il venoit de faire estoit le premier coup de lance qu'il eust iamais tiré. Phalantus estonné de cela. Et quoy s'escria-t'il transporté de fureur, me reprochera-t'on que vous ayez appris à mes despens le mestier des armes ? Alors la colere luy ostant le sentiment du mal qu'il s'estoit faict en sa cheute, il recommença le conflict; & plus en train que deuant, se mist à frapper si dru sur le Prince, qu'il ne luy donnoit point de relasche. Or Amphialus qui sçauoit bien que ceux qui donnoient beaucoup ne s'en reseruent gueres, laissa passer ceste fougue se contentant de parer aux coups seulement. Mais en fin apres l'auoir bien lassé, il sceut prendre son temps si à propos, qu'il luy deschargea vn grand coup sur le col, dont le pauure Phalantus cheut à terre, & s'esuanoüit. Lors ce Prince qui ne prisoit pas moins sa generosité que sa courtoisie s'en alla droit à luy, & touché de compassion de son infortune luy delaça son casque pour luy dõner de l'air: Mais Phalantus le voyant, le pria de se seruir hardiment de l'aduãtage que la Fortune luy donnoit, & qu'aussi bien aimoit-il mieux mourir que de se rendre. Ie ne veux pas aussi que vous le fassiez, luy dit Amphialus, si ce n'est que la priere que ie vous en fais ne le puisse obtenir de vous. Phalantus plustost vaincu par la courtoisie d'Amphialus que par sa propre fortune, desira derechef apprendre le nom du Cheualier, qui luy auoit d'abord fait paroistre autant d'addresse & de force à le combattre, que de courage à calmer sa furie. Ce Prince ne se voulant point cacher plus long-temps luy dit qu'il s'appelloit Amphialus, & qu'il le prioit luy faire l'honneur de le croire son amy. On n'eust sceu mettre vn baume plus doux à ses playes, que ce nom luy apporta de contentement à l'esprit: parce qu'il estoit asseuré pour le moins que sa faute seroit plus excusable à cause de la valeur, dont ce genereux Caualier estoit renommé par tout, s'embrassans dõc en mesme temps l'vn l'autre, ils se iurerent deslors vne inuiolable amitié. Amphialus bien aise de se conseruer l'affection de Phalantus, luy donna vn sauf-conduit pour se retirer au camp. Mais ne pouuant demeurer dauantage entre les ennemis de ce Prince il s'en alla chercher des aduentures ailleurs.

Cependant ceux du Chasteau receurent Amphialus auec de grandes resioüissances, encor qu'on recogneust bien en ses yeux qu'il leuoit quelquesfois aux fenestres où estoit Philoclée, qu'il estoit plustost captif que triomphant. Cecropie qui se tenoit lors aupres de Philoclée, ayant nagueres laissé Pamele en vn autre endroit, se sceut tres biē seruir de ceste occasion pour l'esmouuoir; C'est à ceste heure, luy dit-elle, que vous iugerez si vous n'auez pas bien subiect d'aimer mon fils, puis que s'estāt soubmis ses plus vaillans aduersaires, il s'estime heureux de se donner luy-mesme a vous. Ah! Madame respondit Philoclée, vous pouuez bien croire que ce n'est pas vne grande cōsolation de voir vaincre ceux qui viennent pour me secourir. Si vous pensez que cela se doiue appeller Amour, ce n'est pas mon opinion, au contraire ces effects me semblent plutost dignes de haine. Cecropie gousta si mal ce discours qu'elle ne se peut empescher de dire à la Princesse qu'elle ressembloit à ceux qui ne pouuoient reposer quād ils estoient trop mollement couchez: & que si son fils la vouloit croire, elle la rangeroit bien d'autre sorte: & puis elle sortit. Elle ne voulut pas neantmoins qu'Amphialus sceust rien de ce mespris, de peur que l'excez de sa passion amoureuse le portast à quelque desespoir, cōme il arriue souuent : mais palliant les rigueurs de sa Maistresse, elle tourna en sa faueur le discours qu'elle auoit, au contraire, tenu à son desaduantage. Ce qui resiouit tellement cét Amoureux Prince, qu'à mesme temps, contre le respect qu'il deuoit au public, & au conseil de ceux qui l'en destournoiēt, il fit sçauoir au camp de Basilius, que s'il s'y trouuoit quelque Cheualier qui vouluſt courre la mesme fortune de Phalantus, il luy feroit vn pareil traictement. Ceste brauade eschauffa les courages des plus vaillans de l'armée. Le Roy mesme pour les porter à s'esprouuer contre luy, disoit à l'vn qu'il pouuoit fonder son appel sur sa trahison: à l'autre, qu'il deuoit soustenir qu'il meritoit mieux de seruir Philoclée que luy: à d'autres encor, qu'ils s'offroient de luy prouuer que la beauté de leurs Dames excelloit celle des deux sœurs. Vous pouuez encor, leur disoit-il : vous en prendre à l'Amour & soustenir contre luy, que c'est vn enchanteur de l'esprit, l'énemy de la raisō, celuy qui trahit la resolution, & qui gaste les belles pensees: Qu'ils pouuoient outre cela le nommer le flatteur du vice, l'esclaue de la foiblesse, la perte des jeunes gens, la folie des vieillards, l'enfer de la vie, & le reproche de la mort : bref bastir ainsi leurs Cartels sur les mespris de l'amour. Il en suruint encor vn autre qui ne detestoit pas tant ceste Deité que le sexe qui le causoit, contre lequel il proferoit des blasphemes aussi ridicules que malicieux. Vous luy soustiendrez, disoit-il, que ce sexe est la disgrace de la raison, l'esgout de la nature, la monstre de toute vanité, vn esclaue deuenu tyran, des giroüettes à tous vents en qui la melancholie, l'obstination, & l'ingratitude tiennent lieu de côscience, de chasteté & de recognoissance, & la sentine de tous mal-heurs. Mais quelque pretexte qu'ils prinssent pour faire leurs deffits, Amphialus y respondit si bien que les vns y laisserent la vie, & les autres furent contraints de se rendre, & se desdire, aduouans qu'ils auoient tort d'auoir ainsi temerairement, meschamment & indiscrettement mesprisé l'Amour & offencé les Dames: Tout cela ne seruoit qu'à augmenter les trophées d'Amphialus que le

Roy voyoit (à sa honte) r'emporter la victoire, & triompher ainsi de ses gens. Or pource qu'il ne desiroit rien tant que d'en auoir sa reuanche, & qu'il iugeoit que son dessein ne pouuoit reüssir qu'auec difficulté, à cause que les Cheualiers de sa Court auoiēt esté vaincus, il despescha tout expres vn Courrier au vaillāt Argalus, duquel il cognoissoit bien la force, l'addresse & le courage : ioint qu'il auoit beaucoup de creance en luy, & que c'estoit l'homme du monde en qui il se fioit le plus. Il cōmanda sur tout, au Courrier qu'il vsast de diligence, & qu'il luy rendist sa lettre le pluftost qu'il pourroit. Le contenu estoit, qu'il le proit instamstamment de prendre son party contre Amphialus : & qu'il n'auoit tant tardé à l'employer que pour luy donner vn peu de relasche, estant si nouueau marié. Mais que maintenant son honneur l'obligeant à reparer le tort qu'on vouloit faire à sa Majesté. Il n'auoit sceu differer dauantage. Partant qu'il le conjuroit de le venir trouuer.

Le poste courut extraordinairemēt pour se rēdre plutost aupres d'Argalus, qu'il trouua dans vn de ses Chasteaux en vne sale basse. Il auoit vn liure en la main où il lisoit les trauaux d'Hercule, deuant sa chere Parthenie : Mais cependant qu'il auoit les yeux sur le liure, elle tenoit les siens tellement attachez sur le visage de son mary, que le doux contentement qu'elle receuoit de sa veuë la rendoit comme immobile. Elle estoit tellement rauie dans les extases de son aise qu'elle se tenoit presque toujours colée des yeux, de la bouche, & des desirs sur son cher Argalus. Elle se plaisoit mesme en lisant de luy proposer quelques doutes, & luy faire de petites questions sur le sujet de l'histoire qu'il lisoit: mais ce n'estoit pas tant l'enuie qu'elle eust d'en estre esclaircie, comme pour donner subjet à son mary de jetter les yeux sur elle, & d'auoir par mesme moyen le bien de voir les siens qu'elle adoroit dans son cœur.

Heureux couple d'Amans, dont la iouyssance estoit tellement reciproque, qu'il sembloit que leur vie, leur Amour, & leurs volontez fussent vne mesme chose. Dés que le courrier fut entré, & qu'il eust presenté ses lettres : Vne soudaine frayeur saisit aussi-tost tous les sens de la belle Parthenie, quoy qu'elle ne sceust pas encor le subiect de sa crainte. Elle se mit à quartier cependant qu'il les leut : mais observeruant la contenāce du courrier & de son mary, elle recognut qu'Argalus n'estoit pas trop contant de faire ce qu'on desiroit de luy : & neantmoins elle iugeoit bien que la necessité l'y forceroit : Car quelquefois leurs yeux se rencontrans parmy ceste lecture, le sang luy montoit au visage en la regardant: D'autre costé Parthenie qui le voyoit rougir à cause d'elle, couuroit aussi-tost les lis de son visage d'vn agreable vermillon qui la rendoit plus belle. Et puis tout soudain, la crainte le luy venant desrober, la rendoit aussi pasle que le peut estre vn mort, se doutant bien que son cher Argalus auoit de grandes inquietudes. Ce Caualier le pria d'asseurer de sa part le Roy qu'il n'auoit rien tant en recommendation que le bien de son seruice, & qu'il se rendroit dans peu de iours aupres de sa Majesté: Apres tout cela il fut trouuer sa femme, & luy monstra les lettres de Basilius. Parthenie les ayant prises, les leut d'vn visage fort triste : Ah! ce dict-elle en pleurant, mon cher Argalus, auez-vous faict vne si prōpte & dangereuse responce sans m'en demander aduis? Quoy! voulez-vous donc ainsi abandonner vostre ame? Argalus luy ayāt remonstré l'importance de ceste affaire, l'obligatiō qu'il auoit à son honneur, & au bien de sa patrie, quelles graces le Roy luy rendroit s'il luy faisoit quelque seruice en vne cause si iuste, vainquit en fin sa belle Parthenie par tāt de bōnes raisōs, qu'elle ne luy sceut respōdre qu'auec des larmes & des soupirs : Ce qu'Agalus ne pouuant supporter la laissa pour donner ordre à son voyage. Cependant qu'il s'appreſtoit pour partir, elle eut le temps de ſe remettre vn peu, & ſortir de la ſalle : Mais voyant ſon Argalus armé & tout preſt à monter à cheual, elle courut à luy, & le retint par le bras. Puis s'eſtant jettée à ſes pieds ſans conſiderer qui pouuoit entēdre ſon diſcours, & remarquer ſon action. Mon Argalus, (luy dict-elle) mon Argalus ne me laiſſez pas ainſi : helas! ſouuenez-vous s'il vous plaiſt qu'il va du miē en cét affaire? Ie ne conſentiray iamais, non ie ne le cōſentiray pas, que vous couriez vn tel hazard ſās moy. Reſſouuenez-vous, reſſouuenez, que la moitié de vous meſmes eſt à moy. Voſtre valeur eſt aſſez cognuë. Perſonne ne la peut ignorer. Vous

auez desia rendu tant de bons
seruices à vostre patrie. Et
puis il y a tant d'autres braues
Capitaines que vous qui peuuent hazarder leurs vies pour
le seruice du Roy! Que deuiendray-ie, si vous m'abandonnez
ainsi? Vous pouuiez autresfois
rechercher ces belles occasiõs,
quand vous n'auiez personne
à hazarder que vous-mesmes:
mais maintenãt que i'ay l'honneur d'estre à vous, i'ay sujet de
vous prier de ne le vouloir pas
faire. Et pardonnez-moy, si
i'ose trancher iusques-là de
vous dire, que vous ne deuez
pas entreprendre tels hazards,
sans mon consentemét. Quoy!
voudriez-vous mettre en danger vostre Parthenie? Car ie suis
resoluë de vous suiure par

tout. Ie veux auoir ma part à vos peines, courir mesme fortune que vous, & que mon sang soit meslé dans le vostre, puis que vous faictes la meilleure partie de ma vie. Argalus pour destourner le cours des tristes prieres de sa chere moitié : Belle Parthenie, luy dit-il, voicy la premiere fois que vous auez contrarié mes volōtez : mais ie sçay bien que l'amour que vous me portez vous y oblige. C'est pourquoy cela ne procedant que d'vn excez de vostre amour ; i'ay subject de vous remercier du soin que vous auez de ma conseruation. Ne continuez pas s'il vous plaist à vous attrister: Et ne permettez pas (ma belle) que ces beaux yeux que i'adore, & qui fomentent ma vie, soient les tristes presages de quelque sinistre accident que vous ne voudriez pas veoir. Ie ne courray point de fortune de ma vie, ne l'apprehendez point: Car Dieu ne voudra pas me separer d'vne si digne femme que vous. Esperez donc que ie seray bien tost de retour chargé des lauriers de la victoire: afin que i'aye ce contentement, que vous me receuiez auec le bon visage que vous auez coustume de me faire. C'est le plus grand triomphe que ie desire de vous, auec celuy de vous pouuoir agreer. Elle ne pût rien respondre, demeurant comme immobile, & aussi estonnée, que si le foudre fust tombé auprés d'elle: joint que l'Amour & l'obeissance auoient r'emporté la victoire sur le reste de ses passions: Mais quand il la prist entre ses bras pour la baiser, en luy disant à Dieu, elle chût en syncope: tellement qu'Argalus qui estoit pressé de partir, fut contraint de la laisser entre les mains de ses Damoiselles, forcé à cela par l'honneur qui le tyrannisoit. Il partit donc: mais ce ne fut pas sans se retourner plusieurs fois pour veoir s'il verroit point sa chere Parthenie. Il se rendit en peu de temps au camp, où ayāt entendu les notables victoires du Prince Amphialus, il pensa qu'il estoit à propos de luy donner quelque temps pour se rafreschir, de peur, s'il emportoit le dessus, qu'au lieu de luy dōner l'honneur de la victoire, on ne l'imputast à la lassitude d'Amphialus. Durant son seiour, trouuant moyen de parler à luy, auec la permissiō de Basilius: Il fit ce qu'il pût pour le ramener à la raison: mais à la fin voyant qu'il estoit opiniastre en sa rebellion, il en parla au Roy, qui luy permit de le faire appeller, cōme il fit aussi-tost. Voicy la coppie de son cartel.

"Tres genereux Prince, si
" mes persuasions eussent
" peu gaigner quelque chose
" sur vostre esprit, & si mes
" prieres & m'a bonne volon-
" té auoient pouuoir de vous
" fleschir, vous pourriez par
" quelques meilleurs moyens

„ obtenir ce que vous desirez.
„ Et feriez que plusieurs bra-
„ ues Caualiers qui sont à pre-
„ sent vos ennemis, vous ser-
„ uiroient fidelement. Outre
„ cela la valeur & la justice
„ porteroient vostre reputa-
„ tion iusqu'aux Cieux : mais
„ puis que vous manquez de
„ la derniere de ces vertus, &
„ que ny mes prieres, ny mon
„ fidele conseil n'ont peu gai-
„ gner cela sur vous, ne des-
„ daignez pas de receuoir
„ vn mortel deffi de la part
„ d'vn Caualier, qui s'eston-
„ nant de vostre procedé, trou-
„ ue encor plus estrange que
„ vous en soyez l'autheur : &
„ qui (quoy qu'il soit inferieur
„ à vostre vertu) pense estre di-
„ gne de vostre courage. Pre-

„ parez-vous donc à combat-
„ tre comme vous auez desia
„ faict : & ne vous imaginez
„ pas qu'vn bras, pour foible
„ qu'il semble estre, ne soit
„ plus fort qu'il ne faut, lors
„ qu'il ne frappe que pour
„ maintenir la Iustice.

Amphialus ayant receu ce Cartel, y fit aussi-tost ceste responce.

„ TResfameux Argalus, les
„ menaces ne m'ont ia-
„ mais faict peur : mais ie con-
„ fesse auiourd'huy que vostre
„ courtoisie m'a causé de l'é-
„ tonnement. Car cognois-
„ sant comme ie fay, le merite
„ de la vertu dont elle proce-
„ de, i'ay subiect d'apprehen-

"der qu'elle se tourne à ma
"ruïne. Mais si cét Amour de
"vertu m'accuse d'iniustice,
"la iustice de mon Amour iu-
"stifiera tousiours que ie ne
"suis point coulpable. C'est
"luy seul, qui me fait mepriser
"les dangers, si bien que ie suis
"obligé d'obeir à celuy qui
"vous à d'autresfois poussé à
"de semblables entreprises. Ie
"vous attendray donc demain
"dans l'Isle, auec cét aduanta-
"ge, que si ce m'est vn grand
"honneur de vous vaincre. Ie
"ne seray point blasmé d'estre
"vaincu par le vaillant Ar-
"galus.

Le combat assigné, & accepté des deux parties, Argalus s'arma tout à blanc, & se fit passer dans l'Isle. Ses armures estoient couuertes d'or & d'esmail, toutes semées de nœuds cheueux de femme, du haut de son casque en bas. Le harnois de son cheual estoit faict de plusieurs pieces qui composoient vn Aigle, dont le bec fait de riches pierreries, s'attachoit au pommeau de la selle: La queuë de l'Aigle couuroit la croupe du Cheual: Les aisles en estoient des deux costez, & pendoient iusques à terre, à guise de campanes, ou de houpes pour luy seruir d'ornement. Le poitral & les resnes estoient de mesme parure. Il auoit de gros pennaches sur la teste, conuenables au surplus de l'enharnachement. Ce Caualier auoit du costé du bras droit vne manche pendante que Parthenie auoit faicte, & luy auoit donneé auant leur mariage pour luy seruir de liurée en vne certaine iouxte où il se deuoit trouuer. Elle estoit semée de cœurs nauvrez, bien qu'elle n'eust point esté faicte pour aucune entreprise sanglante. Il auoit deux Palmiers proches l'vn de l'autre grauez en son escu, auec ceste deuise, *Tousiours ainsi florissant.* Son cheual estoit gris pommelé, & auoit les quatre pieds noirs, & le poil fort luisant. Il estoit si plein de fougues que ses narrines, qu'il tenoit tousiours ouuertes, sembloient ne respirer que la guerre. Il haussoit tantost vn pied & tantost l'autre, frapant sans cesse

cesse la terre, comme s'il eust voulu se plaindre de ce que la Nature l'auoit destiné pour y demeurer, plustost que vers le Ciel. Il n'auoit quasi pas encor le pied dans l'Isle, & n'auoit consequemment pas eu loisir de remarquer les aduantages qu'il y auoit en la place, quand il vid Amphialus armé de toutes pieces, qui s'y faisoit passer: Ils s'enuoyerent chacun leurs Escuyers, selon la coustume pour sçauoir s'ils auoient quelque chose à se dire : mais ils entendirent en mesme tẽps les trompettes qui les obligerent à mettre leurs lances en arrest, & de partir promptemẽt: mais quand ils se ioignirent, le cheual d'Argalus estãt eschauffé, s'aduança plus que celuy

O o

d'Amphialus, qui ne luy voulant point ceder, fit aduancer son cheual pour euiter l'aduantage que son ennemy eust peu prendre, tellement que les hômes & les cheuaux se heutterent si fort, que les cheuaux esbranlez de ceste rencontre, s'abbatirent par terre. Et veritablement ils se fussent blessez, si leur force & leur adresse à combatre ne les eust garantis. Se voyans ainsi par terre, chacun d'eux mit l'espée à la main, tant pour faire paroistre le peu de mal qu'ils s'estoient faicts, que pour monstrer le contentemét qu'ils receuoiét de n'auoir plus autre chose à se fier qu'en leur propre vertu. Il est vray qu'Amphialus fut le premier debout : mais Argalus fut aussi le premier qui mist la main à l'espée. Ce fut lors que les deux vaillants Chevaliers commencerent le plus sanglāt combat qui se vid peut-estre iamais. Leurs espées comme des canons qui abattent les murs de quelque ville auec furie, faisoient des breches à leurs armeures autant qu'elles frappoient de coups : & tous ces coups estoiēt autāt de playes. Argalus particulierement en porta vn fort grād de la sienne sur le visage d'Amphialus, qui estoit desarmé. Et sans mentir s'il n'eust mis son escu au deuāt pour en amoindrir la force, il luy eust fendu la teste en deux. Mais au mesme temps comme s'il n'eust tiré des forces que de la veuë de Philoclée, il jetta les yeux à la fenestre où elle estoit, puis vsant d'vne feinte, il porta vn si grand coup sur le bras droit d'Argalus, que ses armes n'eurent pas la force de resister à celles de celuy qui l'auoit deschargé: Or ce genereux Caualier ne voulant pas faire paroistre qu'il auoit esté blessé, tascha de se venger de ce coup. Mais Amphialus suiuāt sa bōne fortune, redoubla si viuement les siens sur l'escu d'Argalus qu'il le mit tout en pieces. Mais ce Caualier s'estāt mis sur vne garde plus basse pour chercher le deffaut des armes d'Amphialus, luy eust sans doute donné de son espée dās le corps, si ce Prince esquiuant ce coup-là, ne fust tombé par terre: Et de fait cela fut cause que l'espée ne luy fit autre mal qu'vne legere esgratignure. Alors Argalus le voyant tombé le menaça de luy coupper la teste s'il ne se rendoit son prisonnier. Mais Amphialus au lieu de respondre, tascha de se remettre sur pied. Argalus voyant cela le frappa de rechef rudement sur la teste. Neantmoins la blesseure qu'il auoit au bras, l'ayāt empesché de porter si rudemēt le coup qu'il eust bien desiré, fut encor cause qu'il laissa choir son espée, tellement qu'Amphialus eut loisir de se remettre en pieds. Argalus le voyant debout, se rua sur luy pour le remettre à terre : mais apres auoir assez long-temps luitté, & s'estre bien se-

O o iij

couez l'vn l'autre, ils cheurent tous deux sur le pré, grandemét trauaillez de ces penibles embrassements. En fin lassez de s'entre-houspiller de la sorte, ils se releuerent tous deux, reprenās leurs armes auec plus de courage que iamais. Mais il arriua que leur promptitude leur fit changer d'espée. Et Argalus voyant celle de son ennemy si rouge de son sang: en fut tellement irrité qu'il resolut de mesler celuy de son ennemy auec le sien dessus la mesme lame: mais sa foiblesse ne luy permettoit presque pas de la soustenir pour effectuer son dessein: ainsi donnants & receuants tousiours de nouuelles playes, il sembloit que leurs armeures rougissent eux-mesmes de honte, pour n'auoir pas mieux defendu leurs maistres. Amphalus s'en estant apperceu, & cōsiderant en luy-mesme le peu de subiect qu'ils auoiēt de s'offenser ainsi, & de rechercher leur mort: auec le merite du vaillant Caualier, contre lequel il auoit affaire, le pria de se contenter: & d'auoir pitié de soy, Argalus fasché de sa blesseure, emplissoit ses veines de despit au lieu du sang dōt elles se vuidoiēt, & opposant son courage à sa foiblesse, cōme vn flābeau qui n'esclaira iamais mieux que lors qu'il est prest de s'esteindre, resolut de joüer, (cōme on dit) à quitte-ou double. Si bien que ce Caualier ramassant lors toutes ses forces, & jettant ce qui luy restoit de son bouclier, prit son espée des deux mains, & en donna sur Amphialus vn si grand coup qu'il luy fendit son escu par la moitié, son armeure, & son bras mesmes iusques à l'os. Alors Amphialus sans faire d'autres façons, & oubliant toute ceremonie, le frappa d'vne telle force qu'il luy fit quasi perdre si peu de bon sang qu'il auoit de reste à force de le blesser, ne desistant de le fraper qu'à cause d'vn effroyable cry qu'il entendit de loin, lors qu'il n'y pensoit pas. Car ceste voix luy dõnant sujet de hausser les yeux, il aperceut vne belle Dame qui accouroit à luy le plus viste qu'elle pouuoit: mais non pas pourtant si fort qu'elle eust bien desiré: de forte qu'elle enuoyoit sa lamentable voix, pour estre l'aduant-couriere de sa tristesse: Ils recogneurent aussi-tost tous deux que c'estoit la belle Parthenie. Ceste pauure Dame auoit songé la nuict precedente qu'elle voyoit son mary en l'estat qu'elle le trouua lors: & n'auoit depuis cessé de marcher, pour sçauoir la verité d'vn si funeste songe. Ayant donc, à son regret, rencōtré ce spectacle, elle se jetta d'abord entre les deux Cheualiers: car l'Amour la rendoit si hardie qu'elle auoit oublié la naturelle crainte de celles de son sexe. Elle ne se contenta pas de cela: car elle leur prist les jambes à tous deux pour les empescher de passer outre, jusques à ce qu'elle pûst parler, parce que la douleur l'auoit si fort pressee qu'elle luy auoit osté la voix. Ioint qu'elle auoit couru si viste qu'elle en auoit perdu l'haleine: A la fin la parole luy estant vn peu reuenuë. Helas! (ce dict-elle) que mes yeux voyent auiourd'huy de mal-heurs? ô quel spectacle! ô iour veritablemēt plein d'horreurs pour moy! Puis elle jetta sa veuë presque mourante sur Amphialus, & luy dit, Monseigneur, ie sçay bien que vous aymez: Ie vous conjure donc par la puissance de vostre Amour de cesser le combat. Ie vous en supplie derechef, par ce que vous auez de plus cher en ce monde. Ou si vous auez resolu de tous deux mourir, faites moy pour le moins ceste grace de me tuer, afin que ie ne sois pas si mal-heureuse de suruiure à mon cher Argalus. Amphialus estoit prest de luy respõdre, quand Argalus troublé de sa mauuaise fortune, & fasché de ce que sa femme l'auoit trouué en de si deplorables extremitez, luy dit, qu'il n'auoit iamais esté moins aise de la voir qu'alors : Estes vous venuë icy (luy dit-il) ma belle Parthenie pour implorer quelque grace, & demander ma vie à mes ennemis ? Pensez-vous que ie ne sçache viure sans luy ? Et cela se deura-t'il apres appeller vne vie ? En acheuant ces mots, il fit quelques desmarches en arriere de peur de la blesser, & recommença de charger sur Amphialus. Mais ce genereux Prince à qui l'Amour commandoit absolument, touché de compassion, le pria de retenir sa main, de peur qu'il n'offençast Pathenie qui vouloit quelque faueur de luy: l'exhortant de se contenter de ce qu'ils auoient fait iusques-là, & l'asseurāt que pour son regard il finiroit volōtiers le combat. Rare exemple, certes des admirables effects de la vertu qui faisoit que le vainqueur recherchoit d'amitié le vaincu: Et le vaincu refusoit seulemēt de pardōner au vainqueur. Et cecy se trouuoit encor de remarquable que dans ceste mesme volonté qu'ils auoiēt l'vn & l'autre de ne fuir point le cōbat, ils n'apprehendoient rien tāt que de suruiure au des-honneur, aimans mieux mourir tous deux sur le pré, que de viure auec la honte de s'estre retirez pour la peur de la mort. Donques le courage, ou plustost le despit d'Argalus, le portant de faire contre Amphialus plus que ses forces ne luy permettoient, s'employa ceste fois à toute extremité. Cela ne luy profita pas, neātmoins pource que l'excez de sa colere ayant fait r'ouurir ses playes, elle luy fit perdre tāt de sang, qu'il épuisa ses veines, & fut cōtraint de s'apuyer sur le pommeau de son espée : qui se trouua trop foible pour le soustenir : Car la mort se faisant veoir à ses yeux, le troubla tellement que pensant

se reposer, il chût esuanoüy. Amphialus, & Parthenie le secoururent. Ils luy osterent son casque, & Parthenie luy ayant mis la teste dans son giron, deschira les mâches de sa chemise pour bander ses playes, qu'elle lia de la bandelette de sa coiffure. Elle alloit mesme couper ses beaux cheueux pour y seruir encor de ligature & de cōpresses, quand les Escuyers & les iuges du combat y suruindrent qui luy donnerent des choses plus propres que celles qu'elle employoit pour estancher le sang qui ruisseloit de tous costez par ses blessures. Cependant ceste Dame faisoit de si lamētables cris qu'ils estoiēt capables de reduire la Ioye mesmes à prendre le dueil, &

de fleschir les cœurs les plus endurcis, & les moins sensibles à la pitié.

O Parthenie (disoit ceste belle en souspirant) tu n'és plus rien moins que Parthenie? Qui es-tu donc à present? Que vois-tu? Quel mal-heur! Hé! comment ta felicité c'est-elle esuanoüie en vn moment? Tu estois la Dame du monde la plus comblée de contentemens: Et ie te vois auiourd'huy l'obiect de tous les malheurs. O Dieu; quel crime ay-ie commis qui merite vn tel chastiment? helas si i'ay merité ton iuste courroux, que ne permets-tu que le Ciel lance sur moy seule ses foudres, sans opprimer l'innocent. O tristes mal-heurs de ma vie, en quels deserts

deserts me cōduirez-vous? où ie puisse acheuer de finir le reste de ma mourante vie : helas! ie n'espere qu'en vostre cruauté, pource que, ceste rigueur que d'autres apprehenderoient me sera vne douce consolation, puis qu'elle me doit liurer à la mort. Argalus! ouy mon cher Argalus, ie te veux suiure au tombeau. A ce mot d'Argalus ce mal-heureux Cheualier cōmença de respirer, & haussant petit à petit ses yeux languissants qui ne cherchans plus qu'à dormir vn somme eternel, s'alloient fermer pour iamais, fut estonné de se veoir appuyé sur le giron de celle pour l'amour de qui seulemēt il viuoit. Il sembloit mesmes qu'vn peu de rougeur, luy montast au visage, comme on void vn charbō presqu'esteint qu'on r'auiue en soufflant : mais qui en meurt plustost. Ainsi forçant sa debile voix : Ma chere moitié (dit-il en la regardant) Ie voy biē qu'il faut obeyr au destin qui veut que ie te laisse. Mais auparauāt que ce mal-heur m'arriue, ie jure ta belle main que ie baise, & tes beaux yeux que ie voy, que la mort ne m'est pas si fascheuse cōme le regret que i'ay de vous quitter. & ce qui augmente encor plus ma douleur : est que ie ne suis pas seulemēt capable de vos̄ cōsoler, parce que ie n'ē puis plus. Mais quoy il faut subir à la Loy, puis que celuy dōt la prouidēce gouuerne toutes les choses du monde l'a ainsi ordōné. Ne vous affligez donc point dauantage, nous nous reuerrons quelque iour ensemble en lieu d'où nous ne serons iamais separez : celuy mesme qui veut qu'on meure, l'ayant aussi voulu. Cependant (ma chere Parthenie) viuez heureuse & contente, & ne doutez point que les felicitez de mon ame ne s'accroissent, si ie voy que vous cherissiez la memoire de vostre pauure Argalus. Disant ces mots, il soupira quelque peu : puis, Il ne me reste plus qu'à vous prier d'vne chose (luy dit-il, ma chere ame.) C'est que ma disgrace, & le des-honneur d'auoir esté vaincu, ne vous soit point vn sujet de me tenir indigne d'auoir iamais merité l'amour de la belle Parthenie. Il ne profera qu'à peine ces dernieres paroles, auſſi ne les peut-on preſqu'entēdre: car la mort commençoit deſ-ja de luy ſaiſir le cœur: D'autre coſté la douleur ſerroit ſi fort celuy de Parthenie, qu'elle ne luy pût faire aucune reſponſe. Tellement que la derniere faueur qu'elle luy pût faire, ce fut de l'embraſſer, & luy preſſer ſa bouche de la ſienne pour l'eſchauffer, cependant que chacun eſtoit empeſché à eſtancher le ſang qui couloit de ſes playes: Elle luy donna tant de baiſers, qu'enfin elle receut ſa belle ame, en luy donnant le dernier: car il rendit les derniers ſouſpirs de ſa vie ſur les levres de ſa chere moitié

Mais quād elle vid qu'il estoit passé, la tristesse joüant de son reste, luy fit perdre la parole, & la rendit comme forcenée, se deschirant la face, & arrachāt ses beaux cheueux, qu'elle disoit ne luy seruir plus de riē, puis que son Argalus n'estoit plus au monde. Ce spectacle esmeut tellement Amphialus à pitié qu'il honora de ses larmes l'infortune de son ennemy. En fin ce Prince voyant que Parthenie estoit incapable de receuoir consolation, & qu'elle ne pouuoit abandonner le corps de son mary, trouua moyen de la faire entrer dās vn bateau auec le corps d'Argalus qu'il y fit porter par ses gens, ausquels il auoit commandé de les conduire seure-

Pp iij

ment iusques quartier du Roy, qui les receut tous deux auec tant de tesmoignage du regret qu'il auoit de la perte d'vn si bon Capitaine, qu'il en jetta des larmes. Sa Majesté voulut mesmes qu'on luy fist d'honorables funerailles, & qu'on y obseruast toutes les ceremonies que la discipline Militaire ordōne en tels accidēts, & que la valeur d'vn si grād Caualier pouuoit meriter. Les enseignes de taffetas noir furent traisnées par terre, les armes le haut en bas. Les tambours & les autres instruments de guerre qui ont coustume d'animer les soldats au cōbat, leur raualoiēt le courage, & leur excitoit despleurs: Basilius luy-mesme qui auoit la tristesse peinte sur la face, fit ce qu'il pût pour consoler Parthenie, & pour adoucir sa douleur. Mais cela n'estoit nō plus possible que la garison des playes mortelles de son mary, desia froid: au contraire toutes ces pompes funebres n'estoient qu'autant de triomphes à sa ruine. Elle se plaisoit plustost à se hayr soy-mesme, que d'aimer la moindre chose du monde qui pût soulager son mal. En passant par le camp, elle entendoit assez vanter les merites d'Argalus: mais que luy seruoit cela? Ce n'estoit qu'autant de sujets pour aigrir sa douleur. La plus grande des loüanges qu'elle entendoit luy donner, estoit qu'il n'auoit iamais rien cedé aux plus grands Capitaines de la Grece. Toutes ces acclamations publiques estoient bien comme autant d'aisles qui seruoient à la Renommée pour porter la gloire & les merites d'Amphialus au reste de la terre: mais elles seruoient aussi à mieux bastir le triste monumēt de sa ruïne, puis qu'il n'en estoit pas mieux aux bonnes graces de Philoclée, qui le traitoit si mal, que toutes ses victoires-là estoient autāt de disgraces: & qu'elle ne luy estoit iamais moins presente que lors qu'elle estoit deuant luy. Et sans mentir, cela eust peut-estre reduit ce Prince au desespoir, n'eust esté que sa mere par ses inuentions l'encourageoit tousiours en son amoureuse poursuite. Or cependant

que toutes ces victoires paroiſſoient aux yeux d'vn chacun
(quoy que cela n'allegeaſt
point ſes peines) il s'en falut
fort peu qu'il ne fuſt ſur-
prins par vn inſigne trahiſon.
Et quoy que les commence-
mens ſemblaſſent ridicules, ſi
eſt-ce que la fin n'euſt pourtant pas laiſſé de cauſer de tra-
giques effects, ſi l'on n'y euſt
penſé.

En ce têps-là Dametas croyoit
bien meriter l'vn des premiers
rangs d'entre ceux qui auoient
ſuiuy Baſilius en ceſte guerre;
De vous dire ſi c'eſtoit ſeulement pour auoir l'honneur de
ſuiure le Roy, ou d'eſtre abſēt
de Miſo, c'eſt ce que ie ne ſçay
pas: mais ie vºaſſeure, biē qu'il
n'eut iamais d'enuie de faire

qu'aucune vefue euft fubiet de maudire fon efpee. Tellement qu'eftāt de cefte belle humeur, & fe trouuant vn iour dans le camp où chacun parloit de la valeur d'Amphialus, il arriua, comme on veoid quelquefois, que des difcours du Paradis on en vient à ceux de l'enfer, qu'ayant parlé de la valeur de ce Prince, on vint à difcourir de la poltronnerie de Clinias qui eftoit fi cogneuë d'vn chacun, qu'elle eftoit tournee en Prouerbe. Dametas l'ayant remarqué, creut que s'il le faifoit appeller, il n'auroit iamais l'affeurance de fe trouuer fur le pré, & que cela feruiroit pour entretenir la bonne opinion que le Roy auoit conceuë de luy.

Il ne l'eut pas pluſtoſt reſolu qu'il le voulut communiquer à vn ieune Caualier qui eſtoit des domeſtiques de Philanax, & en qui il auoit bien de la confiance, parce qu'il le voyoit quelquefois, pour rire, ſe rendre complaiſant à ſes ſottiſes, & vanter les impertinences de Mopſa. Le Gentil-homme qui ſe vouloit donner du plaiſir, au lieu de le deſtourner de ce deſſein, l'y pouſſa dauantage, & en fit le conte à Philanax. De peur meſme que ceſte chaleur de foye ſe paſſaſt, il dreſſa luy-meſme vn cartel qu'il luy porta pour veoir s'il le trouueroit bien de la ſorte. Dametas le liſant ſe mit à branſler la teſte, & comme il fut preſqu'à la fin

Vrayement (dit-il à ce jeune Caualier, en le regardant par-dessus son espaule) il est assez gentil; mais il n'est pas du haut style, & prenant luy-mesme la plume il le reforma si bien qu'il le rescriuit tout. Voicy comme il y mit,

O Clinias, toy Clinias le plus malheureux ver de terre qui se traina iamais sur ses iambes. Toy le vray bignet de fraude, & le pot bouillant d'iniquité. Ie t'aduertis que moy, qui suis Dametas, chef & gouuerneur de tout le bestail Royal, & aussi de Pamele, que ton maistre a meschamment rauie de ma domination; te deffie en vn mortel combat, qui se doit terminer entre nous depuis le bas du poinçon, iusques au haut de la picque. Que si tu oses paroistre deuant moy, sçache que ie fe-

ray vuider ton ame hors de ton corps superflu.

Si tost que ce cartel fut acheué d'escrire, ce Gentil-homme faisant semblant d'en admirer les termes, supplia Dametas de l'en faire porteur, tant il auoit peur que la nuict luy donnast du conseil: Aussi-tost qu'il l'eut en ses mains, & qu'il eut obtenu congé du Roy, (tandis que chacun le portoit à faire en sorte que ce combat se fist, pour donner quelque contentement à Basi-lius, qui auoit l'esprit grande-ment affligé) il fut dans la vil-le, comme auoient faict les au-tres, & donna son cartel à Clinias, en la presence d'Am-phialus, afin qu'il eust le contentement de voir le maintien de ce hardy soldat, & que la presence de ce Prince seruist aussi d'aiguillon à ce pauure gendarme, peur qu'il ne fist vn refus digne de sa reputation. Amphialus donc qui desiroit donner ce plaisir à Philoclee, & aux autres Dames, encouragea Clinias d'accepter le combat. Il n'eut pas si tost leu ce cartel, qu'vn tremblement general luy saisit tous les membres, tellement que ses paroles entrecoupées, & son visage pasle, tesmoignoit assez l'apprehension qu'il cachoit au dedans. Neantmoins apres qu'il eut vn peu rappellé ses esprits, & qu'il eu autant d'haleine qu'il en faloit pour faire sa responce au Gentil-homme qui l'estoit venu appeller, il luy dit seulement, *Qu'il allast dire de sa part au Paysan qui l'auoit enuoyé, qu'il n'auoit rien à demesler auec luy, & qu'il n'y vouloit point auoir affaire.* Amphialus l'entendant ainsi parler, le tira vn peu à l'escart, & luy dist, qu'il engageoit bien fort son honneur s'il refusoit le combat. Car ce Prince faisoit tout ce qu'il pouuoit pour l'y porter, afin, comme i'ay dit, que Philoclée en eust le passetemps. Mais comme il vid que toutes ses raisons n'estoient pas suffisantes pour le resoudre à ce duel, il dit luy-mesme au Gentil-homme qui faisoit l'appel, qu'il auroit response le lendemain matin, & le renuoya là-dessus. Ce Caualier fut bien aise de n'auoir eu que cette responsé pour l'heure.

Dametas cependant mouroit d'impatience, & ne cessoit de souspirer, attendant le retour du Gentil-homme, pource qu'il apprehēdoit que Clinias eust accepté son cartel. Neantmoins quand il sceut qu'il auoit remis la partie, prenant cela pour vn refus, il se meit à fulminer insolemment contre la poltronnerie de Clinias, quoy qu'il n'eust pas plus d'enuie que luy de se battre. Ce fut alors qu'il prouocqua tous ceux qui le voyoient à rire des discours qu'il tenoit deuant eux. Mais c'estoit encor bien autre chose de luy voir faire des postures qui n'appartenoient

tenoient qu'à luy : Il hauſſoit tantoſt vne jambe, puis l'autre, jurant le ciel & la terre que les murailles pour fortes qu'elles fuſſent, ne l'empeſcheroient point d'auoir le poltron Clinias, & qu'il l'iroit querir iuſques ſur ſon paillier. Alors plus eſchauffé que jamais, il deſcendit en l'eſcurie du Roy, où il choiſit vn bon cheual. Ses amis entendans diſcourir de ce braue combat, s'efforcerent à l'enuy de luy donner vn eſquipage & des armes : les vns enuoyoient vn heaume, les autres vne lance, & les autres des taſſettes, des reſnes, vne croupiere, ou bien quelque poitral. Tellement que le vaillant Dametas ſe vid incontinent armé de toutes pieces. Or cet attirail joint ensemble, il se trouua qu'il n'y auoit rien qui se rapportast, soit en la façon, soit en la couleur : mais cela n'empeschoit pourtant pas que Dametas ne trouuast cette bisarre diuersité grandemēt agreable, parce qu'il s'imagina qu'on croiroit qu'il eust autant de paires d'armes, qu'il en faisoit monstre de beaux morceaux differēts. Il disoit resolumēt qu'il iroit en l'Isle, ainsi armé, & auantageusemēt, monté comme il estoit, afin que Pamele qu'il auoit en garde, le vist en ce bel equipage. Il auoit oublié vn escu, mais il y donna bon ordre : Il y fit peindre pour deuise vn soc de charuë, des bœufs descouplez du joug, vne large espee, & quantité de bras & de jambes coupees, auec plusieurs liures entrelassez d'escritoires & de plumes. Et parce qu'il n'y auoit point d'escriture, il expliqua luy mesme cette belle deuise. Il dit que ces bœufs destachez du joug, vouloient signifier qu'il auoit quitté la charruë pour prendre l'espee, auec laquelle il esperoit se faire signaler, & principalement par le hazardeux combat qu'il alloit entreprendre, auec la mort de son ennemy: Et que pour les liures, les escritoires, & les plumes, ils ne marquoient autre chose, sinon que la posterité admirant ses genereux faicts d'armes, en escriroit des volumes entiers. Et sur ce qu'on luy demanda pourquoy il n'auoit point exprimé cette conception par quelque beau vers pour corps de sa deuise. Il respondit qu'il ne vouloit pas ressembler ce Peintre, qui n'estant pas côtent de representer les choses qui luy tomboient en la fantaisie, les faisoit cognoistre, en mettant auprés de chacun animal, *Voicy le chien, voilà le lievre.* Ce hardy lancier pensant bien auoir treuué la febue au gasteau rencontrant de la sorte, se mit si gentiment à rire, qu'il prouocqua tous les autres à faire le semblable. Mais parce qu'il craignoit que sa chere Miso s'offensast s'il s'oublioit tant que de la negliger, il fit mettre ces mots autour de son escu : *Miso ma bien-*

aymee, vous sçaurez bien-tost des nouuelles de vostre Dametas.

Ayant donc ainsi mis ordre à tout son equipage de guerre, il fut tousiours en impatience iusqu'au lendemain qu'il se vouloit faire veoir en l'Isle, s'imaginant qu'il estoit quelque grand Capitaine. Il se retournoit mesmes quelquefois deuers ceux qui le consideroiēt, & leur demandoit si ce n'estoit pas dommage que la terre portast vn si grand poltron que Clinias. Comme beaucoup de ieunes Gentil-hommes se donnoient le plaisir d'accroistre sa presomption en luy aidant à monter à cheual, parce qu'il estoit prest à partir, il suruint vn Page de la part d'Amphialus, qui sousriant luy fit la reuerence, & luy presenta des lettres de la part de Clinias: car Amphialus l'auoit à la fin disposé de se battre, en l'asseurant que s'il acceptoit le cartel, Dametas ne se presenteroit iamais: & que par ce moyen l'honneur luy en demeureroit. L'ayāt ainsi persuadé, il adjousta les menaces, luy jurant que s'il refusoit de s'éprouuer auec son ennemy qu'il l'enuoyeroit hors la ville, & le liureroit entre les mains du Roy qui le feroit punir en qualité de traistre: La moindre menace ordinairement estonne vn courage poltron, c'est pourquoy celle-cy fit peur à Clinias, qui pour esuiter à ce mal, resolut (quoy qu'à regret) de se batre. Ce qui l'y disposa bien encor, fut qu'il se promit de deux choses l'vne, ou que Dametas seroit demeuré malade de peur, ou qu'il n'auroit pas l'asseurance de se faire passer en l'Isle. Doncques si tost que Dametas ouit le nom de Clinias, se doutāt bien quel sujet amenoit le Page, le Danger aussitost se fit veoir à ses yeux, de sorte que sans vouloir prendre la lettre, il luy commanda de s'en retourner, luy disant qu'il estoit vn mauuais garçon, & qu'il n'estoit pas lors en humeur de lire : Alors vn de ces Gentils-hommes qui luy estoit si bon amy, luy ayant remonstré que c'estoit peut-estre quelque submissiō ou quelque excuse que son ennemy luy faisoit au lieu de le défier, il se dōna luy-mesme la hardiesse de decacheter la lettre, où il trouua tels mots, qu'il leut hautement deuant tous.

Malheureux souillon que tu es indigne qu'vn tel soldat que moy prenne la plume pour t'escrire, si est-ce que i'ay bien voulu te faire ce mot. Ton malheureux cœur a t'il bien osé penser que Clinias n'ayt pas l'asseurance de se battre auec toy, & que cela ait fait differer sa responce? Non non, poltron, ne t'imagine pas cela: Ce que i'en ay fait n'a esté que pour imiter le belier qui recule pour mieux choquer. Sçache donc que tu ne seras pas si tost en l'Isle, & passe y des maintenant si tu en as l'asseurance (ô que tu seras heureux si tu n'y parois point!) qu'au mesme temps ie ne m'y rende en personne, & que ie ne me iette sur toy auec toute ma force, afin de t'y tailler en pieces, & remarque bien ce que ie te dis : Car i'entens membre apres membre: afin que tu ferues de terreur aux prefomptueux vilains qui te reffemblent, & que cet exemple donne à l'aduenir vne eternelle peur à ceux qui feront auffi prefomptueux que toy. Tellement que c'eſt à toy de prendre garde à ce que tu feras : Car ie te dis encor que ſi ton impertinēce te porte de te frotter à moy fans t'en auoir donné du fujet, la honte, les coups, & la douleur feront la recompenfe de ta temerité : car ie te feray fentir ce que poife ma main.

Clinias n'efcriuit ces rodomontades que fur l'efperance qu'il eut qu'elles eftonneroiēt le bon Dametas : & fans mentir il ne fe trompa pas : car ils le rendirent fi eftourdy qu'il ne fçauoit où il en eftoit. Il s'imaginoit que toutes ces menaces estoient autant de coups de foudre. Apres mesmes qu'il eut acheué de lire le Cartel, il leur dit à tous, qu'il estoit d'auis de s'aller desarmer, & que ceste responce estant venuë trop tard, il se pouuoit bien honnestement dispenser du combat. Ioint que Clinias l'aduertissoit qu'il le traiteroit mal s'il passoit en l'Isle, & qu'il le conseilloit luy-mesme de ne s'y pas trouuer. Tout cela n'empescha pourtant pas que ceux qui l'auoient aydé à s'enharnascher ne le poussassent dans le batteau pour le faire aborder l'Isle: luy remonstrans tous, qu'il ne deuoit pas faire vne telle bresche à son honneur, ny demeurer en vn si beau chemin. Or dés auparauant qu'il fuſt ſorty du batteau, l'eſclat & le mouuement de ſes armes ſeulement luy donnerent tant de peur, qu'il accuſoit ſes amis d'infidelité, pour l'auoir ainſi porté à faire vne choſe ſi contraire à ſon naturel. Auſſi-toſt qu'il eut le pied dans l'Iſle, le Gentil-homme qui l'auoit touſiours conduit luy mit la lāce en la main, & luy monſtra comme il s'en deuoit ſeruir, auſſi bien que de ſō eſpee, cepēdant que ce nouueau gendarme auoit la veuë & l'eſprit ailleurs, & qu'il cherchoit par tout, des yeux, par quel coſté il pourroit mieux fuir s'il ſe voyoit preſſé. Il maudiſſoit encor la nature, qui auoit, diſoit-il, ſi mal ſitué les

Isles, qu'on n'en pouuoit sortir que par eau. Mais comme il estoit en ces inquietudes, ce qui redoubla bien sa peur, fut l'arriueé de Clinias, qu'on mettoit à bord de l'autre costé, auec force trompettes deuant luy qui faisoient mille fanfares. Ce poltron n'auoit fait que penser tout le long du chemin en quoy il pouuoit tant auoir desobligé Amphialus, pour l'exposer ainsi à de si grands perils. Que s'il prenoit quelquesfois vne foible resolution de se bien defendre, il ne l'auoit pas si tost pensé, que l'image de quelque nouueau danger se presentant à ses yeux, luy faisoit reprendre l'allarme plus chaude que deuant : car sa poltronerie naturelle estant comme vn leuain, elle gastoit ses bonnes resolutions, aupararauāt qu'elles en meritassent le nom. Il estoit desia mesme empesché quel discours il tiendroit à Dametas pour luy demander la vie quand il l'auroit vaincu: Il regardoit quelquesfois la terre d'vn œil de pitié. Helas! (disoit-il en luy-mesme) faut-il qu'vn si vil element engloutisse vn si vaillant soldat que moy? Vn homme de mon merite enfoüy dans la terre en la fleur de son aage, ah Ciel! quelle injustice? Il eust bien voulu prier son ennemy d'auoir pitié de luy, & luy demander la vie, mesme auant que se battre, si la crainte qu'il auoit que Dametas n'eust point escouté sa priere, ne luy eust

pas esté vn puissant obstacle, &
puis l'esclat des armes, & le
son des trompettes l'auoit déja rendu en telle extremité
qu'il ne sçauoit plus où
il en estoit luy-mesme. En
fin ceux qui auoient esté or-
dōnez pour Iuges de leur combat, ayant faict cesser les trompettes prindrent le serment de
ces grands Chāpions, & apres
leur auoir fait affirmer qu'ils
estoient venus là sans fraude &
sans enchantement, ils leur
partirent la terre, & les con-
duisirent en la distance necessaire en de telles rencontres.

Les trompettes recommen-
cerent àlors à sonner en telle
sorte que le cheual qu'auoit
prins Dametas, accoustumé en

tels exercices comença de prēdre sa course alors que son maistre y pensoit le moins, si bien que cela l'esbranla tout dans la selle faute de se tenir ferme dessus les estrieux. Auec cela voulāt tirer la bride pour l'arrester, le cheual qui auoit bonne bouche se mit si fort à bondir, que le mal-heureux Caualier fut cōtraint de jetter sa lance à bas pour se prēdre au pommeau de la selle auec ses deux mains, & ne pût empescher qu'à force de bōdir, & de galopper, il ne rencontrast en fin Clinias, qui de peur de manquer son coup auoit mis sa lance en l'arrest, auparauant mesmes que de commencer sa carriere, qu'il acheua moitié courant, & moitié sautant. Et si ie croy qu'il ne l'eust pas si tost commencé n'eust esté que ceux qui estoient prés de luy chassant son cheual auec la gaule, le cõtraignirent à prendre le galop. Or ce Caualier tenoit sa lance si peu ferme que le vent l'ayant faict tourner de costé, il en deschargea vn tel coup sur le pauure Dametas, qui estoit desia presque hors de la selle, que luy faisant acheuer de vuider les arçons, il le contraignit de retourner à son premier mestier de fendre la terre, la creste de son Casque luy seruant lors de soc. Clinias estant au bout de la carriere, où la science de son cheual l'auoit seulement emporté, croyant auoir Dametas à ses talons: (Car il ne sçauoit pas ce qu'il qu'il auoit faict luy-mesme) tant il auoit l'esprit troublé. Mais quãd il veid Dametas par terre, il pensa qu'il estoit tẽps ou iamais de luy passer son cheual sur le ventre, & luy casser la teste auec le bout de sa lance, puis que la fortune l'auoit tant fauorisé que de luy conseruer entiere: & que c'estoit vne chose qu'il croyoit bien assee: Mais comme il voulut pousser son cheual pour executer ce dessein, il s'abbatit sous luy, soit ou que sa lance qui pendoit trop bas luy eust embarrassé les jambes, ou qu'il eust rencõtré Dametas qui taschoit lors de se releuer. Dametas se voulant seruir de cét aduantage, mit l'espée à la main, & commença de considerer par où il pourroit tuer Clinias en luy portant quelque coup par derriere. Il l'eust veritablement bien peu choisir commodément, si le cheual impatient qu'il estoit de se releuer n'eust point tant fait de ruades: car il se tempestoit si fort, que Dametas n'en osoit approcher qu'en tastonnant. En fin cét animal plein de fougue se releua soudain, & se mit si fort à ruer que ce vaillant Caualier fut contraint de s'enfuir biē loin de peur d'estre frappé. Cépendāt Clinias eut loisir de se releuer: mais il auoit le corps si moulu, & l'esprit si affligé, qu'il ne pēsoit qu'à se rēdre à la mercy de son ennemy. Il auoit mesme desia tiré son espée à fin de la presenter à Dametas par la poignée, lors que ce poltron ne pensant à rien moins qu'à cela, le voyant venir à luy l'espée nuë à la main, se mit à fuir auec autant de vistesse que le pouuoient permettre les aisles dont la Crainte luy venoit de faire present: Clinias ayant remarqué ceste action ne desespera pas de gaigner la victoire: C'est pourquoy le suiuant le plus vaillamment que pouuoit faire vn poltron, il se mit à charger Dametas, qui se sentant frapper crioit tant qu'il pouuoit, *Arreste, arreste.* Il le prioit aussi quelquesfois de retenir sa main, disãt qu'il estoit mort, & puis il le menaçoit aussi-tost, s'il ne cessoit, de s'en plaindre à Basilius. Cependant il recula tousiours si bien en receuāt des coups qu'il fut estonné qu'il se sentit vn pied dans l'eau. Ce fut là qu'il redoubla sa crainte: car il se veid à lors en telle extremité qu'il n'osoit plus reculer de peur de se noyer, ny s'aduācer non plus pour n'encourir la mort sous le fer de son ennemy. Et d'autre part encor, il estoit honteux de se rendre. Toutes ces inquietudes, ayans en fin tourné sa crainte en desespoir, il resolut de tenir bon. Ainsi dōc fermant les yeux tāt qu'il pût, il se mit à frapper de si grands coups sur son ennemy, d'vn bras fait à manier le fleau, que le mal-heureux Clinias cōmença de veoir d'vn œil triste, & qui apprehendoit de mourir, son sang ruisseler de ses playes. Il n'en auoit mesmes encor veu sortir que fort peu qu'il se sentit faillir le cœur, tellement qu'il cria tant qu'il pût : *Ie me rends Dametas, ie me rends à toy.* Iette donc là ton espée (dit Dametas en frappant de plus belles) *& ie te sauueray.* Clinias mit lors les armes à bas, & luy demanda la vie, apres l'auoir requis de luy faire pardon. Dametas ouurant lors les yeux, & voyant Clinias desarmé : *Esloigne toy de moy* (luy dict il) *& te jette tout plat à terre*, Clinias obeit derechef, & ce fut à lors que Dametas qui ne pensoit iamais estre en seureté durant la vie de Clinias, pensa de quelle sorte, il luy pourroit oster : car de prendre son espée pour l'en frapper, il craignoit qu'il se releuast, & qu'il ne se voulust reuancher, tellement que le meilleur expediét qu'il trouua, fut de luy mettre les genouls sur le ventre, & luy couper la gorge auec vn grand cousteau q'uil portoit toujours sur luy, & dont il auoit accoustumé de tuer des veaux, en quoy il estoit assez adroit: mais côme il le cherchoit sous ses armes où il l'auoit serré, sans que le mal-heureux Clinias remuast non plus que s'il eust volontairement attendu, comme l'innocente brebis, le dernier coup de sa vie, les Iuges suruindrent qui firent arrester Dametas, à qui ils remonstrerent que ce qu'il vouloit faire estoit directement contraire aux loix des armes, en ce qu'il pourſuiuoit ſon ennemy, apres luy auoir fait rendre l'eſpee ſous l'aſſeurance de luy donner la vie, & puis la luy vouloir oſter, apres de ſang froid. Dametas ne laſcha ſa priſe qu'à peine, vaincu par leurs raiſons, & par les promeſſes qu'ils luy firent, que Clinias ne combatroit iamais contre luy, quand il ſeroit debout. En fin il luy permit de ſe releuer plus par force qu'autrement, l'aduertiſſant de prendre garde vne autrefois de quelle ſorte il traiteroit auec des perſonnes de ſa race. Voila comme finit le combat de ces deux grands poltrons, qui ne fuſt pas ſi toſt acheué que Dametas s'en retourna au camp où il fut receu comme victorieux, auec tant d'acclamations de joye, que tous les Volontaires se rangerent auprés de luy pour le seruir, & pour honorer son triomphe.

Pour le regard de Clinias, quoy qu'il manquast de courage pour preuenir sa honte, si n'auoit-il pas faute d'industrie & de malice pour la ressentir, & s'en vanger, non pas tant pour l'horreur qu'il en eust, qu'à cause des risées & des moqueries que l'on faict ordinairemēt de ceux qui en reçoiuēt l'affront. Il s'imaginoit que ce luy seroit à l'aduenir vn grand obstacle à ses desseins, quand le monde en le mesprisant le tiendroit dans l'indifference. Ce mal-heureux se voyant donc le joüet de toutes les compagnies, commença d'en detester la cause, & se resoudre à la hayne, qui prenant vn empire sur vn lasche courage, ne se borne iamais que par la mort, aussi ne chercha-t'il point d'autres limites que celles-là, quand il se fut representé les extremitez où il estoit nagueres reduit. Car il se representoit lors ce dãger plus grand qu'auparauant, & quoy qu'il fist ce qu'il pouuoit pour dissimuler son mescontentement, si ne laissoit-il pas de paroistre sur son visage. Il se resolut donc d'empoisonner Amphialus, & pour mieux couurir son jeu, il se rendit plus soigneux prés de luy qu'il n'auoit iamais fait: quoy que ce fust assez pour descouurir sa mauuaise intention, que de considerer ses regards qu'il tenoit tousiours de trauers sur ce Prince: Il recherchoit veritablement sans cesse de nouueaux subiets pour l'obliger: mais si ne le seruoit-il pourtāt qu'à regret: Or cōme sa lascheté le rendoit mesprisable, cela faisoit qu'on ne se desfioit pas de luy, si bien qu'il tramoit plus librement ses factions & ses entreprises secrettes, joint que les grands perils où s'exposoit tous les jours Amphialus, l'incitoient encor particulierement à cela: pource qu'il croyoit asseurément que s'il venoit faute du Prince, cesto mort causeroit sa propre ruine, si apres auoir esté traistre au

Roy, il ne reparoit ceste meschanceté par vne nouuelle trahison contre Amphialus. Pour en venir à bout, il ne trouua point de meilleur expedient que de pratiquer quelqu'vn de ceux du party de ce Prince, que la longueur de ce siege, quelques mescontentement, ou les furieux mouuemēs d'vne ambition desreglee pouuoient disposer à se rendre capables d'estre complices du mal-heureux dessein qu'il auoit projecté. Il fit en sorte d'y attirer encor quelques vns des plus riches qui se lassoient de la guerre, auec de jeunes hōmes que l'inconstance de leur aage, & le peu de succez de leurs desirs incitoient à se laisser gaigner aisément.

Mais la personne qu'il trouua la plus propre à le seconder en ses meschancetez, fut Artesie, sœur du pauure Ismenus, que Philanax auoit n'agueres tué: & la seule des six Damoiselles qui par son inuention auoient fait rauir Pamele & Philoclee. Aussi la tenoit-il assez artificieuse pour suppléer aux defauts ordinaires de celles de son sexe, par la subtilité de son esprit. Elle s'estoit elle-mesme offerte à cette sinistre entreprise, par la persuasion de Cecropie, qui pour la mieux disposer à l'executiō d'vne si dangereuse trahisō, l'asseuroit que si tost qu'elle auroit ces deux Princesses en son pouuoir, elle les feroit mourir, afin de rendre Amphialus seul heritier du

Royaume, & qu'apres elle luy
feroit espouser. Ainsi luy proposant pour recompense vne
couronne, Artesie entreprit
gayement cette commission:
Et ce qui luy faisoit facilement
adjouster foy à tant de belles
promesses, estoit que son miroir
luy faisoit croire qu'elle pouuoit bien esperer cela ; & que
son incomparable beauté meritoit bien vn Prince : joint
qu'Amphialus auoit grãdemẽt
aymé son frere, qui auoit esté
tué pour son seruice. Tout cela
faisoit qu'elle se flattoit soymesme, & qu'elle croyoit que
veritablement cette trahison
n'eust esté tramee que pour elle : mais quand elle vid le contraire, & qu'elle eust recognu
par le cours des affaires : qu'au

lieu de tuer les Princesses, il y auoit apparence que quelqu'vne espouseroit Amphialus, sur l'esprit duquel ses seruices n'auoient rien sceu gaigner qu'vne faueur ordinaire, sans que l'offre qu'elle luy auoit faitte de soy-mesme, eust seullement attiré vn de ses regards, ny gaigné ses affections voüées à vne autre Dame de meilleure maison qu'elle, & dont elle ne seroit que la simple seruante. Alors le despit de se voir si fort esloignée de ses esperances, ou peut-estre de ne pouuoir esteindre son lubrique desir, se chãgea tout aussitost en vn excez de rage & de desespoir. De sorte que son esprit remply d'inquietudes, ne s'exerça depuis qu'à des meschancetez, & à des trahisons. Ces pernicieux desseins s'augmenterent encor par la memoire de la mort de son frere, qu'elle disoit n'auoir point esté vangée sur Philanax son meurtrier, quoy qu'il eust esté au pouuoir d'Amphialus, qui mesprisant les pleurs & les prieres qu'elle luy auoit faites en vain, pour en auoir la raison, l'auoit renuoyé au Roy. Or les Princesses ne trouuoient pas bon que cette Artesie les vist, quoy qu'elle s'allast souuent offrir à elles pour leur faire compagnie : tellement qu'elle estoit presque tousjours auec Zelmane, qu'elle pensoit desennuyer, dans la chambre qu'on luy auoit donnée pour prison. Elle resolut

donc de luy communiquer son dessein, croyant que cette belle Amazone justement irritee, n'auroit garde qu'elle ne l'approuuast. Zelmane comme bien aprise qu'elle estoit en l'escole de l'aduersité, fit mine de le trouuer fort bon: car elle voyoit son corps miserablement prisonnier, sa valeur maistrisee, son esprit innocent trompé, ses desirs trauersez, & son amour trop long-temps eclipsé: Et craignant qu'il ne luy arriuast pire, n'estant pas capable de secourir Philoclée, mais bien de cognoistre sa mauuaise fortune, elle fut vn long-temps deuant que la grandeur de son courage se laissast surmonter par la melancholie. Tant s'en faut,
plus

plus elle s'efforçoit de la terrasser, & plus son courage en repoussoit les atteintes. Si bien que sa valeur luy faisoit mespriser sa captiuité: Et les murs qui l'enfermoient, ne luy sembloient pas assez forts pour s'oposer à sa resolution inuincible. Mais en fin se representant sa tyrannique seruitude, qui s'augmétoit tous les iours, & sa constance ne luy seruant de rien, elle fut contrainte de ceder à la violence de son mal-heur qui luy tira des larmes de ses yeux. Ainsi puis que son mal estoit sans remede, pour l'addoucir quelque peu, elle n'eut recours qu'à ses plaintes. Son plus agreable diuertissement estoit à lors de grauer le nom de Philoclée cõtre les murs, & sur les vistres de sa chambre, & par vne superstitieuse idolatrie l'adorer aussi-tost apres. Auec cela toutes les loüanges qu'elle souloit autresfois dire en l'honneur de ceste belle Princesse n'estoient plus que de tristes regrets, & de fascheuses inuectiues contre sa mal-heureuse Fortune. Remarquez cependant que ce qui porta l'Amazone à traicter plus familierement que les autres auec Aretife, fut qu'elle recogneut que ceste Damoiselle auoit quelque mescontentement en l'esprit: Car si quelquesfois Zelmane se vouloit estendre sur le merite des Princesses, & que parlant des obligations qu'elle leur auoit, elle exageraft les bõs offices qu'elle en auoit receus, & qu'elle priast les Dieux de les deliurer bien tost de leur captiuité, accusant Aretise d'estre la principale Autrice de ce rapt; Ceste Damoiselle aussi-tost pour se iustifier, protestoit (quoy que tres-faussement) qu'elle mesme auoit esté la premiere trompée à cela par les artifices de Cecropie qui luy auoit tousiours celé le malheureux dessein qu'elle auoit. Et que long-temps mesmes depuis la trahison executée, elle auoit creu que ce n'estoit qu'vne legere frayeur que ceste malicieuse Dame essayoit de faire au Roy, & qu'en fin tout cela deust tourner en rizée: ne pouuant s'empescher parmy tout ce discours d'y mesler quel-

Sf ij

que chose de son interest particulier, & se plaindre de l'ingratitude dont on vouloit recompenser ses seruices: Tellement que l'Amazone jugeoit assez que son plus grand desplaisir ne procedoit d'autre chose que de se veoir priuee de quelque recompense qu'on luy auoit faict esperer. Zelmane, donc pour s'en seruir fit mine de croire tout ce qu'elle luy disoit pour sa iustification, luy remõstrant qu'elle se feroit grandement estimer, si elle pouuoit tirer de prison ces deux belles Princesses qu'elle y auoit elle-mesme reduites contre sa volonté. Et pour l'y porter dauantage elle employa tous les artifices qu'elle pût, ou pour chatouiller sa vanité, ou pour l'inciter à prendre raison du tort qu'on luy faisoit. Artesie persuadee des raisons & de l'authorité de Zelmane, resolut d'acheuer son entreprise, afin de se vanger: joint que le perfide Clinias l'y poussoit obstinément, sans l'y donner aucun relasche.

L'Amazone n'approuuoit pourtant pas cette trahison, & si elle en demandoit l'aduācemēt ce n'estoit que pour trouuer moyen seulement d'auoir des armes en sa chambre: estāt bien asseuree que la grādeur de son amour, joint à son magnanime courage, auroient assez de force pour acheuer son entreprise, pour difficile qu'elle fust. Clinias qui n'auoit non plus de fidelité que de courage, cöclud auec Aretefie qu'apres qu'il auroit gaigné le corps-de-garde d'vne des portes du chafteau, pour y faire entrer les gens du Roy, qui la tenoient affiegee, au iour qu'ils arrefteroient, elle empoifonneroit Amphialus. Il luy fit voir comme cela luy eftoit tres-facile, puis qu'elle auoit elle-mefme la charge de luy porter tous les matins fon boüillon, foit qu'il fuft trauaillé de fes combats, ou bien qu'il fuft malade. Tout cela refolu, ces deux traiftres aduiferent qu'il en falloit aduertir Pamele & Philoclee, jugeans qu'il n'y auoit pas apparence de fe defier d'elles, puifque cette entreprife ne leur pouuoit qu'eſtre vtile: Et puis ils ſe promettoient encor qu'il leur en reuiendroit double profit à eux-meſmes, pource qu'ils faiſoient leur conte, que tant pour le reſpect des vns que des autres, ils ſeroient conſeruez de la rage du ſoldat, s'il arriuoit que le chaſteau fuſt forcé : (à quoy pourtant Clinias ne s'aſſeuroit pas beaucoup;) outre qu'ils penſoient que cette action deuſt obliger les Princeſſes à les recompenſer du grand plaiſir qu'ils croyoient de leur rendre. Ils furent donc tous deux, Clinias à Philoclee, & Aretiſe à Pamele, qui de bonne fortune eſtoient lors toutes ſeules enfermees dans leurs chambres. Clinias donc, auec vn grand discours, descouurit à Philoclee le dessein qu'il auoit de la deliurer : mais cette Princesse qui auoit l'ame aussi franche que genereuse, au lieu d'applaudir à ce traistre, le renuoya bien loin : & comme ayāt horreur de l'auoir escouté iusques là, l'interrompant brusquement, le pria seulement de persuader le Prince son cousin, de les mettre en liberté, l'asseurant que s'il s'y employoit sans vser d'aucune supercherie, elle luy tesmoigneroit par bien-faicts le ressentiment qu'elle auroit du seruice qu'il leur auroit rendu: mais qu'elle le prioit bien fort de ne commettre point vne si lasche trahison : Autrement qu'elle aymoit mille fois mieux mourir prisonniere, que de consentir à la mort du Prince son cousin, qu'elle sçauoit bien n'auoir esté porté à les faire enleuer contre les loix du deuoir, que par celles de l'Amour extrême qu'il luy portoit.

Ceste response estonna si fort Clinias, que se jetant à genoux aux pieds de la Princesse, il la supplia tres-humblement de ne l'accuser point, & de considerer que le seul desir de luy rendre seruice, luy auoit faict oublier la fidelité qu'il deuoit à son maistre. Protestant puis qu'elle ne l'approuuoit pas, qu'il s'en deporteroit sans y penser iamais. Philoclée luy promit là dessus de ne l'accuser pas, puis qu'il l'asseuroit à l'aduenir de mieux seruir son maistre. Et de faict elle luy tint sa promesse. Cela ne seruit pourtant de rien : car toute la conspiration fut descouuerte par le moyen de Pamele: Parce qu'Aretise s'estant declaree à Pamele qui haïssoit autant le vice qu'elle cherissoit la vertu, ceste Princesse la reprist aigrement de ceste meschanceté : Va luy dict-elle maudite & mal-heureuse femme, de qui le courage perfide, n'a sçeu trouuer moyē de reparer vne trahison que par vne autre plus grande. Asseure-toy que le temps est venu, auquel toy-mesme te verras prise dans les mesmes filets que ta desloyauté a voulu tendre aux autres : Que les Dieux facent de moy tout ce qu'il leur plaira: mais ie ne consentiray iamais à vn si pernicieux acte: Ie ne veux point acquerir ma liberté par vne si meschante voye. La colere fut cause qu'elle parla vn peu plus haut qu'elle n'auoit de coustume. Ce qui fut cause que Cecropie l'entendit: Or elle venoit pour trouuer Pamele afin de luy faire voir vn combat qui se faisoit dans le camp des ennemis: Ceste Dame qui auoit du iugement, recognut bien à leurs visages, qu'ils estoient en colere, & qu'il faloit qu'il y eust quelque chose de nouueau. Si bien qu'elle pria la Princesse de luy en faire le discours. Pamele se trouuant ainsi surprise: Demandez-le (luy dict-elle) Demandez-le à ceste Damoiselle, & apprenez d'elle auiourd'huy que ceux qui ont bien eu l'audace de trahir leurs Princes, perdront aisément tout autre respect, & qu'ils oseront aussi facilement vendre ceux qui leur sont inferieurs. Cecropie voyant qu'elle n'en pouuoit apprendre dauantage de Pamele, prist Artesie à part, & la menaçea de luy faire donner la question, si elle ne luy apprenoit ce qui se brassoit entr'elles. La miserable Artesie apprehendant les tourments de la gehenne, descouutir toute la conspiration. De sorte que cependant qu'on informoit plus amplement pour sçauoir les complices, on resserra Zelmane plus fort qu'auparauant, & fit-on executer le mal-heureux Clinias auec tous ceux qui auoient promis d'estre de l'entreprise. Pour le regard d'Aretise, on la traita plus doucement : car Amphialus, ne pouuāt oublier l'affection qu'il auoit à la memoire du pauure Ismenus, fit conuertir la peine de mort en celle de prison perpetuelle. Quand au bruit que Cecropie auoit entēdu au cāp ennemy, la venuë du vaillant Prince Anaxius, nepueu de ce puissāt Euardus, que Pirocle auoit tué, en estoit la seule cause. Ce Prince estoit robuste de corps, heureux en ses entreprises, & si addroit aux armes que chacun croyoit qu'il n'y auoit persōne qui osast se presenter deuāt luy pour se battre, au moins sans aduantage. Il est vray que son courage respondoit bien à sa fortune, & que si l'injustice & la vanité ne l'eussent point tant possedé, il eust bien merité qu'on luy eust donné des loüanges, mais ces deux monstres l'accompagnoient par tout: car il se picquoit des moindres choses, & se trouuoit si sensible aux injures, qu'il ne faisoit point de difference entre la valeur & la temerité. Ce Prince estoit si superbe qu'il tiroit vanité de tout, sans se vanter pourtant de rien qu'il ne l'executast. Il estoit presqu'impossible de le fleschir pendant qu'il estoit en colere, l'obstination passant chez luy pour vne courageuse constance : parce qu'il croyoit la crainte & l'effroy plus capables d'attirer l'admiration, que ne l'estoient pas, ny l'Amour, ny l'Honneur. Il s'estoit porté quatre fois sur le pré contre Amphialus, sans que l'vn eust iamais remporté d'aduantage sur l'autre. Mais depuis Anaxius ayant trouué Amphialus en vn grand danger, il luy sauua la vie, sans toutesfois le cognoistre que quelque temps apres. Ceste aduenture fut cause de toute l'amitié qu'ils se iurerent depuis, & fit qu'Anaxius l'affectionna d'autant plus encor qu'il l'estimoit son egal, s'imaginant qu'il n'y auoit personne apres luy sur la terre qui meritast mieux endosser le harnois que cét Amphialus. Or comme

Anaxius cherchoit par tout Pirocle, pour acheuer leur combat, & tirer raison de la mort de son oncle, il ouït parler de ce siege: tellement, que luy qui ne cognoissoit point d'autre loy que sa volonté, resolut de s'y rendre sans s'informer plus auant du sujet de la querelle: assez contant seulement s'il y trouuoit le Prince, qu'il n'auoit sceu rencontrer ailleurs. Il prit auec luy ses deux freres, qui estoient fort addroits au mestier des armes, & qu'on n'estimoit gueres moins vaillants que luy, outre deux cens hommes d'eslite, auec lesquels il pensoit estre capable de s'assujettir tout le mõde. Il ne laissa pourtant pas de donner ordre que le reste de ses trouppes le suiuissent : si bien qu'à l'heure qu'on ne pēsoit à riē moins qu'à luy, il s'en alla fondre sur les gens de Basilius auec tant de violence, qu'il y eut force monde tué auparauant mesmes qu'on se fust recogneu. Ce fut là qu'il monstra bien quel estoit sō courage mieux qu'en pas vne autre occasion: car si le vaillant Philanax qui estoit vn iudicieux Capitaine, ne luy eust fait veoir que la prudence profitoit bien autāt que la force, il eust fait vn rauage dans le camp de Basilius, pareil à celuy d'vn gros torrent lors qu'il est debordé. Et peut-estre encor eust-il faict pis, si le Prince Amphialus se seruant de ceste occasion, n'eust fait vne si furieuse sortie, qu'il gaigna vn des forts qu'auoit fait faire le Roy, donnant par ce moyen jour aux gens d'Anaxius, qui ioints auec les siens, firent vn grand dōmage au camp de sa Majesté. La retraite sonnée, le Prince Amphialus alla remercier ce Caualier, & l'emmena dans son chasteau, apres auoir tous deux laissé dans le camp les tristes marques de leur generosité. Anaxius y estant arriué, Amphialus luy rendit tous les honneurs & les deuoirs que les loix de l'amitié le peuuent permettre, luy tesmoignant d'abord que son secours ne luy auoit pas encor esté si necessaire, que sa presence luy estoit agreable. Apres que le Prince eut mis ordre que les Magistrats, & les gens de guerre honoraſſent ſon entree, & que le peuple par ſes applaudiſſements teſmoignaſt le contentement qu'il auoit de ſa venuë: il le mena veoir ſa mere qu'il ſupplia d'aimer ce Prince, comme celuy qui non contant d'auoir autresfois ſauué la vie de ſon fils, eſtoit encor venu tout fraiſchement pour luy cõſeruer l'hõneur. Anaxius sãs faire eſtat de tous ſes compliments, ſe tourna vers ſes freres, & reſpondit tout haut au Prince qu'il eſtoit bien marry que ſon chaſteau n'eſtoit aſſiegé par vne douzaine de Roys, afin qu'il luy pûſt mieux faire paroiſtre la grandeur de ſon courage, & l'enuie qu'il auoit de leur rendre ſeruice. Vn de ſes freres ſouſriant de ceſte rodomontade, tesmoigna par ceste action qu'il cognoissoit bien sa vanité, & qu'il n'auoit pas du tout tant de pouuoir qu'il se faisoit accroire. Amphialus le pria lors de permettre qu'on luy ostast ses armes: mais Anaxius estoit si plein de fougue qu'il ne s'y pouuoit resoudre, s'imaginant qu'il eust bien encor ce iour-là couché des hommes par terre, si on luy eust voulu permettre de sortir. Neantmoins Amphialus & sa mere l'importunerent tant qu'en fin il se laissa desarmer pour prendre quelque rafraischissement : mais ce fut sans mentir plustost par complaisance que pour enuie qu'il en eust. Vn peu apres l'Amoureux Prince l'estant venu retrouuer, luy demanda s'il desiroit pas visiter les jeunes Princesses. Mais Anaxius pour luy faire paroistre que cela ne luy touchoit pas beaucoup: Cher amy (luy dit-il à l'oreille) quoy que ie ne sois pas de ceux-là que la vanité porte à ne parler que d'eux-mesmes, & de leur fortune, si vous puis-ie bien dire, qu'il est presqu'impossible à quelque Dame que ce soit, de me veoir, & de ne m'aimer pas. Neantmoins abhorrant comme ie fay naturellement ce sexe, vil, abject & indigne de se joindre à mes excellentes vertus, ie serois merry de vous tant desobliger que de vous faire compagnie à visiter des personnes à qui vous voulez tant de bien, comme ie l'ay ouy dire : ce qui me defplaist fort : Car sans mentir, il me fasche de veoir qu'vn si grand Prince que vous, se rauale si bas.

Ce discours estoit bastant de picquer Amphialus, s'il n'eust cogneu de long-temps l'humeur du personnage qu'il luy auoit tenu : Mais cela estāt ainsi, il ayma mieux changer de propos, & se rendre complaisant, que de luy contredire, dissimulant le mieux qu'il pouuoit la tristesse qui procedoit de sa passion amoureuse, pour luy faire, & à ses freres, le meilleur traitement qu'il pût. Il luy faisoit mesmes tant d'honneur, qu'il vouloit que les Capitaines prissent le mot du guet de luy, & si quelqu'vn auoit commis quelque crime qui peust meriter abolition, il ne falloit que s'addresser à cet Anaxius. Le premier soir de son arriuee Amphialus fit apprester vn somptueux festin, & luy tint tousiours compagnie iusques à son coucher. Si tost qu'il fust au lict, ce Prince luy ayant donné le bon soir, luy fit ouyr vne excellente musique de voix & d'instruments, par des Musiciens qu'il auoit fait mettre dans des batteaux, rangez tout exprés sur le lac. Anaxius & les siens, creurent que c'estoit pour l'amour d'eux que cela se faisoit; mais ils n'en estoient que les secondes causes. Les voix estoient bien pour les recréer, mais l'air & les paroles auoiēt esté faites pour l'amour de la belle Philoclee : Le premier concert estoit de flustes & de hault-bois, qui se respondoient si bien l'vn à l'autre, qu'il sembloit que l'air & l'eau voulussent imiter cette douce harmonie, & par vne certaine emulation s'efforcer à l'enuy de porter le premier leur douce melodie iusques dans le Chasteau. Cela finy on entendit cinq violes, auec autant de voix, qui acheuerent par vne chanson qui exprimoit la passion d'Amphialus. Cet air estoit veritablement assez mal employé ; car il s'addressoit à vne personne qui n'auoit point d'amour pour luy. Voicy les vers qu'ils chanterent.

CHANSON
d'Amphialus.

LE Feu, l'Eau, l'Air & la Terre
Ont pitié de mes mal-heurs,
Le Feu s'est ennuyé que l'on me faict la guerre,
L'Eau fait haster sa course & s'enfle de mes pleurs,
L'Air resout en vapeurs mes soupirs & mes plaintes,
Et la terre se baigne en mes larmes non feintes.

Ia le bruit de ma destresse
Est semé par l'vniuers,
Chacun pleure mon mal, mais helas! ma maistresse
Me voyant assailly de tant de maux diuers,

Se rit de mes langueurs, & trop chaste
 & trop belle,
Consent, à mon mal-heur, que ie meure
 pour elle.

Fay donc, ô feu, que ta flame
S'augmente par mon ardeur,
Eau, noye tant d'ennuis qui tourmen-
 tent mon ame,
Air, ne te laisse plus respirer en mon
 cœur;
Et toy terre, aujourd'huy fay qu'il te
 prenne enuie
D'engloutir en ton sein, ma tristesse, &
 ma vie.

Le Feu, l'Air, la Terre & l'Onde
En mon mal sont obstinez,
C'est en vain que sur eux aucun espoir
 ie fonde,
A l'enuy ie les voy contre moy mu-
 tinez,

*En vain doncques i'attends qu'aucun bien me succede,
Et ne dois qu'en la mort esperer du remede.*

Anaxius se lassa de cette chanson auparauant qu'elle fust acheuee, & dit au Prince qui la faisoit reciter, qu'il ne trouuoit point de Musique plus douce que le son des trompettes, & les hannissemens des cheuaux, meslez parmy les cris de ceux qui se rendoient à luy: C'est pourquoy il fut d'aduis que dés le lendemain ils feroient vne sortie sur les ennemis par le mesme costé qu'ils auoient forcé ce jour là: s'asseurant qu'il les matteroit si bien qu'il les contraindroit en fin de leuer honteusement le siege. Amphialus qui auoit plus de courage que de vanité, ne fut pas difficile à se laisser persuader, tellement qu'il souscriuit bien-tost à l'aduis de son amy. Doncques cette resolution prise, Anaxius fit dés le grand matin donner vne fauce alarme de l'autre costé du camp, & trouua bon qu'Amphialus demeurast dans la place afin de la garder; cependant que luy, & ses deux freres Licurgus & Zoilus, chargeroient les troupes du Roy, auec les meilleurs hommes de la garnison. Mais Basilius qui le iour precedent auoit esté surpris par Anaxius, s'estoit tellement bien fortifié dans son camp, & auoit si diligemment fait reparer le fort qui auoit presque esté desmoly le dernier iour, outre les bonnes tranchees qu'il auoit fait faire aux soldats qu'il auoit payez à la thoise, qu'il estoit comme imprenable dās ses retranchements: neantmoins Anaxius ne laissa pas contre toute apparence de le forcer iusques dans son quartier, & de faire des choses (suiuy de ses deux freres,) qui surpassent la creāce des hommes: Car il se porta si courageusement qu'il planta par trois fois son drappeau iusques sur le rempart des ennemis. Il en fut à la fin repoussé: mais sa gloire n'en fut pas moindre pourtāt, veu l'aduantage du lieu, & le grand nombre des ennemis. Ioint qu'il arriua trois Caualiers incogneus au Camp du Roy dont la prudente conduite leur seruoient grandement. Il y en eut beaucoup de tuez tant d'vne part que d'autre: mais plus du costé du Roy que de celuy d'Anaxius. La memoire de leurs noms s'est perduë, (ou par la lōgueur du tēps, ou par la negligence des Historiens,) excepté de celuy du vaillant Tressennius, qui apres que tous les autres eurent abandonné leurs barricades, les defendit tout seul contre Anaxius. Et quoy qu'il eust desia perdu vne jambe au combat, si ne laissa-t'il pourtant pas de monstrer qu'il n'auoit pas perdu le courage; car il se batit tousiours iusques à ce qu'Anaxius ne daignant plus le pourfuiure, il fut malheureufement tué par Lycurgus, le plus jeune de fes freres. Anaxius auoit donc fi bien mis l'efpouuente dans tout le camp du Roy, que ny le refpect de fa Majefté prefente en perfonne, ny la prudence & la valeur de Philanax, ne peurent empefcher la fuitte des foldats, à qui la peur defendoit de retourner vifage. Amphialus voyant vne fi belle occafion, & le vifage riant que luy monftroit la Fortune qui le vouloit flater, vint fondre auec toutes fes forces fur l'armee du Roy, efperant bien ce jour là donner fin à la guerre, & contraindre fa Majefté de leuer promptemét le fiege: mais il fallut bien toft changer d'opinion: car il suruint au camp de Basilius trois vaillants Caualiers, bien montez, & armez de differentes couleurs. Le premier estoit tout armé à blanc. Le second auoit des armures esmaillees de verd : & celles du troisiesme estoient noires. La deuise que ce dernier auoit en son escu le fit aussitost recognoistre pour ce vaillant Cauailler noir, qui s'estoit si genereusement esprouué contre le Prince Amphialus la premiere journee qu'on se batit au camp. Si tost que les gens du Roy Basilius l'apperceurent, les plus fuyards reprenans lors courage, se rangerent tous aupres de luy, comme les ieunes Aiglons nouuellement esclos se mettent sous l'aisle l'aisle de leur mere. Ces trois Caualiers non contens d'auoir empesché que les rebelles gaignassent les trenchees, se rallierent sagement, & plus en humeur que iamais, allerent attaquer les trois genereux freres. Et ce fut alors qu'ils commencerent vn tres-sanglant combat. Il estoit bien difficile à l'abord de iuger, lequel des deux partis, la fortune vouloit fauoriser ; pource que la Victoire, balança longuement sans pancher d'vn ny d'autre costé : Car ceux du party du Roy animez par la valeur de ces Capitaines estrangers, poursuiuirent de si prés les rebelles, qu'ils furent contraints de regaigner leurs murailles, excepté le temeraire

V u

Anaxius, que la crainte, la raison, ny l'exemple mesmes ne purent empescher de combatre obstinément au milieu du danger, iusques à ce qu'vn de ceux du party de Basilius (indigne veritablement que la posterité voye son nom dans l'histoire, ny mesme qu'elle le louë de ceste action, pour l'auoir faict en traistre) luy voyāt tourner la veuë d'vn autre costé, luy porta vn si grand coup sur l'vne de ses jambes qu'il luy pensa couper tout à fait: Ce coup fit tant de mal à ce Caualier, qu'il le fit tomber par terre, se mettant à blasphemer contre le Ciel, pour n'auoir peu croire iusques à lors que toutes leurs influences jointes ensemble eussent eu le pouuoir de le reduire en cet estat. Et sans mentir il estoit en danger d'y laisser la vie, si le Prince Amphialus le voyant en ceste extremité, pour recognoistre les bons offices qu'il auoit receus de luy, ne le fust venu desgager, entreprenāt le Cheualier noir, cependant que ses gens emporterent Anaxius pour le faire penser.

Or Basilius voyant que l'arriuee d'Amphialus faisoit recommencer le combat plus fort qu'auparauant, fit sonner la retraite, de peur que les trois vaillans Caualiers qui l'estoient venus secourir, & qu'il desiroit sur tout de cognoistre couruffent quelque danger en s'engageant par trop, pour seconder ses gens. Si tost que ces

V u ij

grands Capitaines entendirent qu'il se faloit retirer, encor qu'ils fussent bien eschauffez au combat, si ne laisserent-ils pourtant pas de bien juger que le courage sans la discipline estoit plus propre aux bestes qu'à l'homme : tellemēt qu'ils cesserent leurs coups, bien faschez de n'auoir pas acheué leur entreprise, princpalemēt le Cheualier aux armes noires, qui fut neantmoins le premier qui se retira le plus promptement : mais pource qu'il cognoissoit le Prince Amphialus, il ne pût s'empescher de luy dire en passant que c'estoit pour la seconde fois qu'il eschapoit de ses mains : mais qu'il se reuerroient dans peu de temps, & qu'il luy enuoyeroit vn billet de toutes les affaires qu'ils auoient à démefler enfemble. Amphialus qui recognoiſſoit que ſa fortune changeoit de face, & qu'il y auoit beaucoup des ſiēs de bleſſez auſſi bien au courage qu'au corps, ſe retira tout doucement vers ſon chaſteau, ſans teſmoigner du regret ny de l'eſtonnement. Il reſpondit ſeulement au Cheualier noir tout froidement, que quand il luy enuoyeroit ſon billet, il auoit rencontré vn homme de bon compte, & qui le payeroit bien. Le combat acheué, & chacun s'eſtant retiré dans ſon fort, Baſilius enuoya Philanax aux trois Caualiers, pour leur faire des complimens, & les luy amener, afin qu'ils reçeuſſent de luy l'honneur que meritoit leur vertu. Philanax ne pût donner ce contentement au Roy: car ils luy refuserent ceste faueur, disans qu'ils se desiroient signaler par les armes, auparauant que leurs noms fussent cogneus des hommes. Philanax apres leur auoir faict quelque replique, n'osa pas les presser dauantage, de peur que sa courtoisie ne leur eust à la fin semblé trop importune. Tellement qu'il leur permit de se retirer dans vne tente qu'ils auoient fait dresser dans le camp où ils se tenoient le plus serré qu'ils pouuoient, de peur d'estre cogneus. Philanax les ayās à peine laissez, veid aborder au camp vn autre Caualier incogneu, dont l'arriuee ne l'eſtõna pas moins, que ſon bizarre equipage, & ſon proceder extraordinaire luy ſemblerent eſtrange.

Il auoit deuāt luy quatre Damoiselles vestuës de dueil, & quatre autres encor qui le suiuoient, couuertes tout de mesmes : & toutes huit aduantageusement montees sur de bons Palefrois, conduits chacun par vn estafier aussi vestu de dueil. Pour le regard du Cheualier, il auoit ses armures si tristes, & artistement ombragees, qu'elles representoient vn tombeau entr'ouuert. Son cheual estoit couuert de dueil, & son caparasson tout brodé de branches de cyprés; arbre funeste, & dont l'antiquité souloit couurir autresfois les sepulchres. Son saye qui luy tomboit presque sur les talons, estoit couuert d'vne broderie qui ne representoit que des vers, de soye noire, qui sembloient ramper de toutes parts, comme prests à ronger ce pauure homme. Il auoit peint en son escu vn bel enfant qui auoit deux testes, dont l'vne estoit desja morte, & l'autre viuoit encor: mais il sembloit pourtãt qu'elle cherchast lors de mourir. Et pour corps de deuise, il auoit faict mettre ce vers.

On se deliure ainsi d'vne mort, par vne autre.

Si tost que le Cheualier du Tombeau (les soldats l'auoient ainsi nommé) fut arriué proche du camp, il enuoya vne de ses Damoiselles deuers Basilius pour supplier sa Majesté trouuer bon qu'il enuoyast vne de ses Damoiselles au

Chasteau pour appeller Amphialus, comme auoient fait tant d'autres. Le Roy enterina volontiers sa requeste: car il ne restoit plus que fort peu de Caualiers qui le voulussent entreprendre. La Damoiselle ayant obtenu congé du Roy, fut trouuer Amphialus, à qui d'abord elle fit vn genereux appel de la part du Cheualier du Tombeau. Ce Prince la receut fort honorablement, accepta le combat, & la pria seulement de luy dire le nom du Caualier contre lequel il deuoit auoir affaire; mais il ne le sceut apprendre : Ce que voyant Amphialus, il se contenta, sans l'entretenir dauantage, de la prier de dire de sa part à son maistre, que si son intention estoit semblable au tiltre qu'on luy donnoit, il y auoit beaucoup de sympathie entre le desir de l'vn & de l'autre. Elle prist congé de luy là-dessus, pour aller porter la responce au Cheualier, qui se fit incontinent passer en l'Isle, accompagné de ses Escuyeres, & d'vn Iuge de camp.

Amphialus l'y voyant, s'y rendit aussi-tost: & comme il estoit courtois de son naturel, il s'aduança vers luy, afin de luy parler deuant que de se battre. Mais le Cheualier du Tombeau se tirant à l'escart, luy tesmoigna par son action qu'il n'auoit pas enuie de l'escouter, & qu'il pensast seulement à gaigner l'autre bout de la carriere. Dés qu'il y fut,

& qu'il apperceut le Cheualier incogneu estoit prest de partir, il picqua tout de mesme. Mais estans tous deux sur le poinct de se rencontrer, Amphialus apperceuant que le Cheualier du Tombeau n'auoit pas mis son bois en arrest, il mesprisa de coucher le sien. De sorte qu'vsant de sa courtoisie ordinaire, il se contenta seulement de passer negligeamment le sien pardessus la teste de son ennemy, croyant bien l'obliger. Cela fait il arresta son cheual tout court, pour jetter sa veuë vers la fenestre de Philoclee. Cependant le Cheualier fasché de sa mauuaise fortune, auoit desia mis pied à terre, & jetté sa lance à bas, pour mettre la main à l'espee, quand il se retourna vers luy. Amphialus descendit aussi de cheual, afin d'en faire autant: car il croyoit qu'vne victoire gaignee auec auantage, estoit plustost desrobée qu'acquise legitimement. Le Cheualier du Tombeau l'estant venu frapper le premier, il para les coups de son escu, son espee, luy seruant lors seulement de parade. Tellement que leurs armes parlerent quelque temps pour eux, d'vn mesme ton, & auec mesme auantage, iusqu'à ce qu'Amphialus, (que la Nature auoit tant fauorisé, qu'il se rencontroit peu de Caualiers qui luy ressemblassent, tant à cause de sa force, que pour l'experience qu'il auoit à trouuer le deffaut des armes, auoit desja percé son ennemy en quelques endroits,) se fit veoir si vaillant qu'il ne voulut pas souffrir que le chastiment excedast en rien l'offence. S'estant vn peu reculé: Genereux Caualier (dit-il) vous jugez bien maintenant comme les Dieux fauorisent ma cause: Employez donc vostre bras contre ceux qui vous desirent du mal: pour mon regard ie ne croy pas vous auoir iamais donné sujet de m'en procurer. Tu ments, traistre, tu ments, luy dict le Cheualier du Tombeau, d'vne voix assez foible, mais qui tesmoignoit pourtant l'excez de sa colere. Amphialus presqu'enragé de veoir son ennemy abuser ainsi de sa courtoisie. Ah barbare (luy dit-il plein de fouge) tu verras bien tost si ta langue a trahy ton courage, ou non. Disant cela il redoubla ses coups plus fort qu'auparauant, & le blessa sur le col. Apres ils en vinrent aux prises. Le Prince jetta l'autre par terre, & luy passa son espée dans le corps. Non contant de cela il luy ouurit encor son habillement de teste en intention de le faire démentir, ou de la luy trencher. Mais à peine auoit-il acheué de luy delacer, qu'il apperceut de beaux cheueux qui flottoient pesle-mesle sur le visage du Cheualier vaincu, si tost qu'il les eut vn peu escartez, il recogneut que c'estoit l'inforl'infortunée Parthenie, vefue du vaillant Argalus. Son defplaifir paffé, ny la mort qu'elle auoit defja prefente n'empefchoient pas qu'on remarquaft en fon beau vifage les traits les plus parfaits qu'on euft fceu regarder. Ses beaux yeux feulement monftroient vn peu de rougeur, caufée par les pleurs qu'elle auoit continuellement verfees depuis la mort de fon mary. Ses lévres tremblottantes n'auoient en rien diminué de leur couleur naturelle, toute femblable au coral. Et fi les rofes que la Nature auoit couchees fur fa face n'auoient plus leur vermeillõ, elles ne l'auoient pourtant faict que changer en la blancheur des lys. Vn peu plus bas, sur le col se voyoit la playe qui jettoit de gros bouillons de sang pour gaster sa gorge d'albastre, & noyer toutes ses beautez : Mais au contraire, ceste rougeur se meslant à la plus parfaicte blancheur qui se veid iamais, l'esclat de l'vn faisoit mieux releuer le beau lustre de l'autre. Toutes ces choses estoient accompagnees d'vne certaine langueur qui forçoit d'autant plus à l'aimer, qu'elle estoit sans affliction. Si quelque esprit mal fait eust trouué cela desagreable : si est-ce qu'il ne s'y pouuoit rien adjouster qui peust y faire mieux remarquer les traits d'vne beauté parfaicte, ny esmouuoir plustost vn cœur sensible à la pitié. Le Prince

Amphialus demeura tellemēt estonné de cette veuë, que la honte & la pitié l'estant venu saisir, luy firent detester sa mal-heureuse Fortune, qui pensant le fauoriser auoit permis qu'il remportast vne si desauātageuse victoire. Ayāt dōc osté son casque & ses gantelets, il se mit à genoux deuant elle, pour luy tesmoigner, les larmes aux yeux, le regret qu'il auoit de ce tragique accident, jurant par ce qu'il auoit de plus cher, qu'il estoit prest d'employer à son secours les mesmes bras qui auoient causé son desastre, & d'exposer son honneur & sa vie, pour racheter la sienne. Mais Parthenie qui sentoit desia les auant-coureurs de la mort qu'elle auoit tant desiree, destourna ses yeux d'vn autre costé, comme s'ils n'eussent pû souffrir la veuë d'vn object qui leur estoit si desagreable, & luy tint ce discours d'vne voix languissante: Monsieur, si mes prieres ont quelque pouuoir sur vous, que ie tiens pour mō ennemy: Ie vous conjure de ne point toucher mō corps, mais de permettre seulement que mes filles me rendent ce dernier office. C'est tout l'honneur que ie desire de celuy dont les cruelles mains ont tué mon cher Argalus. Ie ne vous pardonne pas seulement ma mort (genereux Caualier) mais ie vous en remercie, puis que i'espere doresnauant de viure en la compagnie de celuy, depuis la mort duquel ie n'ay faict que mourir. En acheuant ce mot le cœur luy faillit de foiblesse. Estant vn peu reuenuë, O douce vie (dit-elle en balbutiant) que tu me viens à propos, aujourd'huy! Que tu m'obliges de rompre ainsi les fers d'vne mort si cruelle, qui m'ont si long-temps attachee! Maudite vie! ou plustost mort ennuyeuse, dis-moy s'il est pas vray que ny en songe, ny mesme en idee, mes pensees n'ont jamais eu vne heure de cõsolation depuis que tu m'as priuee de mon cher Argalus? C'est toy mon Argalus, c'est toy que ie vay maintenant trouuer, Ouy mon cher Argalus, ouy, c'est apres toy que ie souspire, il y a si long-temps.

Ô Dieu cachez mes fautes dans l'abysme de vos misericordes! & m'octroyez, s'il vous plaist ceste grace, que comme nous nous sommes entr'aimez icy bas, nous nous puissions aimer de mesme: (mais d'vn amour eternel,) parmy vos bien-heureux. Et cecy, ô Seigneur! Elle eust continué, si la mort en luy ostant la parole, n'eust point couppé le filet de sa vie. Car à ce mot s'efforçant de leuer sa main, & son œil vers le Ciel, elle y poussa sa belle ame auec vn grand souspir: Amphialus cependant pour ne cõtredire point à la requeste que ceste belle luy auoit faicte auãt que mourir, se retira bien triste, laissant les Iuges de camp assistez de ses Damoiselles, pour luy oster ses armes. C'estoit le plus triste spectacle du monde: car ils se lamentoient tous pesle mesle, en voulant, mais en vain, estancher le sang qui ruisseloit de ses playes quād la cruelle mort luy rauit l'ame: mais non pas la beauté de son corps. Ces Damoiselles voyans que leur bōne Maistresse auoit les yeux fermez pour iamais, vne d'entr'elles cōsiderāt la perte qu'elle venoit de faire, se voulut dōner de l'espee dans le corps. Et si l'Escuyer d'Amphialus qui s'en aperçeut le premier, n'eust détourné le coup, c'estoit faict de sa vie. Les autres qu'vne aussi forte passion esbranloit parmy de plus foibles resolutions, en lamentant leur perte,

X x iiij

se mettoient de la poussiere sur leurs cheueux, & deschiroient leurs habits en pieces. Elles se jettoient quelquesfois aupres du corps mort de leur Maistresse, crians & l'appellās sans cesse, comme pour contraindre sa belle ame de quitter le Ciel où elle goustoit les delices en perfectiō, & de venir encor habiter la terre qui est le centre de toutes les miseres. Les vnes regrettoient ses vertus, les autres vantoient sa bonté, sa chasteté, & sa naturelle douceur enuers elles. Les autres se maudissoient d'auoir presté quelque ayde à ce mal-heureux dessein. Et les autres encor de luy auoir si promptement obey, pource qu'elle leur disoit qu'il luy auoit esté reuelé en songe, que ses desirs s'accompliroient si elle entreprenoit de côbatre Amphialus: puis qu'elles voyoient lors le contraire arriué de ce qu'elles esperoient, pour n'auoir pas bien compris le secret de ces paroles. Elles baisoient ses belles mains & ses pieds desia froids, regrettans la perte de ce cher ornement du monde, qui sembloit luy-mesme en auoir quelque ressentiment.

Les nouuelles de sa mort estans incontinent portees dans le camp de Basilius, la tristesse, l'estonnement, & la pitié, firent jetter tant de souspirs & de larmes à tous les soldats de l'armee, que l'air couurit le Ciel de nuages, pour tesmoigner son dueil.

Basilius mesme sortit pour aller au deuant du corps, menant auec luy sa femme Gynecie, qui estoit venuë au camp sous pretexte de visiter son mary, & apprendre des nouuelles de ses filles: Quoy qu'elle n'eust veritablement faict ce voyage que pour l'amour de Zelmane, qui luy faisoit maudire, enuier, & benir en mesme temps, les murs qui la tenoient prisonniere. Doncques le Roy, la Royne, Philanax & toute la Noblesse de l'armee voulurent assister aux funerailles de ceste genereuse Dame: Où cela se veid de remarquable: Que sa Majesté elle-mesme, presta son espaule pour le porter en vn Temple qui estoit enuiron à vn mille du camp, où le genereux Argalus estoit desia inhumé. Le Roy la fit mettre dans le mesme tombeau de son mary, auquel il recommanda la garde de ces vertueux Amans, comme les precieuses reliques d'vn fidel & sainct amour. Sa Majesté voulut encor qu'on y esleuast leur effigie en marbre, & qu'on y grauast cet Epitaphe.

EPITAPHE D'ARGALVS & de Parthenie.

CEs deux qu'vn chaste hymen, lia si puissamment
N'eurent jadis qu'vn cœur, qu'vn desir, & qu'vne ame,
Ce n'estoit qu'vn amour & qu'vne mesme flame,

L'un fut l'aymé de l'autre, & de l'au-
tre l'Amant,
Aussi d'vn mesme bras & d'vne mesme
espee,
Des plus beaux de leurs ans la trame
fut coupee.
Dedans vn mesme champ, s'esteignit
leur flambeau.
Et son ardeur infinie,
Luit dans vn mesme Ciel. Et n'ont
qu'vn seul tombeau,
Argalus & Parthenie.

Les choses ainsi ordonnees, chacun retourna dãs le camp, les yeux chargez de larmes, & la bouche pleine des loüanges de ces infortunez, mais bien-heureux Amans. Cela redoubla l'inimitié que ceux du party du Roy portoient au Prince Amphialus, quoy qu'il en eust en son particulier plus de ressentiment qu'eux: car il estoit si bon que le simple recit d'vn pareil accident eust esté capable de le bien affliger; tellement que quand il se mettroit à considerer de plus prés, il mouroit de regret en luy-mesme d'en auoir esté l'autheur. Il s'imprima mesme si bien cela dans la fantaisie, que ne pouuant pas se resoudre à la patience, il prit son espee, la meilleure du monde, (qu'il auoit cõquise au prix de beaucoup de playes, sur le valeureux Geant qu'il auoit terrassé,) & la rompit en pieces, disant qu'elle ne meritoit plus de seruir à pas vn Cheualier, puis qu'elle auoit esté si mal-heureusement taincte du sang d'vne si vertueuse Dame qu'auoit esté Parthenie. Mais il eut apres tout subiect de s'en repentir: car la tristesse le saisit de telle façon, qu'il se retira dans sa chambre, & fit banqueroute à toutes les compagnies, afin d'auoir meilleur moyen d'entretenir sa melancholie, qui luy representoit tousious sa disgrace passee. Il fut toute la nuict en inquietude: car le dépit & le couroux qu'il auoit contre soy-mesme ne le quitterent point. Le lendemain si tost que le jour eut frappé ses vistres, il ferma ses rideaux, de peur que le Soleil ne le vist en passant, s'en estimant indigne, voire il craignoit de se considerer, tant il s'estoit en horreur à soy-mesme. Ainsi contraint qu'il fut de ceder à la violence de sa tristesse, il s'entretint si long-temps, & si profondément en ses resueries, que s'il n'eust point soûpiré, on eust dit qu'il fust mort. Il demeura donc en cét estat, iusques à ce que sa mere qui ne juroit que par luy, arriua dans sa chambre. Ceste Dame s'estant mise aupres de son lict, luy remonstra doucement le tort qu'il auoit de se laisser ainsi laschement vaincre aux ennuys, luy que tant de genereuses actions faisoiét honorer par tout. Mais ce Prince à qui la colere auoit affoibly la voix, ne pouuoit respondre qu'à bastōs rompus, & sans ordre. Il se presentoit tousiours les malheurs, dont il auoit esté la

cause ; sa rebellion contre le Roy, pleine de honte & d'accidens funestes ; la mort de Philoxenus, & celles du vaillant Argalus & de la belle Parthenie, tous trois morts de sa main. Enfin apres auoir bien resvé là dessus, il accusoit tous les astres comme complices de ses mal-heurs. Mais ce qui l'affligeoit encor plus que tout, estoit la violence de son amour : Car il ne s'osoit trouuer deuant les yeux de Philoclee, auec laquelle il estoit si mal, qu'il ne la pouuoit conquerir ny consentir à sa deliurance. De sorte qu'encor qu'il la tint prisonniere, il estoit pourtant son esclaue. Ce qui luy donna sujet de reprocher à sa mere le peu de
suc-

succez de ses esperāces, & que rien de tout ce qu'elle auoit fait iusques-là n'auoit aduancé, pour luy rendre la Princesse plus fauorable que deuāt: joint qu'il ne croyoit iamais se releuer de sa cheute, ny changer en meilleure, sa mauuaise fortune. Cecropie estonnee de ce discours, luy remonstra qu'il auoit tort de s'affliger ainsi pour la perte de ceux qu'il regrettoit, puis qu'il n'en estoit non plus cause que des autres euenements qui luy sembloiēt honteux & blasmables. Mais quand elle voulut parler de l'amour que son fils portoit à Philoclee, voyant bien qu'elle ne pouuoit vser de remises pour executer ses vieilles promesses, ny luy en faire de nouuelles, elle fut contrainte d'aduouër qu'elle n'auoit rien sceu gaigner sur l'esprit de ceste belle Princesse: mais qu'il ne s'en deuoit prendre à personne qu'à luy qui pouuoit auoir par la force ce qu'il n'auroit iamais par amour. Qu'il n'y a non plus d'apparence d'en venir aux submissions pour auoir vne chose qu'on peut posseder d'authorité, que de mettre de hautes eschelles pour passer d'vne rase campagne dans le chemin public. Enfin mon fils (luy dit-elle) pour ne vous point dauantage faire languir, vostre ingrate Philoclee est tellement superbe, & fait si peu de cas de vostre recherche, que vous ne deuez rien attendre qu'vn refus de sa rigueur.

Doncques si voſtre mal eſt ſi grand que vous le figurez, que ne recourez-vous aux remedes extrêmes?

O Dieu (dict Amphialus) i'ay touſiours bien peſé que voſtre peine me ſeroit inutile, & que vous ameneriez la fin de mes eſperãces & de ma fortune à ce point. Mais pourtant, aſſeurez-vous, Madame, que ie conſentirois qu'on m'arrachaſt les yeux, pluſtoſt que de permettre qu'ils ſe portaſſent ſur la celeſte Philoclee, autrement que ſur le beau ciel d'où ils empruntent leur lumiere. Tant s'en faut donc que ie luy puiſſe dõner du meſcontentemẽt: & que ie doiue permettre que ſes yeux, mes Soleils, ſouffrent vne eclipſe, par l'aſpect d'vn ſi mal-heureux acte. Au contraire, s'il leur plaist seulement de verser sur moy quelque douce influence, i'oseray bien comparer mon bon-heur à celuy des bien-heureux. Que si apres luy auoir sacrifié le cœur du monde le plus fidele, ces astres n'ont pour moy vn aspect fauorable, & si leur cruauté doit continuer encor, laissez-moy ie vous prie languir, & souspirer mon mal-heur iusques à la fin de mes jours. La violence en amour est vne tyranie: mais le veritable amour est vn fidele seruiteur nay pour nous obeyr. Ie veux estre le plus mal-heureux du monde, (si vn homme le peut estre dauantage que ce que mes cruelles actiõs me le rẽdẽt,) si ie me suis iamais approché de Philoclée, qu'au mesme temps la crainte & le respect n'ayent esteint les ardeurs de mes flammes. Est-il possible aux yeux d'vn Amāt de veoir vne beauté en qui la vertu & la Majesté se meslēt ensemble, sans s'en faire l'esclaue? Et la puissance d'vn captif, peut-elle estre tellement absoluë qu'elle ose vser de termes imperieux, comme si elle parloit d'vne authorité souueraine? Comment? (respondit Cecropie) accordez-vous cela? vous dictes que vous aymez, & neantmoins vostre discours tesmoigne que vous auez de la crainte? Et quoy! auez-vous peur d'offencer vne fille: Mais que dis-je offencer, croyez-vous la desobliger, luy deman-

Yy iij

dant ce que vous desirez d'elle? Elle vous le refuse, dites-vous? ô la foible raison. I'ay vrayement presqu'enuie de rire, de voir que vous estes encor si peu caut en amour. Souuenez-vous, mon fils, que *Non*, n'est pas vne negatiue en la bouche des femmes: Et croyez qu'estant telle, ie vous parle ingenuëment de l'humeur de ce sexe, & que ie ne vous en dis rien que l'experience ne me l'ait faict cognoistre. Le respect des Amoureux est beaucoup plus loüé qu'il n'est agrée de nous. Que s'il arriue qu'il nous soit agreable, il nous faict tant de tort que nous le detestons, & la belle modestie que vous cherissez tant. Chaque vertu a son

de Pembrok. Liu. III. 711
temps. Si vous commandez à quelqu'vn de vos soldats de monter le premier à la breche, & que par courtoisie, il en mette vn autre deuant luy, estimez vous cela modestie? Amour est vostre general. Il vous cōmande d'entreprēdre & d'oser. He quoy! voulez vous qu'Amphialus, comme poltron laisse passer deuant luy le Respect pour luy seruir d'vne trompeuse escorte? Que cecy vous serue d'exemple. Pensez-vous que Thesee eust conquis Antiope, si tousiours souspirant il eust croisé ses bras. Non, non, il la rauit, quoy qu'elle fust Amazone, & par consequent bien esloignee de l'ordinaire douceur qui se trouue aux autres femmes. L'ayant
Y y iiij

rauie, il en eut vn bel enfant. imaginez vous maintenant si cela se pût faire sans le consentement des deux. Hercule tua le pere de sa Maistresse, Yole auparauant que de l'enleuer: & neantmoins, ceste fille, quoy que rauie, & sans pere, oubliant tout cela, prist plaisir par apres à se couurir le dos de la peau du Lyon Nemeen, & à manier la massuë de son mary qu'elle ayma tant depuis: Car Amour luy sceut si bien pallier la faute qu'il auoit commise en la rauissant, qu'elle se plaisoit en fin à se joüer des mesmes armes qu'auoit celuy qui l'auoit n'agueres rauie. Il vous souuient, peut-estre bien, qu'Helene fille de Iupiter, s'offençant de la modestie de Menelaüs, & desdaignant sa trop grande retenuë, l'attribua pluſtoſt à moleſſe qu'à ſa diſcretion: Où, au contraire, elle n'eut jamais tant de plaiſir que de ſe voir rauie par le vaillant Pâris, puis qu'elle le ſuiuit par tout, & qu'elle endura pour luy tout ce qu'vne fem pourroit jamais ſouffrir pour vn homme. Et puis Menelaüs l'ayant reconquiſe, & remenee par force en ſa maiſon, en iouit depuis à ſon contentement. De ſorte que la violence eut plus de pouuoir ſur cette belle, que le reſpect & les ſubmiſſions qu'il auoit auparauant pratiquees en ſon endroit. Qu'y peut-il auſſi auoir de plus doux que de rejetter la faute du deſir ſur la violence,

& tout au mesme temps accompagner le plaisir de quelque prompte excuse? Et veritablement la meilleure raison qu'on puisse donner de cecy, c'est qu'il est difficile qu'il y ayt du feu si l'on n'y remarque tousiours quelque estincelle. Pardonnez-moy, mon sexe, (dit-elle alors) si je reuele à mon fils la verité de vos mysteres, parmy l'extreme besoin qu'il a de mon secours.

Il me souuient à ce propos, d'auoir cogneu vne grande Dame, que beaucoup d'hommes de merite, excellents en beauté, riches des biens de la Fortune, & caressez de Mars, ont long-temps recherchee sans rien obtenir d'elle qu'vne perte de temps, pource qu'ils luy faisoient trop de compliments, luy portoient trop de respect, & la seruoient auec trop de superstition. Et, tout au contraire, elle accepta l'offre qu'vn autre luy fit de son seruice, quoy qu'il n'eust point pour tout de merite, & qu'il fust d'vne moindre qualité qu'elle : à cause seulement qu'il se seruit de cet absolu pouuoir que la Nature donne aux hommes. Car la verité me force d'aduouër qu'elle nous a tellement assubjeties à eux, qu'il semble qu'elle ne nous ait voulu créer qu'afin de les seruir : Tellement qu'il n'y a pas grande apparence que vous deuiez vser de prieres & de submissions enuers nous, si vous desirez estre bien seruis : joint que ceux qui prient leurs valets de faire ce qu'ils doiuent, se rendent ridicules. Et puis sçauez-vous pas bien qu'vn cheual qu'on dresse en vn maneige à coups de chambriere, d'esperon, ou de gaule, se met incontinent à la raison quand il se sent monté par quelque Escuyer hardy : & qu'au contraire si quelque jeune Page est dessus qui manque d'asseurance, il se cabre aussitost, & le jette par terre. Resueillez donc vos esprits, Amphialus, & vous asseurez qu'encor qu'elle vous refuse, ce n'est qu'afin de vous faire sembler meilleure la faueur qu'elle vous fait. Si elle respand des larmes, si elle crie, & qu'elle fasse des protestations,

auant que de vous estre acquise: Que peut-elle faire autre
chose quand vous l'aurez, sinon pleurer, crier, & protester?
Celles qui tiennent bon, ne le
font que pour esprouuer le
courage de l'Amant qui les
poursuit. Souuenez-vous que
vo² estes hõme, & qu'vne femme est tousiours femme. Amphialus se preparoit pour luy
respõdre, quand vn de ses Gen-
tils-hõmes, luy vint rapporter
qu'il y auoit vn hõme de bõne
mine en son antichambre, qui
luy aportoit vne lettre du cãp.
Se l'estant faict apporter, il
l'ouurit aussi-tost, bien aise
que ceste occasion-là se pre-
sentast, pour détourner sa mere des importunes poursuittes
qu'elle luy faisoit, d'offencer la

Princesse. Ceste lettre ouuerte, il y trouua tels mots.

LETTRE DV CHEVAlier Abandonné, au Prince Amphialus.

C'Est à toy, Amphialus d'Arcadie, que le Caualier Abandonné souhaite du courage & de la santé, afin que tu reçoiues mieux de ma main le juste salaire que merite ton indigne trahison, aux conditions que tu as toymesme prescrites à tes autres combats, quoy que tu les ayes meschamment entrepris, & poursuiuis encor plus temerairement. I'espere donc presentement te rencontrer dans l'Isle, si ta conscience coulpable ne t'oste le courage, & ne te dōne vn remords, qui te retire de ton prochain malheur. Ie m'y trouueray en pareil equipage, auec les mesmes armes, & selon les conditions par toy-mesmes ordonnees. Que si tu n'es d'accord du temps de la place, ny mesmes des armes, ie te remets le choix de tous les trois, pourueu que nous en venions là, de nous battre. Fay moy donc vne responce par où ie puisse cognoistre que tu ayes encor quelque reste d'honneur. Cependant ie te laisseray viure iusques à ce que ie te puisse rencontrer.

L'amoureux Prince ayant leu ce Cartel poussa vn profond soupir, qui tesmoignoit l'affliction interieure qui le rongeoit, & sembla se cōdamner soy-mesme cōme si ces reproches estans vrayes, eussent seruy de tesmoins contre son iniuste ambition : Son humeur melancholique, mesme le contraignoit quasi de se confesser coulpable: mais son courage inuincible ne pouuant souffrir de telles injures, le porta d'en auoir du ressentiment. Si bien qu'il luy fit ceste response.

RESPONSE D'AMphialus, au Cheualier Abandonné.

CHeualier Abandonné, encor que la subscription insolente de vostre lettre sans nom, pûst dispenser vn homme de ma condition, de se trouuer au lieu que i'ay choisi pour les plus renommez Cheualiers de la terre. Asseurez-vous pourtant sur ma parole que vostre nom d'Abandoné n'empeschera pas que ie ne me trouue en l'Isle pour vous congnoistre

gnoistre de prés, & ne vous abandonner point que vous n'ayez hautement aduoüé vostre presomption. I'apprehende aussi peu vos coups que vos temeraires menaces. Passez donc hardiment au champ: vous ne m'y attendrez pas long-temps: Car i'ay de l'impatience de m'y rendre, pour monstrer que l'excez de vostre vanité, vous porte trop temerairement à croire que ma vie soit en vos mains. Cependant à Dieu.

Ce Cartel estant cacheté, il le donna luy-mesme au Gentil-homme qui l'estoit venu appeller, qui luy dit en le prenant de ses mains, que le Cheualier son maistre l'auoit chargé de sçauoir s'il trouueroit bon qu'il menast deux secōds. A quoy Amphialus respondit qu'il estoit bien aise de luy dōner ce contentement, & qu'il asseurast son Maistre de sa part, qu'il ne manqueroit pas de se rendre au lieu qu'il luy mandoit, auec deux autres Cheualiers. Et tout au mesme temps, passant par-dessus les remonstrances que luy faisoit sa mere pour le dissuader de se battre, il s'alla faire armer, auec plus de resolution qu'il n'en auoit iamais monstré. Il est vray que sa tristesse le fit resoudre à prēdre vn autre equipage que celuy qu'il auoit d'ordinaire. Il s'arma tout de noir, & fit faire le caparasson du cheual qu'il vouloit monter, par lambeaux, negligemment assemblez : mais si artistement neantmoins, que les morceaux joints aux pierreries monſtroient de loin la pauureté en apparence: mais la richeſſe en effect. L'ouurier qui auoit eſmaillé ſes armes, y auoit trauaillé auec vn tel artifice, qu'elles ſembloient eſtre mangees du roüille, quoy qu'elles fuſſent les plus nettes du môde, parce qu'Amphialus l'auoit ainſi voulu. Il portoit en ſon eſcu pour deuiſe vne nuit, tres-bien repreſentee, auec vn Soleil qui ne laiſſoit pas de paroiſtre au trauers des nuages. Et le mot en eſtoit, *Les ennuis m'ont priué de lumiere.* Il portoit au haut de ſon tymbre les couteaux de Philoclée, comme pour monſtrer qu'il auoit obtenu d'elle ceſte faueur par force. Il paſſa donc ainſi dans

l'Isle auec les deux freres d'A-
naxius, qu'il auoit pris. Le
Cheualier Abandonné s'y estāt
rendu le premier auec deux autres Cheualiers. Amphialus ne
manqua pas de l'y rencontrer.
Il estoit couuert d'armes aussi
tristes & funestes que le pouuoient estre celles d'Amphialus. Elles estoient outre cela si
artistement faictes, qu'il sembloit que des corbeaux qu'il y
auoit fait peindre, aussi bien
que sur le caparasson de son
cheual, fussent en vie, & qu'ils
ouurissent le bec pour deschirer vne charongne qu'on y
auoit grādemēt biē represētee.
Les resnes estoient si bien tail-
lees, qu'il sēbloit que ce fussent
des serpents qui s'entrelaçoiēt
l'vn en l'autre auec tant d'art,

que les testes venoient aboutir iusques aux bossettes du mords. Si bien qu'il sembloit que le cheual les vouluft escraser sous sa dẽt, & que l'escume qu'il faisoit sortir de sa bouche, estant eschauffé dans le cõbat, en fust le venin qu'il jettoit. Il auoit peint en son escu, cét animal que l'on nomme *Catoblepta*, qui à cause de la sympathie qu'il a auec la Lune semble mourir, quand il ne veoid point ce bel Astre, qui luy redonne la vie aussi-tost qu'il luy paroist. Et les paroles qu'il auoit faict escrire autour, vouloient faire cognoistre que la Lune ne manquoit iamais de lumiere : mais que ce pauure animal estoit seulemẽt priué de sa veuë. Il auoit faict

Z z iij

mettre au haut de son Tymbre vn long foüet, dont il sembloit luy-mesmes se punir de ses fautes passées. Les cheuaux estoient tellement noirs, & si curieusement choisis, qu'ils n'auoient pas seulement vne marque blanche pour esclairer à la nuict de leur tristesse: de sorte que ceste conformité d'equipage qu'auoient ces Chevaliers, sembloit representer deux freres qui s'alloient battre pour leur droit d'aisnesse. Quand Amphialus, à qui les disgraces d'amour donnoient desia de mortelles atteintes, vid deuant luy le triste appareil de son ennemy, il prist cela pour vn mauuais augure. Voire mesmes il fut si fort saisi de frayeur, que sans mettre les armes à la main, il s'en alla tout bellemēt trouuer le Cheualier Abandonné pour le persuader (s'il pouuoit) de remettre la partie à quelqu'autre temps, parce que sa melancholie ne luy promettoit rien de bon pour luy ce iour là. L'ayāt donc abordé d'assez prés, Genereux Caualier (luy dict ce Prince) nous sommes tous deux hommes, & par consequent doüez de la raison. C'est pourquoy ie vous prie me faire l'honneur de me dire, quel sujet vous auez eu de m'apeller au Combat. Ie l'ay faict perfide, (luy respondit le Cheualier Abandonné) parce que tu retiens en ton Chasteau deux Princesses qui ont tant de vertus & de beautez, que tout

Zz iiij

autre homme que toy feroit gloire de les seruir. Vous n'auez point sujet (repart Amphialus) de me vouloir du mal, si ce n'est que cela: car ie confesse librement le mesme auec vous. Mais vous m'aduouerez aussi que leur seule beauté leur a causé ce tort, & qu'elle est capable de forcer à l'amour les courages les plus reuesches, & que cela estant, vous deuez plustost loüer mon action que la blasmer, puis que leur merite est la cause de tout. Ie maintiens (dict le Cheualier Abandonné) que vous estes indigne de leur amour. I'aduoue encor cela (respond Amphialus,) puis qu'il n'y a personne qui les merite au monde. Toutesfois, ie croy les meriter mieux qu'vn autre, ſi ma mauuaiſe fortune n'y contrediſoit point : Tu es moins digne que moy, (luy repart le Cheualier Abandonné) de leur offrir ton ſeruice : Car ſi mes defauts me peuuēt expoſer au meſpris, au moins ſuis-je bien aſſeuré, qu'ils ne me cauſeront point de haine, au lieu que les tiens te font meriter l'vn & l'autre. Amphialus jugeāt à ce diſcours qu'il eſtoit ſon riual , (quoy qu'il ſe trompaſt fort) luy dict audacieuſement qu'il en auoit menty. Et tout au meſme tēps, il ſe ſentit ſi fort trāſporter de colere, que ſans attendre que le ſon des trompettes euſt donné le ſignal, que les Iuges euſſent partagé le Soleil, & meſme ſans vſer de ſa lance, il mit la main à l'espee, & se tourna si viste deuers son ennemy, qu'il l'eut presqu'aussi-tost frappé, que donné le dementy. En fin vous eussiez dit que c'estoit vn tonnerre. Mais si le Prince Amphialus sçauoit bien attaquer, le Cheualier Abandonné sçauoit encor mieux se defendre: car il luy donna si rudement son change, qu'il rendit estonnés ceux qui les regardoient, pource qu'ils n'auoient jamais veu chamailler de la sorte, n'y representer vne plus sanglante Tragedie que celle-là: Vulcan ne fit iamais tant sortir de viues estincelles par les coups de son marteau, (quand à la priere, & par les artifices de sa femme, la mere des Amours, il forgea les armes d'Enee,) que ces deux Caualiers en faisoient naistre de leurs espees, que les vents de leur colere fomentoient encor, pour les faire durer plus long-têps. Chacun d'eux mesprisoit de prendre quelque aduantage, & ne daignoient pas chercher le moyen de s'oster le Soleil, ny le vent de la face: assez contens seulement d'estre esclairez de celle de leurs maistresses, vers qui ils s'efforçoient tousiours de se tourner, ou du moins du costé où ils les pensoient estre. Et veritablemêt aussi ce côbat ne pouuoit-il estre autre qu'extrémément cruel, puis que l'Amour & la haine en estoient les autheurs, & qu'ils conspiroient tous deux pour irriter l'humeur de ces deux Caualiers, qui ne pouuoient eux-mesmes juger, laquelle de ces passiôs, leur donnoit vne plus chaude alarme. Car si d'vn costé le depit, la honte, le desdain & le desir de vengeance, se presentoient pour accompagner la hayne: de l'autre costé l'Amour suiuy d'vn nombre de souhaits, & d'vne forte esperance se faisoit voir comme pour asseurer les spectateurs qu'ils estoient aussi bien fauorisez de ce Dieu, que de Mars. Et que s'il y auoit de la jalousie entre ces deux passiôs c'estoit pour dauātage signaler ce combat. Ils opposoient tous deux la force contre la force, & l'experience contre l'experience : Si bien qu'il estoit mal-aisé de iuger quelle seroit l'issuë d'vne telle meslee. Car ils sçauoient tous deux aussi bien attaquer que se defendre courageusemēt: mais comme le feu s'accroist par le souffle, & par la quantité du bois ou de quelqu'autre matiere combustible, de mesme leurs courages animez par les puissans effects de l'amour & du depit les portoient à se defendre à l'enuy, & faisoient augmenter leur ardeur à mesure qu'ils entroient plus auant dans le combat: Leurs armes tōboient toutes en pieces des grāds coups qu'ils se portoiēt, & neantmoins leurs corps supportoient aussi constamment les playes, que s'ils eussent esté d'acier. Le sang qui couloit de toutes parts sur leurs habits,

& sur les morceaux de leurs armes, sembloit les vouloir teindre d'vne couleur, & plus riche & plus belle que n'estoit pas le noir: mais il en rendit au contraire l'aspect plus lamentable. Ces Cheualiers se battirent ainsi lõg temps sans que l'on peust juger qui des deux, la Fortune ou la Vertu voudroient fauoriser. Cependant Amphialus, que l'impatience & les inquietudes auoient vaincu, resolut à la fin de finir le combat. Pour cét effect joignant la force de son courage, à celle de son bras, il donna vn si grand coup sur vn des costez de la teste du Cheualier Abandonné, qu'il pesa choir à bas de son cheual. Il lascha mesmemẽt son espee, qui n'eust pas manqué de tomber tout à fait, si vn petit chaisnon de fer qui l'attachoit à son bras, ne l'en eust empeschee. Amphialus se seruant de cette occasion, redoubla ses efforts; mais le cheual lassé aussi bien que son maistre de souffrir tant de coups, l'emporta si loing hors la meslee, qu'il luy donna loisir de reuenir à soy. La honte & le dépit ayant r'appellé ses esprits, il retourna tout furieux fondre sur Amphialus, comme s'il l'eust voulu fendre en deux : mais ce Prince tourna si dextrement son cheual, qu'il fit faillir le coup au Cheualier Abandonné. Ce qui l'irrita tellement, qu'il retourna tout court sur Amphialus; mais ce fut de telle vistesse que son cheual se cabra presque iusqu'à se renuerser en approchant de luy. Le Prince voyant cela, lacha la bride au sien, & porta vn si grand coup d'espee sur l'espaule du Cheualier Abandonné, qui descendant encor sur le col du cheual, porta l'vn & l'autre par terre : Mais il estoit à peine tombé qu'il se remeit incontinent sur pieds, comme si la fortune eust permis ceste cheute seulement pour luy mieux releuer le courage. Alors le courtois Amphialus s'excusant d'auoir blessé son cheual contre sa voloté: Excuse toy, toy-mesme, dict le Cheualier Abandonné, des fautes que tu fay, & vses hardiment du peu d'aduantage que le hazard

zard te donne: car ie m'asseure
que tu trouueras en fin qu'il ne
te nuira point. Ta folie pourtant (respond Amphialus) ne
m'empeschera pas de prendre
garde à moy: Et tout au mesme temps s'estant vn peu mis à
quartier, il descendit de cheual
à fin qu'on n'eust point subjet
de luy reprocher qu'il fust re-
deuable à la Fortune d'vne
partie de la victoire. Ceste
courtoisie eust veritablement
pû fleschir le courage du Cheualier Abandonné, s'il eust
eu affaire à quelqu'autre qu'à
celuy qui tenoit sa maistresse
en prison: Mais cela seul estoit
capable de forcer son bon naturel. C'est pourquoy il voulut passer outre : Estans donc
tous deux à pied, & l'espee à la

main, ils commencerent alors vn si rude combat qu'il ne s'en veid iamais de semblable. Et sans mentir ie croy qu'il n'y a personne capable d'en imaginer vn pareil : tant s'en faut que la parole en puisse exprimer vn de mesme: Car ce qu'ils auoient faict iusques là, n'auoit rien de semblable à ce qu'ils firent depuis. Amphialus qui auoit la taille plus haute que le Cheualier Abandonné, se tenoit de bonne grace en garde sur le pied droict, estendant tant qu'il pouuoit le bras dont il portoit son escu. Et pour le regard de son espee, il en tenoit la pointe si haute, qu'elle estoit tousiours preste à donner dans la visiere de son ennemy. Ses coups s'entresuiuoient si viste, qu'il n'y auoit personne qui le veist, qui ne jugeast que son bras deuoit faire autant de playes mortelles qu'il deschargeoit de coups. L'addresse du Cheualier Abandonné n'estoit sans mentir pas moindre que celle d'Amphialus, quoy qu'il eust l'action differente: Car il auoit tousiours & bon pied, & bon œil. Il n'ignoroit pas non plus les distances necessaires pour se parer & porter tout d'vn temps. Les coups tomboient si viste, & estoient en mesme instant si viuement repoussez, qu'il n'y auoit rien à desirer d'admirable en ce cōbat qui ne s'y retrouuast. Que si la Nature l'auoit pourueu d'vne taille moins aduantageuse que celle d'Amphialus, son addresse suppleoit à ce defaut : Il faisoit comme vn hardy Limier, qui sçachant bien par espreuue le mal que faict la corne d'vn Taureau, se baisse tant qu'il peut pour le mordre à son aise : Car il adjousta la disposition à la force auec vne telle addresse, qu'il n'y eut personne qui ne jugeast que la Victoire pêchoit de son costé. En fin se croyant à demy vaincu de ne pas assez tost vaincre, il frapa si rudement sur Amphialus qu'il luy fit malgré luy mettre les genoüils bas. Amphialus se voyant si rudement traité, par celuy qu'il croyoit estre son coriual, la honte & le desir de se venger le saisirent esgalement. Ce fut alors que

ramassant toutes ses forces, &
ne respirant que le sang, il sortit de luy-mesme, & s'alla
ruer sur son ennemy, qui fut
contraint de faire passage au
cours de ce torrent de fureur.
Et rien n'animoit tant ces
grands courages, que le depit
qu'ils auoient tous deux de
voir la partie si esgale. Quoy!
(disoit l'amoureux Prince en
soy-mesme) suis-je cet Amphialus, par qui tant de genereux Caualiers ont esté mis à
mort: Cet Amphialus, dis-je,
qui poussé du seul desir d'acquerir de la gloire, a tousiours
recherché les plus renommez
de la terre pour s'esprouuer
contr'eux. Se peut-il bien faire
qu'vn simple Cheualier incogneu de la Renommee, me

braue aujourd'huy de la sorte, aux yeux mesmes de Philoclee, veu que ie ne combats que sous les fauorables auspices de cette belle Princesse. Si i'ay perdu ma liberté, dois-je encor apres abandonner mon courage? Et pour auoir la fortune d'vn esclaue, en dois-je auoir aussi le cœur? Ie deurois resister à tout vn corps d'armee, estant encouragé par la veuë d'vne si belle Princesse! Que ie suis vn lasche poltron! Faut-il que ie sois vaincu par mon riual? Quoy! ne luy resisteray-je point? Ah! ie ne suis veritablement plus cet Amphialus tant vanté, si ce n'est que mes passions m'ayent osté le sentiment, pour reduire l'estat de ma vie à ces extrêmes malheurs. L'amoureux Prince s'entretenoit de ce discours, pendant que d'autre costé le Chevalier Abandonné n'en pensoit pas moins que luy. As-tu donc, mal-heureux, (disoit-il en soy-mesme) as tu bien osé t'opposer au commandement de ta chere Princesse ? es-tu donc venu iusques où elle est, pour te laisser vaincre laschement à sa face, en defendant sa cause ? L'Asie, & l'Egypte ont-elle esleué des trophees à ta valeur, pour te laisser icy honteusement terrasser à vn traistre ? O vaillant Barsanes, que ton ame seroit honteuse d'entendre si on rapportoit là bas à tes manes, que celuy qui te vainquit autresfois, l'a maintenant esté par vn perfide jeune homme? Et toy, ô incomparable Pirocle! tu seras bien plus touché de ma honte que de ton emprisonnement, lors que tu sçauras mon peu de valeur, & que ie n'ay pû te deliurer, ny ces deux belles Princesses, de la captiuité où vous estes tous trois traitreusement retenus? Meritay-ie l'honneur d'estre aimé du plus genereux Prince qui porta iamais ce tiltre, moy le plus lasche que veid iamais le Soleil? Non non, n'entrepreds iamais rië de grād, tu n'és propre qu'à garder des brebis: Va reprendre la houlette, puis que tu ne peux pas mieux te seruir d'vne espée. C'estoit ainsi que ces Cheualiers s'excitoient quelquesfois eux-mesmes afin de s'animer au combat à l'exemple du Lion, qui pour s'irriter le courage, & pour augmenter sa fureur, se bat de sa propre queuë. Tellement que ces pensees leur r'enflammerent si bien le courage, & r'enforcerent leur bras de telle sorte qu'ils se seruirent mieux de leurs espees qu'ils n'auoient faict auparauant. Leurs coups se redoublerent dõc auec tant de fureur, que les spectateurs auoient plus de ressentiment de leurs playes & de leurs douleurs qu'ils n'en auoient euxmesmes, parce que la rage & le dépit les auoit rendus presqu'insensibles. Ainsi on les veid vn assez long-temps s'obstiner sans pancher d'vn costé ny d'autre, non plus qu'vne fléche qui estant decochée par quelque puissant bras, se tient longtēps en l'air sans tomber, quoy que sa pesāteur naturelle l'emporte contre bas. Le Cheualier Abandonné auoit veritablement plus de playes qu'Amphialus : mais celles de cét Amoureux Prince, estoient plus dangereuses. Celuy qui a veu quelquesfois sur la mer vne grande nauire biē fournie d'hommes combattre contre vn petit vaisseau, en pourra faire comparaison auec celuy de ces deux vaillāts Caualiers: les plus genereux de la terre. Car si Amphialus auoit de l'auantage sur l'autre par sa grādeur & force de corps, le Cheualier Abandonné le passoit en adresse, & en disposition

Amphialus auoit desia faict chanceler par trois fois le Cheualier Abandonné, sous la pesanteur de ses coups: mais cela ne luy seruit gueres, parce qu'il se remettoit plus promptemēt en garde qu'il n'en estoit sorty, & puis le voyant aux extremitez, où la honte & ses playes l'auoient reduit, il voulut monstrer à l'amoureux Prince, ce que pouuoit vn homme iustement irrité, en le repoussant viuement. De faict il se persuada dés lors qu'il auoit gaigné la victoire, soit ou qu'il eust sujet de l'esperer, ou qu'il eust trop de confiance, s'imaginant que s'il n'auoit vaincu son ennemy, il le croyoit pour le moins si blessé qu'il faloit qu'il mourust le premier. Si bien que la haine qui ne peut non plus se cacher que l'Amour luy faisant esperer l'issuë du combat à son aduantage, fut cause qu'il se descouurit au Prince Ampialus, & que se tirant vn peu à l'escart, Ah! (dict cét amoureux Prince en s'escriant,) ceste troisiesme fois, tu ne m'eschaperas pas, ta mort expiera maintenant toutes tes iniustices. Tu payeras à ce coup par la perte de ta vie toutes les cruautez que tu as exercees contre la belle Parthenie. Veritablement (dict Amphialus) ie confesse n'auoir jamais eu affaire auec vn si vaillant Cheualier que toy: Ce qui me porteroit volontiers à te donner tout maintenant la vie. Si tu auois autant d'esprit que de courage, tu ne m'imputerois pas la faute d'vne chose qui n'est iamais arriuee que contre ma volonté: Mais que ma vie, ou que ma mort soit en ta puissance, ou non, que cecy t'en asseure. Disant cela, il porta vn si furieux coup au Cheualier, qu'il luy mit son escu en pieces, tellement que ses armes estans toutes rompuës (ainsi que i'ay desia dict) l'espee luy fit vne grande playe au costé gauche, comme s'il eust voulu faire passage à son amour. Mais les coups sembloient plustost accroistre la vie & le courage à ces genereux Princes, que les diminuer; car le Cheualier Abandonné s'aduançant sur le pied droict, il donna vn si fu-furieux coup dans le ventre d'Amphialus, qu'il en fit sortir les entrailles. Ce Prince qui se veid ainsi blessé, craignant de perdre l'esperance de la victoire & la vie d'vn coup, sembla conjurer le peu qui luy restoit de forces pour le secourir en ce moment: ainsi prenant son espée auec les deux mains, il en donna vn si grand reuers sur la teste du Cheualier Abandonné que l'espee en fut rompuë, qui parut pourtant luy vouloir rendre vn si bon office auant que luy faillir, qu'elle porta le Cheualier Abandōné par terre, si estourdy qu'il oublia son amour, & sa hayne. Donc Amphialus qui n'attendoit qu'vne prompte mort, ne laissa pas de receuoir vn merueilleux contentement de cette victoire, quoy qu'il n'esperast pas d'en iouïr bien long-temps, ne demandant plus, auāt mourir que d'acheuer d'oster la vie à son ennemy. Il courut donc luy hausser la visiere, en intention de luy donner le dernier coup auec vn poignard qu'il auoit. Mais tout au contraire, au lieu de luy donner la mort, il luy rendit la vie: car le Cheualier Abandonné ayant respiré l'air, r'appella ses esprits, & voyant le danger qui le menaçoit, saisit Amphialus par la cuisse, & se remit sur pieds, en le portant par terre. Cela n'empescha pourtant pas qu'Amphialus ne se releuast presque aussi promptement pour resister à son ennemy, quoy qu'ils fussent tous deux si foibles que leurs efforts ressembloient à ceste menuë pluye qui tombe apres vne grande tempeste: car leurs coups ne paroissoiēt plus que de petites secousses qui suiuoient vn grand tourbillon. Ce fut lors qu'Amphialus eut sujet de se repentir d'auoir rompu sa bonne espee apres auoit tué Parthenie: pource que le Cheualier Abandonné qui ne pensoit plus qu'à joüer de son reste, prouoqué de sa haine, & du danger de la mort qui le menaçoit, oublia toute sorte de complimens, & chargea l'autre auec tant de force, qu'encores que elles fussent bien debiles, si est ce que renconcontrans vn corps desia tellement affoibly, qu'il n'auoit plus que le courage: ces foibles efforts estoient assez puissans pour faire qu'Amphialus qui auoit essayé deux ou trois fois de le saisir au corps, afin de le terrasser, ne succombast luy-mesme: Car le Cheualier Abandonné le sçauoit si bien taster en esquiuant, qu'il luy faisoit tousiours quelque nouuelle playe. Amphialus ne se pouuant donc plus soustenir, tomba en fin par terre, ne rendant plus d'autre tesmoignage de sa valeur, sinon de n'aprehender point la mort, qui luy sembloit prochaine. Les deux vaillans freres d'Anaxius ayãs bien remarqué cela, passans par dessus la loy des armes, & de la

Cheualerie, pour deffendre leur amy: ou du moins pour venger sa perte: mais ils furent rencontrez par les deux amis du Cheualier Abandonné. Les armes de l'vn estoient vertes, aussi bien que le reste de son equipage, où se voyoient plusieurs beaux orangers, dont les fruits artistement brodez d'or & de soye, apportoiēt vn merueilleux esclat.

Il auoit fait peindre en sō escu vne Brebis qui paissoit dās vne agreable prairie, auec ce mot pour deuise *Sans peur & sans enuie*, aussi l'appella-t'on le Cheualier de la Brebis. L'autre estoit tout armé à blanc, sa casaque, & la selle de son cheual estoient de toile d'argent semée d'étoiles & de paillettes d'or: Il auoit vn Pole, & plusieurs estoiles peintes en son escu auec ces paroles autour. *Le meilleur n'est pas veu.* Ces quatre Cheualiers resolus d'auoir raison de l'injure faicte à leurs amis, recommencerent vn furieux combat, cependant que le Cheualier Abādōné ne pouuant secourir les siens fut contrainct de s'asseoir, parce que la perte du sang qu'il auoit respandu, & la douleur de ses playes l'auoient trop offoibly. Tandis ces vaillāts Cheualiers poussez seulement du desir d'acquerir de l'honneur, s'eschaufferent tellement en leur combat, qu'ils donnoient de l'étonnement à tous ceux qui les voyoient, sans qu'ils pussent juger qui d'eux auroit l'aduange. Il est bien vray que le Cheualier qui portoit vne Brebis pour sa deuise, paroissoit le plus vaillant, chacun luy portāt aussi plus d'affectiō qu'aux autres. La mere d'Amphialus apperceuant cela, commanda de faire passer vne compagnie de soldats en l'Isle, pour se ruer sur les trois Cheualiers, dont l'vn auoit trop peu de forces pour se pouuoir defendre. Les deux autres neantmoins monstrerent bien qu'ils en auoient assez, & qu'ils n'en manquoiēt non plus que de fidelité. Car apres auoir couché sur l'herbe le Cheualier Abandonné, pour luy donner quelque soulagement, ils resisterent vaillamment aux soldats, (quoy que les deux freres d'Anaxius fussent meslez parmy,) contre les loix de la Cheualerie. Iusques à ce que Philanax qui auoit tousjours l'œil au guet, se doutant bien de la supercherie, suruint à la teste d'vn regimēt qui passa presque tous ces traistres par le fil de l'espee. De sorte que ce ce que purent faire ces deux freres, & quelques autres des plus courageux, fut d'emporter le corps d'Amphialus, ayās resolu de mourir pluftost que le laisser au pouuoir des ennemis. On emporta en mesme temps le Cheualier Abandonné dans des manteaux au camp de Basilius, où les deux Cheualiers ses amis eurent soin de le tenir tousiours caché dans leur tente, pource qu'il ne desiroit pas, estre cogneu.

Le Roy eust bien desiré de le veoir, pour le remercier du bon seruice qu'il luy auoit rendu : mais voyant qu'il ne vouloit pas estre cogneus, il ne s'en voulut pas informer dauantage de peur de luy desplaire. Ce qui n'empescha pourtant pas que les soldats de l'armee ne publiassent de tous costez les loüages de ce Cheualier, qu'ils estimoient le meilleur qui fust au monde, puisqu'il auoit vaincu le Prince Amphialus, qui en auoit terrassé tant d'autres. Il n'y en auoit aucun, non plus qui ne luy desirast vne prompte guerison.

Or quand le soin de ses amis & le bon traictement des Chirurgiens l'eurent vn peu remis, il commença d'accuser sa foiblesse & sō peu de courage, se desirāt à soy-mesme du mal pour n'auoir peu acheuer son entreprise, qui n'estoit pas seulement d'obtenir la victoire sur Amphialus: mais encor d'écheler le chasteau pour en tirer sa chere Pamele qu'on y tenoit prisonniere. Et quoy qu'il eust mis fin à des choses qui rendoient tout le monde estonné, neantmoins ne croyant pas auoir rien executé qui meritast la peine d'en parler, il estoit presque honteux d'estre apperçeu du Soleil qui l'auoit si laschement veu batre. Outre cela, il abhorroit tellemēt les compagnies, qu'il pria ses deux amis de le faire porter en vn chasteau proche delà, iusques à ce qu'il fust entieremēt guary : pource qu'il ne vouloit pas estre cogneu, qu'il n'eust effacé par quelque action plus genereuse que l'autre, le blasme qu'il pensoit meriter. Le Roy & tous ses gens de guerre ayãs appris cét esloignement en furent bien faschez: car ils auoiēt tant d'asseurance en ces trois Cheualiers, qu'ils croyoient que la victoire ne dependoit que d'eux, & qu'ils estoiēt eux seuls le salut de toute l'armee.

Apres qu'ils furent partis, Basilius & Philanax donnerent si bon ordre pour le siege du Chasteau, & se fortifierent tellement de nouueau, qu'ils n'apprehendoient plus les surprises que du costé d'Anaxius. Mais les rebelles, à cause des blesseures d'Anaxius & d'Amphialus, renforcerent les gardes par toute la ville, n'ayans plus d'esperance qu'en la seule conduite de Zoilus & de Licurgus, parce qu'Anaxius fut contrainct de garder longtemps la chambre, à cause de ses blesseures. Pour le regard d'Amphialus, il estoit tout couuert de playes, outre qu'il s'en faisoit luy-mesme en l'ame, qui luy rendoient l'esprit plus blessé. Ce qui empeschoit l'effect des remedes qu'on luy donnoit tous les iours, afin de le guarir. Il se representoit à tous moments sō amour, ioint au desespoir, sa reputation détruicte, & sa maistresse en colere contre luy. Tellement que s'il languissoit auparauant pource qu'il ne pouuoit venir bout de son desir, il auoit alors tout à fait perdu l'esperance, & ne faisoit que se plaindre de ce qu'il n'osoit pas seulement souhaiter de l'auoir. Mal-heureux Amphialus (disoit-il à part soy) t'oses-tu bien vanter d'être l'amant de Philoclée, toy qui n'as pas le courage moins lasche, que plein d'infamie, & de rebellion? Tu sçais biē qu'il n'y a point de loy qui ne condemne ton crime, & qu'il n'y a pas vne consideration qui le puisse faire xcuser: Mal-heureuse vie! quel plaisir me fais tu de ne me quitter pas, puis que ce n'est que pour m'exposer à la honte & au reproche. Ie voudrois belle Philoclée que le Ciel m'eust permis de mourir deuant tes yeux, auparauant

qu'ils euſſent recogneu ma foibleſſe. Mon mal-heur t'euſt
peut eſtre obligé de pouſſer
quelque ſouſpir qui euſt teſ-
moigné le regret d'auoir perdu
vn ſeruiteur ſi fidele. Mais mal-
heureux que ie ſuis! tout ce que
i'ay faict iuſqu'icy ne ſert plus
que de fondement pour mieux
baſtir vn trophee à mon riual.
Ses actions & ſes geſtes eſtoiēt
tellement triſtes auſſi bien que
ſon diſcours qu'il sēbloit qu'il
fuſt preſt à ſe deſeſperer. Il
oſtoit meſmes aucuneſfois en
ces extrauagāces, l'apareil que
les Chirurgiens mettoient ſur
ſes playes, & d'autrefois encor
il refuſoit de manger, pour par
ce court chemin de la mort y
courir plus promptement: Ce
qui toucha tellement ſa mere,

qu'elle se resolut de luy dōner des gardes qui ne l'abandōnassent ny le iour ny la nuict, de peur que tant de desespoirs le portassent à se desesperer. Cela desplaisoit grandemēt au Prince à qui toutes les compagnies estoiēt odieuses, tellemēt qu'il promit à Cecropie qu'il n'vseroit point de violence contre luy, à la charge qu'il ne seroit plus veu de persōne que de ces Medecins ordinaires & de son Chirurgien. Il la pria mesmes de disposer sa Maistresse à l'aimer, ou de ne se donner plus la peine de l'aller visiter.

Cecropie qui l'affectionnoit auec passion, ne laissa prés de luy pour le seruir, que ceux des siens qu'il voulut retenir. Encor leur fit-elle deffence de luy dire d'autres nouuelles du chasteau, que celles dont il pourroit receuoir du plaisir. Elle entreprit tout le soin de la guerre, où elle se rendit à la fin si sçauante, qu'elle inuéta elle-mesmes des stratagemes, auparauant incognus aux plus grands Capitaines de l'Asie. Et afin de tenir tousiours ses ennemis en allarme, de peur qu'ils ne la troublassent en ses desseins, elle escriuit à Basilius, que s'il ne leuoit tout promptement le siege de deuant son chasteau, elle alloit faire trancher la teste à ses deux filles & à Zelmane, à la veuë de son armee: Et pour dauantage intimider le Roy, elle fit à l'heure mesme amener ces trois belles captiues sur vn eschaffaut, qu'elle auoit fait dresser sur la muraille, auec le plus funeste apareil qu'elle auoit peu s'imaginer: de sorte que le Roy, & toute son armee les pouuoient aysément voir. Elle feignit de les garder là quelque espace de temps, pour faire croire qu'elle n'attendoit plus que la responfe de sa lettre. Cependant ce spectacle estoit horrible à veoir. On ne remarquoit en Pamelle que de la douceur & de la majesté: & Philoclee ne respiroit que de la modestie. Pour le regard de Zelmane, si elle auoit quelque douceur qui ressentist sa femme, elle ne laissoit pas de monstrer le courage & l'asseurance d'vn homme. Pamele aymoit mieux perdre la vie que de la tenir de l'execrable Cecropie: quoy qu'on remarquast quelquesfois biē à ses yeux, qu'elle auoit du ressentiment de ce qu'estāt née Princesse, il falloit qu'elle mourust sous la tyrannie de ses ennemis. En Philocle on pouuoit remarquer cōme l'apprehension de la mort changeoit les roses de son visage en la blācheur des lys, mais cela luy seruoit plutost d'ornemēt, que de marque d'effroy. Ou si elle paroissoit auoir quelque apprehension, c'estoit, sans mentir plustost pour le sujet de Zelmane, que pour son propre peril. Et quant à cette Amazone, ils luy lierent les mains, pource qu'ils apprehēdoient son courage, que cette meschāte vieilà qui tout faisoit peur, ne cognoissoit que trop. Elle auoit le cœur si saisi de se voir ainsi garottée, qu'elle en jettoit le sang par le nez : outre cela elle auoit le teint si changé, & tenoit ses yeux si fort attachez contre terre qu'il estoit bien aisé de iuger qu'elle desdaignoit de regarder le Ciel, qui permettoit qu'on vsast enuers elles d'vne si grande iniustice.

Fin de la seconde partie.

La troisiesme que i'espere vous faire veoir bien tost, vous apprendra le reste de ceste Rebellion qui causa la fin mal-heureuse de Cecropie. La deliurance des Princesses. La mort de Basilius, & la fin de toutes les Histoires contenuës en la premiere & en ceste seconde partie.

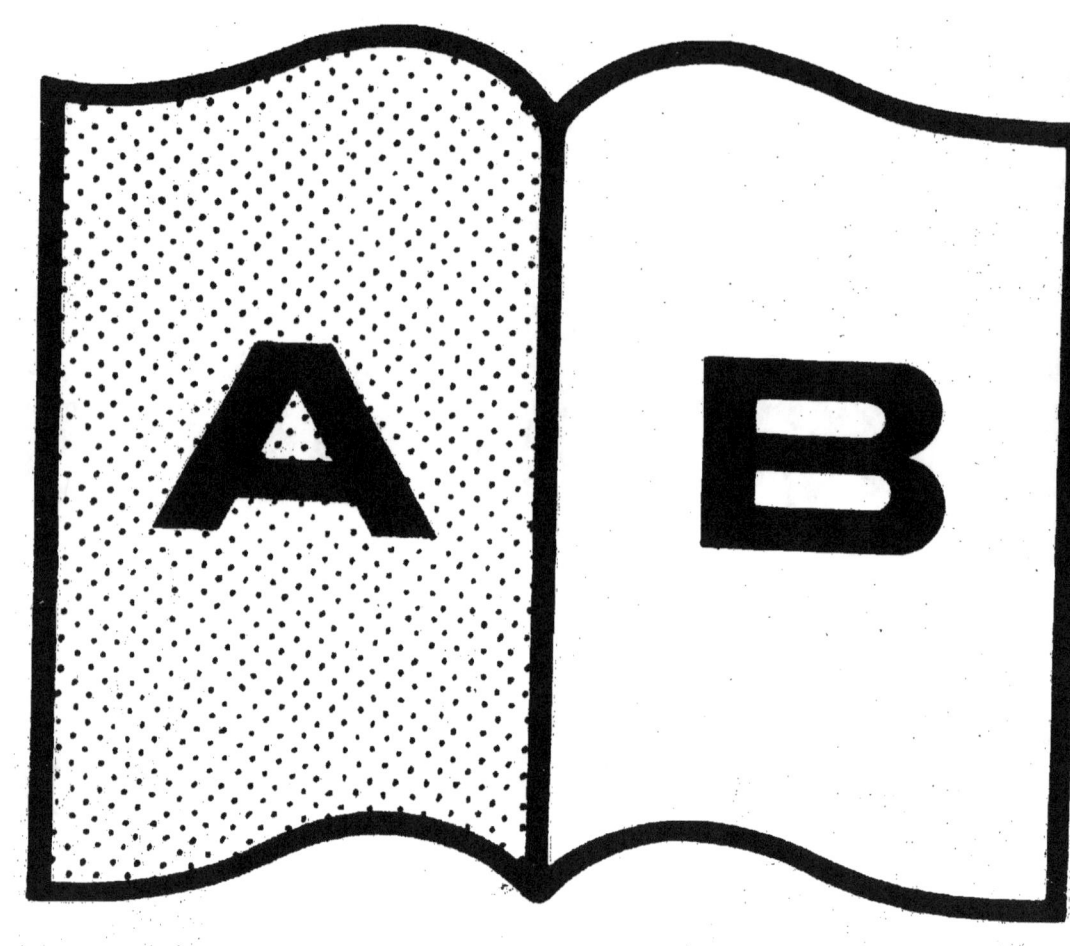

Contraste insuffisant
NF Z 43-120-14

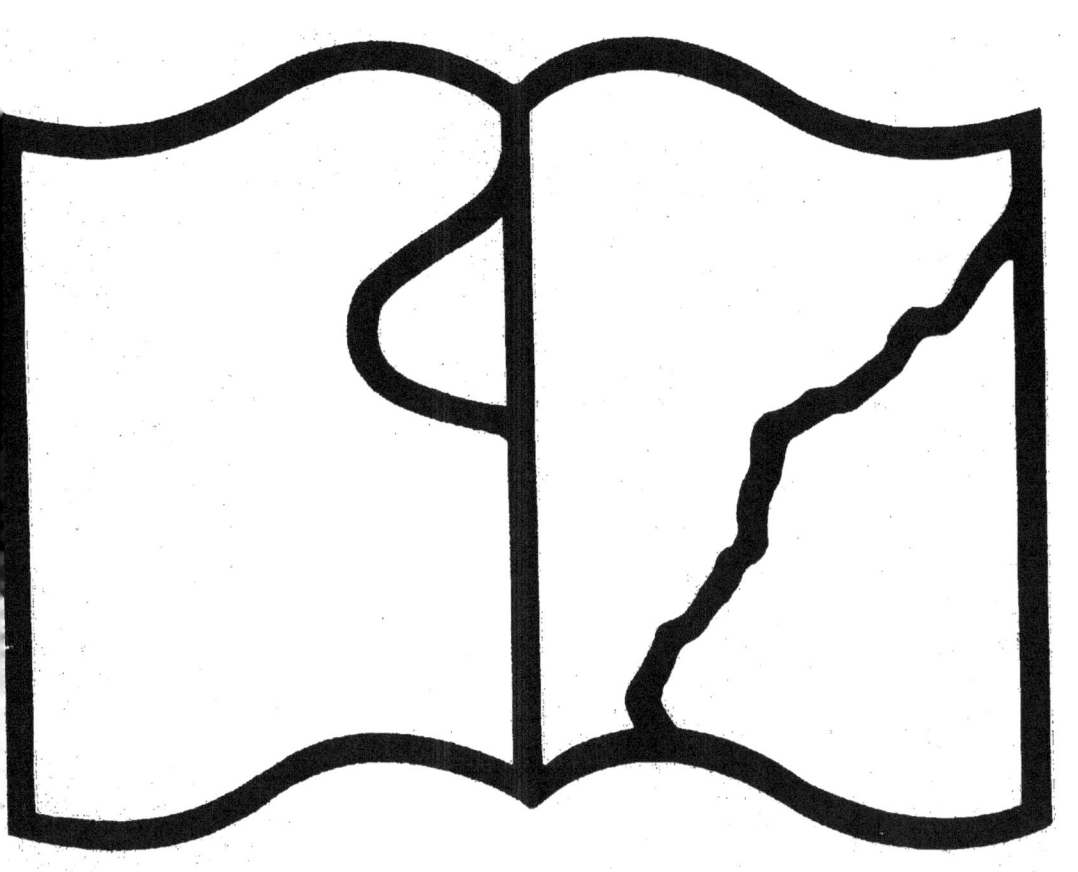

Texte détérioré — reliure défectueuse

NF Z 43-120-11

www.ingramcontent.com/pod-product-compliance
Lightning Source LLC
Chambersburg PA
CBHW070716020526
44115CB00031B/1126